高等职业教育智能交通技术运用专业教材

交通运输职业教育教学指导委员会
交通运输管理类专业指导委员会 组织编写

Daolu Jiaotong Xinxi Caiji yu Chuli
道路交通信息采集与处理

张晓婷　主　编
纪博超　副主编
孙海浩［同济大学］　主　审

人民交通出版社股份有限公司
北　京

内 容 提 要

本书为高等职业教育智能交通技术运用专业教材。全书共分6章,主要内容包括:绪论,智能交通数据采集基础,智能交通数据通信与处理基础,交通信息数据库存储与显示技术,智能交通信息分析基础,交通信息采集与处理案例分析。

本书可作为高等职业教育智能交通技术运用专业及其他相关专业教材,以及有关专业继续教育及职业培训教材,也可作为智能交通行业的管理人员和科技工作者自学和科研参考用书。

图书在版编目(CIP)数据

道路交通信息采集与处理 / 张晓婷主编. — 北京:人民交通出版社股份有限公司, 2016.12(2025.2重印)
ISBN 978-7-114-12914-8

Ⅰ. ①道… Ⅱ. ①张… Ⅲ. ①公路运输—交通信息系统—研究 Ⅳ. ①U491.1

中国版本图书馆 CIP 数据核字(2016)第 065019 号

高等职业教育智能交通技术运用专业教材

书　　名	道路交通信息采集与处理
著 作 者	张晓婷
责任编辑	任雪莲
出版发行	人民交通出版社股份有限公司
地　　址	(100011)北京市朝阳区安定门外外馆斜街3号
网　　址	http://www.ccpcl.com.cn
销售电话	(010)85285911
总 经 销	人民交通出版社股份有限公司发行部
经　　销	各地新华书店
印　　刷	北京虎彩文化传播有限公司
开　　本	787×1092　1/16
印　　张	13.5
字　　数	350千
版　　次	2016年12月　第1版
印　　次	2025年2月　第7次印刷
书　　号	ISBN 978-7-114-12914-8
定　　价	35.00元

(有印刷、装订质量问题的图书由本公司负责调换)

前　言

近年来,智能交通行业及其产业在我国得到了前所未有的快速发展,智能交通在保障交通安全、提高运输效率、缓解交通拥堵、降低环境污染、提升公众出行服务等各个方面发挥着日益重要的作用。特别是进入互联网时代以来,智能交通已经成为物联网、智慧城市建设的首要着陆点和代表性行业,迎来了蓬勃发展的历史机遇。据报道,2011年中国智能交通行业应用总体市场规模达到252.8亿元,比2010年的201.9亿元增长了25.21%。2012年,随着各地智慧城市建设的推进,在智能交通行业投资方面加大了力度,2012年比2011年增长了25.59%,规模达到了317.5亿元。2013年受政府投资推动智慧城市建设的影响,智能交通行业应用投资增长至408亿元,增长率高达28.5%。2014年则达到了577.1亿元,比2013年增长了36.54%。预计到2020年,国内智能交通领域的投入将达到上千亿元,智能交通产业将进入新一轮的快速发展轨道。

随着智能交通作为一个独立的产业迅速崛起,各级政府和企业分别把发展智能交通作为提高竞争能力和提高企业核心竞争力的重要手段,国家《道路交通安全"十二五"规划》《道路交通科技发展"十二五"规划》以及《交通运输行业智能交通发展战略(2012—2020年)》等多部文件中,都对我国智能交通行业及产业的发展给予了明确的支持。

行业要发展,首先要有人才,智能交通正强烈呼唤着大批优秀人才破茧而出,向更新更高的技术和管理领域集聚。为实现人才培养目标,适应我国智能交通行业的发展需求,培养面向生产、建设、服务和管理第一线需要的智能交通行业的高技能人才,推动高职课程建设与改革,加强教材建设,交通运输管理类专业指导委员会在全国交通运输职业教育教学指导委员会的指导下,根据2013年教育部颁布的《交通安全与智能控制专业教学标准与课程标准》(适应于高等职业教育),精心组织全国从事高职教学第一线的优秀教师和企业专家,合作编写了交通安全与智能控制专业系列教材,供高职高专院校交通安全与智能控制专业(现更名为"智能交通技术运用"专业)教学使用。

本书的编写特点:

本书以交通信息采集与处理分析为主线,结合大数据时代背景,按新课改关于"培养大学生终身学习能力"宗旨编写,通过大量图表与实际案例,力求贴近自主学习目标。每章首先明确本章"学习目标",始于"导入",每章后设置"技能训练";"技能训练"与"思考题"由教师引导完成,更重要的是强调学生利用网络教育资源和日常观察,自学开拓智能交通信息链视野,建立课程知识架构,为交通应用建立宽基石、厚基础。

本书由全国交通职业教育教学指导委员会交通运输管理类专业指导委员会组织编写。全书由上海交通职业技术学院智能交通专业教师张晓婷担任主编,并负责全书的统稿、定稿,江苏华瀚智能系统有限公司总工纪博超担任副主编。同济大学交通运输工程学院交通实验室主任孙海洁对本书进行了审定。具体编写分工为:张晓婷编写第一章、第二章、第三章,纪博超编写第六章,上海信息安全技术支持中心有限公司刘晏丽工程师编写第四章、第五章。上海交通职业技术学院的孙佩韦、吴依青、唐毅敏、荣建良、胡宸琪等教师对本教材也付出了辛勤的工作。

本套教材在编写过程中参阅和应用了国内外相关的论著和资料,无论在参考文献中是否列出,在此,对这些文献的作者和译者表示由衷的感谢和诚挚的谢意。由于作者水平有限,书中不妥之处在所难免,恳请专家和读者给予批评和指正(张晓婷邮箱:0971deteclinon@tongji.edu.cn)。

编 者

2016 年 9 月

目　录

第一章　绪论 ... 1
第一节　智能交通系统概述 ... 2
第二节　智能交通系统中的信息技术 ... 3
第三节　智能交通信息基础——信息采集及处理分析 ... 5

第二章　智能交通数据采集基础 ... 9
第一节　传统人工交通数据采集——雷达测速 ... 9
第二节　出行者交通信息采集 ... 15
第三节　出行车辆动态交通信息采集 ... 32
第四节　出行车辆静态交通信息采集 ... 70
第五节　其他常见交通信息检测技术 ... 74

第三章　智能交通数据通信与处理基础 ... 84
第一节　计算机网络 ... 85
第二节　交通信息通信技术 ... 97
第三节　交通信息源与处理技术 ... 118

第四章　交通信息数据库存储与显示技术 ... 139
第一节　交通信息数据存储技术 ... 140
第二节　交通信息发布技术 ... 152

第五章　智能交通信息分析基础 ... 162
第一节　数理统计及其交通应用 ... 163
第二节　数据挖掘技术及应用 ... 169
第三节　模式识别技术及应用 ... 173

第六章　交通信息采集与处理案例分析 ... 181
第一节　出行者交通信息采集案例 ... 182
第二节　出行车辆动态交通信息的采集案例 ... 186
第三节　城市停车诱导系统案例（CBD 地区） ... 196
第四节　智能公交候车站 ... 200

附件　《道路交通信息采集与处理》课程教学大纲 ... 205
参考文献 ... 207

第一章 绪 论

1. 建立智能交通系统概念；
2. 理解交通信息源；
3. 理解智能交通系统中信息技术概念；
4. 了解国内外交通信息采集与处理技术的应用；
5. 了解道路交通信息采集与处理技术在ITS中的基石作用。

交通，随人类生产和生活需要而发展，交通运输在社会生产中分为生产过程运输与流通过程运输，生产活动运输用于实现人和物的位移及信息传输活动；交通系统是一个复杂、开放的系统，它是社会经济系统的有机组成部分，交通系统运转受到社会经济系统中其他子系统的影响与制约，其本身又由相互影响、相互制约的若干子系统组成。

交通拥堵问题已成为城市的顽疾，高效率的管理作为缓解交通拥堵的手段，一直被放在重要位置；到底如何对交通进行高效管理？首先应掌握城市交通运行规律。以上海为例，发生交通阻塞的时空分布，是不完全的时间带或全区域（数据显示，饱和度不超过0.7的道路，全天仍有近50%的时间拥堵），交通管理应依照交通运行规律合理分配"时空资源"，解决通行能力挖掘不足的问题；其次，应分析具体节点拥挤的原因，如常见交通枢纽拥挤原因是不同交通方式间衔接不畅，根据原因对症下药。无论发现规律还是分析拥堵原因，都需收集交通参数基本数据、传递通信信息，使得效率事半功倍。鉴于此，需基于系统工程的观点进行思考，将先进的计算机、通信、控制技术运用于智能交通采集与处理系统中。

什么是智能交通系统(Intelligent Transportation System,ITS)？即用现代信息技术将人、车、路、环境紧密协调、和谐统一建立起来的、在大范围内、全方位发挥作用的实时、准确、高效的运输管理系统。发展智能交通经济效益巨大,据GSM移动智库(GSM协会是由全球移动运营商自发成立组织)最新报告显示,在曼谷采用智能交通系统解决方案后能够每年为每名通勤者减少累计2~4天的行程时间;道路交通产生的二氧化碳排放量每年可降低10%~20%,相当于300万~500万t;每年可减少多达8 000起交通事故,从而每年带来高达10亿美元的社会经济效益。本章主要介绍智能交通系统相关背景知识与本书主要内容。

第一节　智能交通系统概述

一　国内外智能交通系统的发展

纵观发达国家ITS发展历程,道路建设速度通常落后于机动车增长速度,因受道路建设投资巨大、占用土地资源等方面限制,道路在数量上无法无限增长。所以道路基础设施发展到一定限度,解决交通事故、堵塞、环境污染等问题,必须依靠科技,建立智能交通系统,改善交通服务水平,强化信息利用,提高管理水平等。

智能交通发展过程可概括为三个阶段:基础设施建设阶段、信息化程度阶段、智能化交通管理阶段(图1-1)。我国的智能交通尚处于完善基础设施阶段,属第一阶段,其信息化程度较低。智能交通车辆信息化是被动的,即车辆在行驶过程中,只能由路边设备检测车辆位置或车辆速度。目前交通检测的设备尚不完备,信息不能共享,网络传输和监控功能也不够强大,智能化程度低。由此不难预测,我国交通信息服务、应用产业市场前景巨大。

图1-1　智能交通发展的三个阶段

二　交通信息源及分类

智能交通目标是实现交通运输系统现代化,而现代化的关键环节是提供实时动态的交通信息,满足公众对交通信息的需求。北京交通信息抽样调查显示,驾驶员希望有偿使用交通信息服务的占75%,潜在用户希望有偿使用交通信息服务的占50%。因此,交通信息(Traffic Information)服务有重大的经济意义。如何提供高效、及时、统一的交通信息源是决定交通信息服务的核心。

对交通信息源主要可归结为三方面:路况、车况、出行者信息。其他信息包括交通环境信息,如气象(雨、雪雾、等),以及政治、经济、军事、文化等信息。所有此类单点信息需形成网络信息,形成交通特性数据库,为公众服务。

1.道路信息(路况)

道路信息主要指某路段实时路况(拥挤、畅通)(图1-2)、路面情况、道路等级、车道数、道路坡度、立交类型、城市出入口信息、高架或高速匝道控制管理信息、某处动态停车信息、某时某地突发事件、道路施工信息等。该类信息目前主要由交通管理部门提供。

2. 车辆信息(车况)

车辆信息即行驶的车辆信息,包括车型、车种、车重、出厂年份、行驶里程、车辆维护等级、车辆违章情况等,其中大部分信息来源于车辆厂家与用户,违章信息来源于各省市交警总队(图1-3)。

图1-2 道路实时信息示意图

注:图中路段的通畅与否分别用不同颜色表示。由于本书采用黑白印刷,未显示出颜色,此图仅为示意图。

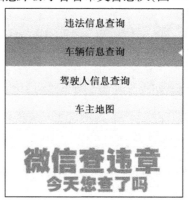

图1-3 车辆信息查询示意图

3. 出行者信息

交通出行的源头是出行者,包括车辆驾驶员、公交乘客、行人等,他们是交通运输的主体。其信息有性别、年龄、职业、教育程度、性格、驾驶年限、熟练程度、出行目的、心理情况等,这些信息主要来源于交通出行者本人。

交通信息多样,需利用现代化科技手段对不同类型信息加以利用,即为建立智能交通系统的第一步。科学分类有利于信息利用,提升社会公共管理水平。

三 交通信息采集对象与范围

考虑常用交通信息源,本书中的交通信息采集与处理的对象是出行者和出行车辆(图1-4),出行车辆分为动态车辆运行和静态车辆停泊两类,其中车辆动态信息主要针对车流量、车速、车辆类型、车辆载质量等。

图1-4 本书交通信息采集与处理的对象

第二节 智能交通系统中的信息技术

一 智能交通系统的信息技术背景

智能交通系统作为智慧城市发展的重要支撑,其服务本质是一条信息链,包括信息采集、通信、信息处理、信息发布与信息使用(ITS管理部门决策与控制,图1-5)。这些服务均依赖于信息与控制技术(Information Technology,IT)。

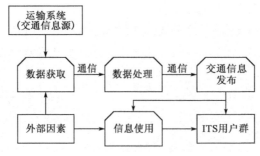

图 1-5　智能交通系统信息链

IT 技术即在信息科学的原理、方法指导下扩展信息功能,以计算机、现代通信为主要手段,实现交通信息获取、加工、传递、利用等功能的技术总和。此领域包括网络管理、软件开发及安装、针对组织内信息技术生命周期的计划及管理,软件和硬件维护、升级及汰换。

以智能交通子系统"交通管理与控制系统"为例,该系统本身涉及车流量数据采集、传输、加工和处理等,这些技术手段以信息为纽带连接,再通过信息处理,如对车流量的优化算法,提出控制方案和管理措施,最终将指令传递到控制终端,实现对交通流的控制。该过程如图 1-6 所示。

图 1-6　交通管理与控制系统信息链

狭义的智能交通即交通信息化,是将车车、车路、车人、人路、车与互联网间联系起来,进行信息交换,实现智能交通管理,从中奠定信息化基础。

三　主要内容

本书主要涉及道路交通信息采集与处理的基本内容。第一章介绍智能交通系统,尤其信息采集及处理分析在智能交通中的地位。第二～四章介绍交通信息采集、传输、处理及存储、显示的基本技术及常用方法、设备。第五章介绍智能交通信息分析基础知识,包括最基本的数理统计分析、数据挖掘分析及模式识别方法。第六章补充二～五章内容涉及的实际案例,全书逻辑链图见图 1-7。

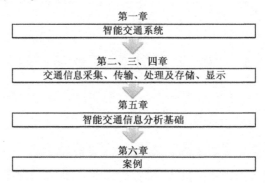

图 1-7　本书章节逻辑链

第三节 智能交通信息基础——信息采集及处理分析

"智慧城市"理念 2008 年开始传入我国,提倡信息技术与先进城市服务理念有效融合,通过对城市地理、资源、环境、经济等进行数字网络化管理,为城市提供更便捷、高效、灵活的生活模式。国家"十二五"规划指出"智能交通是通向智慧城市之路"。在城市交通拥堵日趋严重的形势下,应不断完善智能交通系统,利用信息技术,建立"智慧城市"的基石。显然,智能交通是智慧城市走向现实的突破口,因其方法中立,不区分区域、制度,适应各行业对交通价值的需求,世界各国不断评估 ITS 系统的效益,并作为长期投资项目。据调查,智能交通现阶段问题集中在以下两方面:

(1)缺乏大范围交通信息采集手段。目前仅是交通系统内部自建传感网络采集孤立信息,未能融合相关的信息,形成多元交通信息整合,无法实时把握城市整体交通状态,进而难以预测交通未来状态。

(2)缺乏交通子系统之间的交互与协同,部门之间信息无法共享。因此,信息采集与处理分析整合仍是当前智能交通建设的第一位的关键问题。

2013 年,国家 ITS 中心主任王笑京总结:多数城市在建设智能交通时都关注视频监控器和监控大屏的布设,真正关注交通量基础信息采集的很少,但这恰是智能交通的基础,同样映射了解决这些问题的基础——信息采集与分析处理——是智能交通的核心。

以先进的交通管理系统(Advanced Traffic Management Services,ATMS)为例,该系统利用网络技术获取信息。其系统组成见图 1-8。具体过程:利用信息采集设备(如车辆检测器、气象监测器、视频监控、电子收费系统等)采集路面破损、潮湿等路面状况和能见度等静态信息,也可采集交通流量、车道占有率、车速等动态信息;所有采集的信息资源可由终端或控制中心处理后,经过控制中心和采集设备之间的通信渠道,进行综合信息交换,信息交换可使用市政内部通信专用网络,以确保信息安全;控制中心可发布交通运输信息(如流量情况、气象、事故等)道路情报,或命令和建议(如限速、关闭匝道),使道路使用者动态选择路径或改变驾驶行为。试想,如果整个过程缺少信息采集、处理、发布、通信过程,其他技术可否实现?

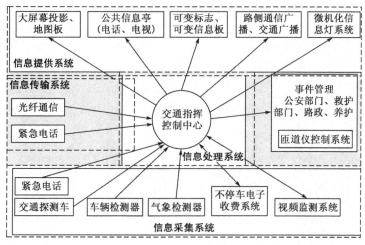

图 1-8 ATMS 系统组成

任务1:利用互联网了解日本智能交通 VICS 系统,并思考以下问题

(1)根据图1-9所示,VICS系统包括哪些内容?该系统设计的目的是什么?该系统可进行哪些服务?试说明该系统的通信过程。

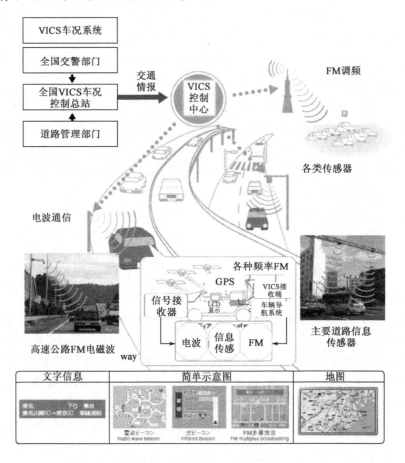

图1-9　日本智能交通 VICS 系统

(2)根据图1-10查找日本 VICS 系统2000年以后经历的有关智能交通系统发展的重要事件。对比我国智能交通发展历程,发现了什么规律?

图1-10　日本 VICS 系统发展历程

(3) VICS 系统覆盖多少用户？VICS 中心服务日本交通哪些领域？
(4) VICS 中心具体提供哪些实时信息？
(5) 列举 2013 年以后，日本新增交通信息采集及服务类设备。

任务2：查资料，了解上海智能交通系统，并思考以下问题

(1) 上海智慧公交项目（图1-11）做了哪些让乘客对乘车信息"心中有数"的措施？
(2) 上海公交行业由哪些管理部门管理运营？各部门承担的功能作用是什么？
(3) 观察上海轨道交通使用了哪些智能控制或发布设备（图1-12）？可提供何种信息？

图1-11　上海智慧公交站牌　　　　　　　　图1-12　上海轨道交通智能控制设备

(4) 思考公交车信息化应该包括哪些方面？公交车载信息系统应该完成哪些乘客需要的功能？
(5) 2009 年开始的上海市道路交通信息采集和发布系统工程（图1-13）包括哪些内容？现实生活中你发现有哪些具体工程举措？这些措施是否为出行者带来了便利？

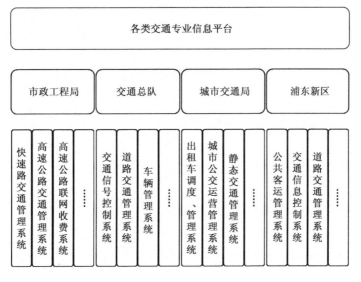

图1-13　上海市交通综合信息平台

思考题

1. 什么是智能交通?
2. 交通信息源可转化为哪些信息或格式?
3. 举例说明智能交通系统为何离不开信息技术?
4. 利用网络资源,了解"智慧首尔2015"计划都有哪些内容?
5. 为什么说智能交通产业市场还有巨大的发展空间?
6. 交通信息采集与处理为什么是智能交通的核心?

第二章　智能交通数据采集基础

1. 了解传统的人工交通信息采集方式；
2. 理解无线移动定位技术的原理与 GPS 技术；
3. 学习一卡通技术；
4. 掌握基于磁频的车辆检测技术(环形线圈与地磁检测)；
5. 掌握基于波频的车辆检测技术(微波与超声波车辆检测)；
6. 掌握视频采集检测技术；
7. 理解静态交通信息采集技术(红外线与咪表)；
8. 了解其他常见交通信息检测技术的应用(车辆识别与载重识别)。

导　入

牛津大学教授维克托·迈尔撰书指出：如今我们正在进入"大数据时代"，信息采集部门通过信息数字量化分析，最大程度贴近交通运行状态，能有效避免盲目臆想与感性决策，对症下药，少走弯路。大数据带来的信息风暴正在变革普通人的生活、工作和思维，大数据开启了一次重大的时代转型，已成为世界新的"软黄金"：美国一家实时车辆交通数据采集商分析发现，周末"堵车经济"——哪里有堵车哪里就有更好的销售，他们将这样的数据提供给投资公司，投资公司会根据这些数据对零售业再投资。作为城市出行者，每天都经历上下班高峰期长长的车龙，拥堵对人们的生活及城市发展的负面效益无须赘言。治堵，已成为当前交通管理不得不面对的棘手问题。交通拥堵能否数字化，怎样记录数字，数字化能否为优化交通铺路……所有这些疑问首先面对的是道路信息的有效采集，即交通信息采集与处理的数字化基础，它成为解决拥堵的第一个锦囊。

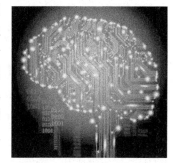

第一节　传统人工交通数据采集——雷达测速

人工采集法，即以人力作为数据采集的主要手段。以传统交通量数据采集为例，观测人员在观测点手工记录单位时间内通过的各种类型车辆数量，该过程由一个或几个调查人员在指定路段或交叉口进口道或出口道进行，调查人手持调查表、记录板、计时器、笔进行交通观测。人工交通调查的缺点显而易见:效率低,工作环境差,数据准确性不高(受人主观因素影响较大),外业工作时间长,人力、物力耗费大。虽然人工采集缺点多,但因其便于操作,在交通环境不复杂的小区域仍有生命力,如利用手持式智能终端设备进行人工数据的采集。本节以雷达测速仪(属微波车辆检测器)为例,了解人工采集车速数据的方法。

2013年"史上最严交规"的实施,对交通管理部门信息采集的准确性提出了新挑战,而另一方面严厉的处罚措施让车主也提高了警惕,间接催化了雷达测速仪(图2-1)的迅速发展。雷达实为利用无线电回波(电磁波能量)以探测目标方向和距离的装置,属于微波车辆检测器的一种(基于微波技术检测另有远程微波交通检测器,详见本章第三节)。

图2-1 俄罗斯"火花"雷达测速仪

雷达为英文"Radar"的译音,为无线电探向与测距之意。雷达的应用始于1940年不列颠空战中,700架载有雷达的英国战斗机,击败了2 000架来袭的德国轰炸机。之后,雷达产品层出不穷,分类方法复杂。1989年加拿大人DanManor第一次将雷达技术应用于智能交通领域,其后雷达技术发展日趋多元化,如探头探测车辆存在性、多普勒效应测车速和经过两点的时间(进而计算车辆长度,判断车型)等。

使用雷达波进行车辆检测,其精度主要受雷达波频率、强度及能引起电波干扰的有害电波等的限制,发射信号约为13.4GHz,车速检测范围为4~120km/h。交通雷达测速仪主要应用于道路交通巡逻、车速检测、交通执法。当今国际上使用的雷达测速仪发射频率都遵守国际航空通信法令,分为以下几个波段(由美国联邦通信委员会FCC规定的频道):

(1) S 波段:2.445GHz;
(2) X 波段:10.525GHz;
(3) K 波段:24.150GHz;
(4) Ka 波段:33.400~36.00GHz。

我国目前生产的雷达测速仪主要应用 X 波段、K 波段。

一 雷达测速仪的组成

该仪器由发射系统(如微波头)、接收系统、数字处理系统三部分组成,见图2-2。微波头在测速基础上,为体效应振荡器加一个变容管改为压控式振荡 VCO(输出频率与输入控制电压有对应关系的振荡电路),直接混频。系统还包含三角波发生器(为修正压控振荡器的非线性,使之频率线性变化,进行非线性修正)。为了增强效果,采用模拟滤波器组进行积累处理,一般使用单片机控制电路,如此简单且成本较低。以下为各部分功能详解(相关术语参见专业书籍,此处不再赘述)。

1. 微波头

微波头包括喇叭天线、体效应振荡器、环行器、混频器。体效应振荡器的功能是激励起电磁波,并通过天线发射微波,电磁波遇到物体反射后,再由天线接收反射波。喇叭天线作为微波对外收发之用,环行器将收发进行隔离,混频器取出发射频率和接收频率的差值。

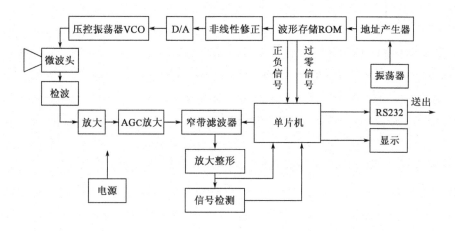

图 2-2 微型测距雷达组成框图

2. 三角波发生器

三角波发生器采用数字形成,D/A 为 12 位,一般晶体的频率为 MHz 量级,地址产生器为一个 13 位的计数器。波形存储可选合适的芯片型号与晶体,重要的是必须测出微波头的非线性曲线,以便在非线性修正 ROM 中装入修正数据。

3. 窄带滤波器

模拟器件的发展与集成为小型化提供了充分的条件,其带通滤波器的中心频率 f_0 可由外加的时钟频率 f_{cp} 控制,见图 2-3,只要改变 f_{cp} 的值,带通滤波器的中心频率就会在 0 ~ 32kHz 范围内移动。

其他诸如 AGC 放大电路与单片机,可根据测速仪精度的不同进行组合,软件用汇编语言编写,其流程见图 2-4 所示。

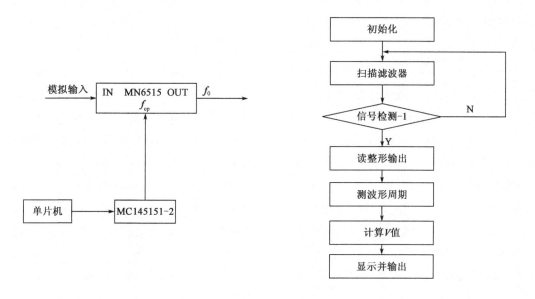

图 2-3 滤波器控制原理示意图　　　　图 2-4 雷达测速仪软件流程

二 雷达测速仪工作原理

波是由振幅和频率构成的。人的耳朵听到的"音调"是由声音的频率(每秒钟声源振动的次数)决定的,频率高的音调就尖锐,频率低的音调就低沉。当波源和观察者相对静止时,1s 内通过观察者耳朵的波峰的数目(频率)是一定的,观察者听到的频率等于波源振动的频率,即听到的是"原声"。当波源向观察者快速运动(或观察者向波源快速运动)时,1s 内通过观察者耳朵的波峰数目就会增加,这时观察者听到的声音频率增加,频率高的声波音调就尖锐一些;反之,当波源和观察者互相远离时,观察者听到的频率变小,频率小的声波音调就低沉,见图 2-5。

图 2-5 声波反射示意图

雷达工作原理与声波的反射情形极类似,差别只在于其所使用的波为频率极高的无线电波,而非声波。雷达的发射机相当于喊叫声的声带,发出类似喊叫声的电脉冲(Pulse),雷达指向天线犹如喊话筒,使电脉冲能量能集中向某一方向发射。接收机的作用则与人耳相仿,用以接收雷达发射机所发出电脉冲的回波。

测速雷达利用多普勒效应(Doppler Effect)原理(图 2-6):当目标向雷达天线靠近时(即当车辆向测速仪方向移动),反射信号频率将高于发射机频率,波长变短,称为蓝移现象(Blue Shift);反之,当目标远离天线而去时(即当车辆向离开测速仪方向移动),反射信号频率将低于发射机频率,波长变长,为红移现象(Red Shift)。如此即可借由频率的改变数值,即多普勒频移(它与相对速度 v 成正比,与振动频率 f_0——通常为 24.45GHz 或 10.525GHz——成反比),计算出目标与雷达的相对速度。

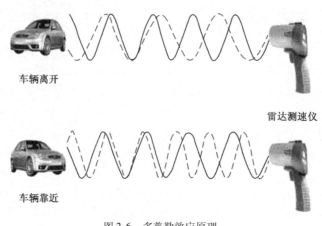

图 2-6 多普勒效应原理

注:图中雷达波,实线为雷达发射波,虚线为返回波。

多普勒频移 f_d 的相对值正比于目标速度与光速之比，f_d 的值可正可负，取决于目标运动方向，不同车速对应的频移和相位差信息不同。采样时，以恒定的频率采样，如此正比于车速的多普勒频移，求得车辆的速度。多普勒频移公式如下：

$$\frac{f_d}{f_0} = \frac{2v_r}{c} \tag{2-1}$$

式中：f_d——多普勒频移；

f_0——雷达发射频率；

v_r——车辆径向速度；

c——电磁波传播速度。

三 雷达测速仪技术特性

雷达测速仪适用于车型单一、车流稳定、车速分布均匀的交通状态，对于车流拥堵以及大型车多，车种构成复杂的路段，则测量精度不高。其主要技术特点如下：

(1) 雷达波束较激光光束（射线）的照射面大，因此雷达测速易于捕捉目标，无须精确瞄准。

(2) 雷达测速设备可安装在巡逻车上，在运动中实现检测车速，是"流动电子警察"重要组成部分。

(3) 雷达固定测速误差为 ±1km/h，运动时测误差为 ±2km/h，可满足交通违章查处的要求。

(4) 雷达发射的电磁波波束有一定的张角，故有效测速距离相对于激光测速较近，最远测速距离为 800m（针对大车）。

(5) 雷达测速仪技术成熟，价格适中。

(6) 雷达测速仪发射波束的张角是重要的技术指标，张角越大，测速准确率越易受影响；反之，则影响较小。

(7) 恶劣天气，可直接检测速度，但不能检测静止或低速行驶车辆，不能进行排队长度指标的采集。

(8) 雷达测速仪如天线放置不当，当地势为非平原状态，则易造成误检。

(9) 两车并行时，雷达测速仪无法分辨哪一辆超速。

以下三种情况，雷达测速仪测量将出现问题：

(1) 如雷达测速仪放置位置与车辆行进的路径存在角度 θ 时，雷达测速仪检测的速度低于实际值（因其检测速度为车辆在 X 方向的投影距离与时间的比值，投影距离短于实际距离），这类情况无法检测超速。

(2) 在定点违章超速道路检测中，雷达测速仪和摄像机一起构成超速违法抓拍系统，雷达测速仪的响应时间（包括车辆采样和计算分析两阶段）、照射区域与测速抓拍系统的配合程度对检测精度影响大，其中摄像机抓拍范围与雷达测速仪测量范围不同。图 2-7 是正确安装时，视频拍照区覆盖雷达测速仪检测区域；反之，错误安装会出现虽检测车辆超速，但摄像机无法抓拍的情况。

(3) 由于雷达测速仪辐射范围内采样范围随机（车道出现车辆，测速仪才进行采样，因此有采样范围），因此将给抓拍车辆图像带来困难；摄像机虽连拍，还是可能存在漏拍、错拍、受遮挡等情况，见图 2-8。

图 2-7　摄像机和雷达测速仪测量范围

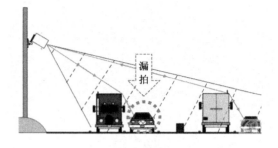

图 2-8　车辆受遮挡情况

图 2-9～图 2-12 是市场上常见的雷达测速仪。表 2-1、表 2-2 是常见雷达测速仪相关参数与技术指标。

图 2-9　金雕雷达

图 2-10　猎手平板雷达

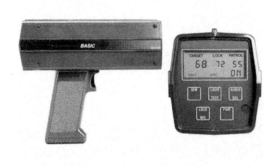

图 2-11　雷达测速仪

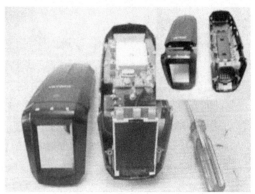

图 2-12　威仕特 W1 系列雷达

常见手持雷达测速仪参数简易对照表　　　　　　　　　　　　表 2-1

名　称	测速范围(km/h)	测程(m)	精度(kPH_MPH)
英国 BASIC	8～322	>1 000	±2_±2
低速测速仪 SVR400	0～321	>600	±100_±0.1
美国 TRACER(SRA3000)	8～320	球类：>18 车类：>300	±2_±1

续上表

名　　称	测速范围(km/h)	测程(m)	精度(kPH_MPH)
美国 Bushnell(10-1911)	球类:10~176 车类:10~321	球类:>27 车类:>456	±2_±1
美国博士登 10-1921	球类:16~177 车类:16~322	球类:>27 车类:>457	±2_±1
袖珍式 PR1000	11~600	球类:>36 车类:>800	±2_±1
英国风火轮 J2358	0~299	>40	≤±1%

常见雷达技术指标　　　　　　　　　　　　　　　　表 2-2

工作频率	24.15GHz(K-范围)	工作频率	24.15GHz(K-范围)
测速距离(灵敏度)	不低于 500m	速度调整步进	1.0km/h
天线发射图谱宽度	3.6°	平均应用功率	25mW
测速范围	10~300km/h	标明电源电压	12V(车内 10~15V)
测速误差(不超过)	±1km/h	传感器质量	710g
从群目标挑选最快者条件	4.0km/h	传感器尺寸	212mm×212mm×90mm

第二节　出行者交通信息采集

出行者交通信息种类繁多,与道路有关的出行者动态信息由检测系统(车辆检测器、摄像机、车辆自动定位系统等)采集。其他出行者信息具有静态性质,如地图数据库、紧急服务信息、驾驶员服务信息、旅游景点服务信息等。当前国内在大城市试点"智慧公交都市"建设,重点是针对公众出行的各类信息采集。本节虽针对"出行者"的信息采集,但目的仍是为知晓"人"所在的"车"的运行状态。以下介绍两类基于出行者信息采集关键技术。

一　移动定位技术

移动定位属于移动通信技术(详见第三章)的一种,是当今发展最快的科技之一。1996年美国联邦通信委员会 FCC 强制要求 5 年内,当移动通信用户发出应急呼叫时,系统能够提供应急终端号码和位置信息服务,且将精度要求范围逐渐缩小,具体定位精度从大于 67% 到大于 90%,误差从 125m 以下到 40m 以下,甚至还应提供同一地点、不同楼层的高度信息。现如今各种无线通信概念层出不穷,关键技术日新月异,国家安全部门、紧急救援组织、交通出行者等都希望移动通信系统能提供用户位置信息服务,该需求因素刺激推动了移动通信多元发展。

首先应理解"定位","定位"即提供物体位置信息,有物理信息和抽象信息两类。物理信息,如一栋建筑物位于北纬 50°47′20″;抽象信息,如移动通信网络中普遍使用的小区 ID号。而"移动通信"技术已历经四代,即"1G""2G""3G""4G",未来移动通信标准为"5G"(正在研究中。2014 年初,韩国开始研发超高速 5G 移动网络,下载 800MB 的电影只需 1s)、"6G"等。

典型移动通信系统是由移动交换中心(MSC)控制下的若干基站台(BS),以及每个基站台覆盖范围内由若干个移动台(MS)共同组成。MSC 通过中继线与固定电话网连通,实现移动台用户与公用固定电话用户之间的通信,见图 2-13。MSC 的主要功能是完成信息交换并集中控制其属下的基站,每个基站都服务于范围固定的可靠通信服务区,该服务区大小通过调整基站天线的高度和发射功率来确定。

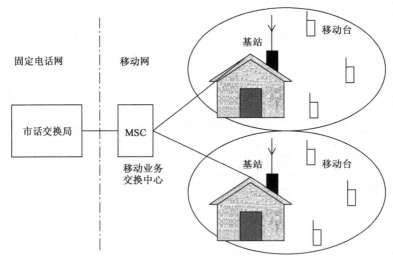

图 2-13 典型移动通信系统的组成

因此,"移动定位技术"即利用无线移动通信网络,对接收到无线电波的参数进行测量,再根据特定算法对某一移动终端或个人在某一时间所处的地理位置进行精确测定,以便为移动终端用户提供相关的位置信息服务,或进行实时的监测和跟踪。

根据移动定位技术基本原理,移动定位可分为两类:基于移动网络的定位技术和基于移动终端的定位技术。无论何种定位,均以三角关系或邻近关系实现。下面简要介绍两种方法,即基于三角关系定位技术和基于邻近关系定位技术。本节最后重点介绍移动定位技术的应用——基于移动终端 GPS 定位的相关内容。

1. 基于三角关系定位技术

大多数定位运用三角关系(Triangulation)实现,通过测量两个或者多个已知点确定智能终端位置,包括到达时间 TOA(Time of Arrival)、角度到达 AOA(Arrival of Angle)、基于电波到达时间差 TDOA(Time Difference of Arrival)定位等。以位于小区中心的基站为参考点,算出移动终端具体位置,基站与移动终端距离的测量可采用雷达和信号衰弱方法。

1) 采用雷达方式定位过程

每个基站发送一个无线电脉冲,到达对面基站反射返回,可根据传播速度、距离、时间之间的关系推算出两端的距离 R,见图 2-14。

2) 采用信号衰弱的方法测量距离

根据电话距离基站的距离计算,一般距基站越远,信号越弱。

假设地面需测试点到第一个基站的距离为 $a(km)$,可将 a 视为该点所在空间中一切可能位置,集缩到一个圆面上,此圆的中心即在此基站处,则其半径即 a。再假设需测试点到第二个基站距离为 $b(km)$,同样意味着这个地点处于相距半径 b 的、以第二个基站为中心的第二个圆上,即需测点处在这两个圆面相交圆的某个位置上。然后,再假设需测点到第三个基站测量距离为 $c(km)$,此时,需测点在空间中以半径 c、第三个基站为中心的球面上,如此,确定移动(终端)电话的位置(图2-15)。

信号在传输过程中会遇到如树木、墙壁、山等都会发生反射,如此信号波将无法直线传播,测得的距离将比实际的长。为了增加精确性,大多数系统尽量采用3个以上的基站进行三角测量,减少由于测量不精确所带来的误差。但不是所有区域均位于3个或3个以上不同的基站范围内,因为在设计网络时总是尽可能减少小区之间的重叠,许多边缘地区只有一个基站提供服务,这使得任何形式的三角测量都是不可能的。一个简单的测量通常可确定用户离发射塔有多远,而不能确定在哪个方向。

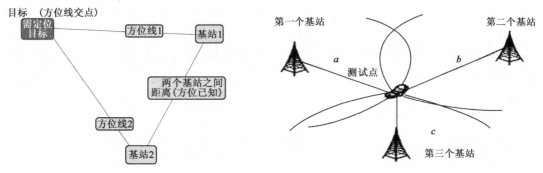

图2-14 雷达测距示意图　　　　　　　图2-15 信号衰减测距示意图

3) 到达角度(AOA)的方法测量距离

随着智能天线的出现,原理上可用一个基站确定智能终端(电话)所在的位置。因为智能天线直接指向用户,可确定用户所在的大概方向,采用该方法的系统称作到达角度(Arrival of Angle,简称AOA):通过这种天线测出基站与发送信号的移动终端之间的角度,进一步确定两者之间的连线,由移动终端与两个基站可得到两条连线,其交点即为待测移动终端的位置。显然,该定位技术的精度受智能天线性能的制约,见图2-16。

2. 基于邻近关系定位技术

基于邻近关系进行定位的技术原理:根据待定位物体与一个或多个已知位置的邻近关系来定位,通常以标识系统加以辅助,以唯一标识确定已知的各个位置。

最常见的例子是移动蜂窝通信网络中的Cell ID,该技术起源于蜂窝小区(Cell of Origin)定位技术:每个小区都有自己特定的小区标识号(Cell ID),当进入某一小区时,移动终端要在当前小区进行注册,系统数据就会有相应的小区ID标识;系统根据采集到的移动终端所处小区的标识号来确定移动终端用户的位置,见图2-17。这种定位技术在小区密集的地区精度相对较高且易于实现,无需对现有网络和手机作较大的改动,应用广泛。

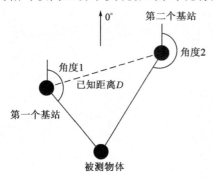 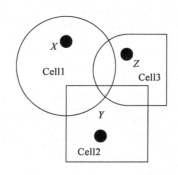

图2-16 基于角度测量的定位技术　　　　图2-17 基于邻近关系的定位技术
　　　　　　　　　　　　　　　　　　　注:X、Y、Z代表三个不同的移动终端。

除以上几类,常见的移动定位技术还有到达时间 TOA(Time of Arrival)、增强型观测时间差 E-OTD(Enhanced-Observed Time Difference)等定位技术,此处不详述。下面重点介绍 GPS 技术。

3. 基于移动终端定位技术 GPS

GPS,英文 Global Positioning System(全球定位系统)。利用 GPS 定位卫星,在全球范围内进行实时定位、导航的系统,称为全球卫星定位系统,简称 GPS。

GPS 起始于 1958 年美国军方的项目,1964 年投入使用。20 世纪 70 年代,美国陆海空三军联合研制了新一代卫星定位系统 GPS,为陆海空三大领域提供实时、全天候和全球性的导航服务,并用于情报收集、核爆监测和应急通信等一些军事目的。到 1994 年,全球覆盖率高达 98% 的 24 颗 GPS 卫星星座已布设完成。经近些年我国测绘等部门的使用表明,GPS 以全天候、高精度、自动化、高效益等显著特点,有效地应用于交通运载工具导航和管制、大地定位、工程定位、航空定位、地壳运动监测、工程变形监测、资源勘查、地球动力学等多种学科,为通信与测绘领域带来了一次深刻的技术革命。

1) GPS 组成

GPS 系统包括三大部分:空间部分——GPS 卫星(星座),地面控制(支持)部分——地面监控系统,用户设备部分——GPS 信号接收机,见图 2-18。

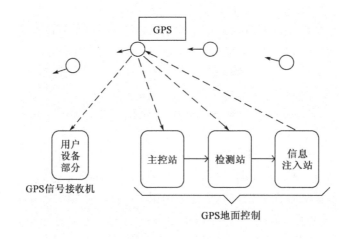

图 2-18　GPS 系统组成示意图

(1) GPS 卫星星座

24 颗卫星星座如图 2-19 所示,卫星均匀分布在 A、B、C、D、E、F 共 6 个倾角为 55°的轨道面上,每个轨道面上配置 4 颗卫星,所以观测时最少见到 4 颗卫星,将它们称为定位星座(卫星星座功能是发射某种时间信号、测距信号、即时坐标位置信息)。这 4 颗卫星在观测过程中的几何位置分布对定位精度有一定的影响,对于某时某地,甚至不能测得精确的点位坐标,这种时间段叫做"间隙段"。但这种时间段是很短暂的,并不影响全球绝大多数地方的全天候、高精度、连续实时的导航定位测量。

在 6 个轨道面上(图 2-20),卫星等间隔地通过赤道上空,相邻的两个轨道平面交角为 60°。卫星运行高度为 20 183km,运行周期为 11h58min1.8s(当地球对恒星来说自转一周时,它们绕地球运行两周,即绕地球一周的时间为 12 恒星时)。因此,地面用户在 15°仰角上可同时观测到 4~8 颗卫星;若仰角进一步降到 5°,有可能同时观测到 12 颗卫星。

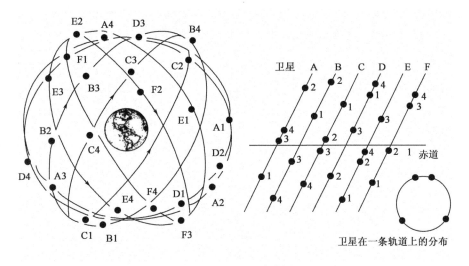

图 2-19　GPS 卫星角度图

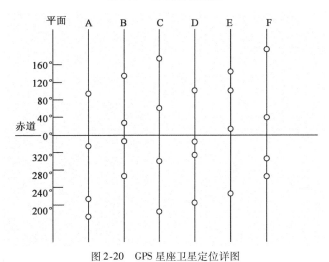

图 2-20　GPS 星座卫星定位详图

(2) 地面控制系统

地面监控部分是 GPS 全球定位系统的中枢,它由主控站、监测站和信息注入站组成,各站间的关系如图 2-21、图 2-22 所示。地面监控系统的任务是跟踪所有卫星,进行轨道参数和钟差的测量,计算卫星星历,编辑成电文向卫星发送,预测修正模型参数,同步卫星时钟等。

① 主控站

主控站拥有大型计算机,负责采集数据、编辑导航电文并发送到地面控制站,诊断整个地面支持系统及卫星的工作状况,并向用户指示,同时可调度卫星(图 2-23)。

作用:管理、协调地面监控系统各部分的工作,收集各监测站的数据,编制导航电文,送往注入站将卫星星历注入卫星,监控卫星状态,向卫星发送控制指令;卫星维护与异常情况的处理。

② 监测站

监测站是无人值守的数据采集中心,装有精密的铯原子钟和能连续测量所有可见卫星的伪距的接收机,对卫星进行常年观测,并采集电离层数据和气象数据,见图 2-24。地面控制站的主要组成部分是地面天线。由主控站传送来的卫星星历和时钟参数由这里发送并注入到经过该站上空的各个卫星。目前对每颗卫星每天注入一次或两次。

作用:接收卫星数据,采集气象信息,并将所收集到的数据传送给主控站。

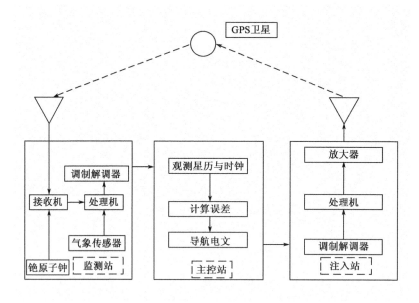

图 2-21 地面控制系统(部分)逻辑图

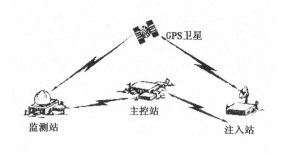

图 2-22 地面监控系统

图 2-23 GPS 主控站

③信息注入站

信息注入站是将主控站计算的卫星星历及时钟修正参数等注入卫星(图 2-25)。

图 2-24 GPS 监测站

图 2-25 信息注入站

作用:将导航电文注入 GPS 卫星。

（3）GPS 信号接收机

GPS 信号接收机（图2-26）能够捕获到按一定卫星高度截止角所选择的待测卫星的信号，并跟踪这些卫星的运行，对所接收到的 GPS 信号进行变换、放大和处理，以便测量出 GPS 信号从卫星到接收机天线的传播时间，解译出 GPS 卫星所发送的导航电文，实时地计算出测站的三维位置，甚至三维速度和时间。图 2-27 所示为 GPS 信号接收机的组成。

图 2-26　GPS 信号接收机

静态定位中，GPS 接收机在捕获和跟踪 GPS 卫星的过程中固定不变，接收机可准确地测量 GPS 信号的传播时间，利用 GPS 卫星在轨道上的已知位置，解算出接收机天线所在位置的三维坐标（图 2-28）。而动态定位则是用 GPS 接收机测定一个运动物体的运动轨迹。GPS 信号接收机所在的运动物体叫做载体。载体上的 GPS 接收机的天线在跟踪 GPS 卫星的过程中相对地球而运动，接收机用 GPS 信号实时测得运动载体的状态参数。

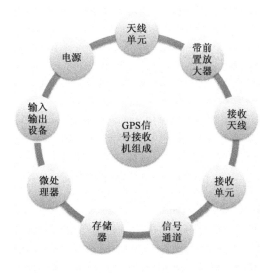

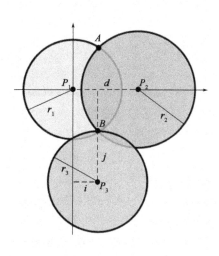

图 2-27　GPS 信号接收机组成　　　　　　　图 2-28　GPS 定位原理示意

接收机电源一般采用蓄电池,同时采用机内、机外两种直接电池。设置机内电池的目的:更换外电池时不中断连续观测。在使用机外电池的过程中,机内电池自动充电。关机后,机内电池为 RAM 存储器供电,以防止丢失数据。

2)GPS 定位基本原理

(1)GPS 定位数学模型

数学模型可以帮助初学者简单理解 GPS 定位,以下模型只是简化模型。如前所述,GPS 定位实际上是通过 4 颗已知位置的卫星来确定 GPS 接收器的位置。

图 2-29 中,GPS 接收器为当前要确定位置的设备,卫星1、卫星2、卫星3、卫星4 为本次定位要用到的 4 颗卫星。

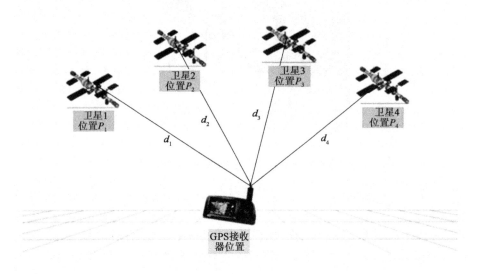

图 2-29 GPS 定位示意

P_1、P_2、P_3、P_4 分别为 4 颗卫星的当前位置(空间坐标),已知 d_1、d_2、d_3、d_4 分别为 4 颗卫星到要定位的 GPS 接收器的距离,即已知 Location(?)函数为待定位卫星接收器的位置,待求。

定位过程,简单来讲就是通过函数 Get Location(?),从已知的 $[P_1, d_1]$、$[P_2, d_2]$、$[P_3, d_3]$、$[P_4, d_4]$ 4 对数据中求出 Location(?)的值。用函数调用来表示就是:

$$\text{Location}(?) = \text{Get Location}([P_1, d_1], [P_2, d_2], [P_3, d_3], [P_4, d_4]) \qquad (2\text{-}2)$$

那么,这些参数从哪里来?这个函数又是如何执行,由谁来执行的呢?为什么必须要 4 对参数呢?下面我们依次探究一下。

① P_1、P_2、P_3、P_4 这些位置信息从哪里来?

实际上,运行于宇宙空间的 GPS 卫星,能通过卫星信号向全世界广播自己的当前位置坐标信息。任何一个 GPS 接收器都能通过天线很轻松地接收到这些信息,并且能够读懂这些信息(也是 GPS 芯片核心功能之一),即这些位置信息的来源。

② d_1、d_2、d_3、d_4 这些距离信息从哪里来?

每一个 GPS 卫星都在广播自己的位置,那么在发送位置信息的同时,也会附加上该数据包发出时的时间标记。GPS 接收器收到数据包后,用当前时间(当前时间由 GPS 接收器确定)减去时间标记上的时间,即数据包在空中传输所用的时间。已知数据包在空中传输时间,将其乘以它的传输速度,为数据包在空中传输的距离,即该卫星到 GPS 接收器的距离。数据包是通过无线电波传送的,则理想速度是光速 c,将传播时间记为 T_i,用式(2-3)表示,即 $d_i(i=1,2,3,4)$ 的来源。

$$d_i = c \times T_i \quad (i=1,2,3,4) \tag{2-3}$$

③Get Location(?)函数是如何执行的?

该函数是为说明问题而虚构的,事实上未必存在,但一定存在这样类似的运算逻辑。这些运算逻辑可由软件来实现,但事实上大都由硬件芯片自行来完成(GPS 芯片的核心功能之一)。

④为什么必须要 4 对参数?

根据立体几何知识,三维空间中,3 对 $[P_i,d_i]$ 数据能确定一个点。为什么这里需要 4 对呢?

因为根据式(2-3),d_i 是通过 $c \times T_i$ 计算出来的,而 c 值很大(理想速度即光速),那么对于时间 T_i 而言,一个极小的误差都会被放大很多倍,这样将导致整个结果无效。GPS 定位中,对时间的精度要求是极高的。GPS 卫星用铯原子钟计时,但不可能为每一个 GPS 接收器都配一个铯原子钟,因为铯原子钟的价格十分昂贵。同时,由于速度 c 会受到空中电离层的影响,因此也会有误差。再者,GPS 卫星广播自己的位置时也可能会有误差。类似这些因素都将间接影响数据的精确度。

总之,数据的误差可能导致定位精确度降低,也可能直接导致定位无效。Get Location(?)中多用一组数据,正是为了校正误差。这就是 Get Location(?)函数必用 4 组数据的原因,即为什么必须有 4 颗卫星才能定位的原因。

⑤Get Location(?)函数返回的位置信息如何被 GPS 设备识别呢?

前文已述,在进行位置计算时都是用空间坐标形式表示,但是对 GPS 设备及应用程序而言,通常需要用的是一个[经度,纬度,高度]的位置信息。可以想象,在 Get Location(?)函数返回位置结果前,进行一个从空间坐标形式到经纬度形式的转换,不妨假设存在一个 Convert[经纬度,空间坐标]函数进行该转换。

(2)基于移动终端的定位技术原理

通过以上对 GPS 模型的简单讨论,小结移动终端定位技术的原理:多个已知位置的基站发射信号,所发射信号携带有与基站位置有关的特征信息,当移动终端接收到这些信号后,确定其与各基站之间的几何位置关系,并根据相关算法(实质就是勾股定理)对其自身位置进行定位估算,从而得到自身的位置信息。

3)GPS 在交通中的运用

GPS 一直由美国军方控制,军用 GPS 产品主要用来确定并跟踪在野外行进中的士兵和装备的坐标,为海中的军舰导航,为军用飞机提供位置和导航信息等。目前 GPS 系统可应用 GPS 信号进行海、空和陆地的导航,导弹的制导,大地测量和工程测量的精密定位,时间的传递和速度的测量。现以公共安全和灾难救援、道路与高速公路 GPS 应用为例,简单介绍 GPS 到底能为交通做什么。

(1)公共安全和灾难救援

任何成功的救援行动的关键因素是时间,了解地标、街道、建筑、紧急服务资源以及救灾地点的准确位置有助于减少延误并拯救生命。对于救援和公共安全人员来说,要保护生命、减少财产损失,这类信息极为重要。作为辅助技术,GPS 满足这些需要。诸如 2004 年印度洋地区的海啸、2005年墨西哥湾的卡特琳娜以及瑞塔飓风，以及2005年巴基斯坦—印度地区的地震等全球性灾难的救援中，GPS均扮演了不可或缺的角色。搜寻与救援队借助GPS、地理信息系统(GIS)以及遥感技术绘出受灾地区图，供救援与救助行动使用，并评估灾情。另外一个灾难救援的重要方面是管理野外火情。配置GPS和红外探测仪的飞机可以确认火灾边界和"热点"，以控制和管理森林火灾，数分钟之内，火灾图就可以传送到消防员驻地的手提式电脑上，配备这些信息的消防员才更有可能扑灭大火。

(2)道路与高速公路GPS定位

据估计，全世界每年由于高速公路、街道和交通系统堵塞延误造成的生产力损失高达几千亿美元。其他交通堵塞的负面影响包括财产损失、人身伤害、空气污染的增加以及低效的燃料消费。GPS使用的精确性可增加高速公路和街道上以及公共交通系统的车辆的安全和效率。由于GPS的帮助，许多商用车辆的分派和调度问题明显地减少了。同样，有了GPS，公交系统、道路维修和急救车辆所面临的问题也大大地减轻。图2-30所示为车载导航系统。

地理信息系统(GIS)储藏、分析并且显示主要由GPS提供的地理参考信息。GPS被用来监视车辆的位置、提出可行的有效策略使车辆准点以及为乘客提供精确的到达时间。公共交通系统利用这种性能跟踪火车、公共汽车和其他服务系统以提高准点率。GPS的帮助使得许多新用途成为可能，如使合乘车辆与专车服务得以实现。

使用GPS技术帮助跟踪和预测货运车辆的动向可视为"后勤革命"，包括准时投递的应用。在准时投递系统中，货车运输公司利用GPS跟踪以保证在预先承诺的时间内投递和取件，无论是短途或是跨时区的长途。下订单时，调度员只需敲击电脑功能键，屏幕将显示货车数据库，每辆车的状态等详细信息立刻获悉。如果某货车晚点或没有按预定路线行驶，系统将会示警。

许多国家使用GPS来勘测道路和高速公路网，确定路上或路边一些标志物的位置，包括休息站、维修和紧急服务及补给、入口和出口、路面损坏等。这些信息成为GIS数据收集过程中的输入。该信息库可帮助运输部门减少维修和服务成本，而且可增加驾驶员安全性。

目前正在研究的诸如向驾驶员警告可能的危急情况，类似交通违法或撞车事件。还有学者研究是否能在明显需要采取行动时实行最小限度的车辆控制，例如预先启动安全气囊。GPS提供的定位信息是这类研究的必要组成部分。

GPS是未来智能交通系统(ITS)的基本元素，是ITS在广大范围内的、以通信为基础的信息和电子技术。有学者借以在"先进的交通系统"领域里研究(如道路偏离和换线碰撞避免系统)，进而帮助驾驶员了解道路信息，这些系统需要在10cm内精确地估计车辆相对于路面车道和路沿的位置(图2-31)。

图2-30　车载定位导航系统

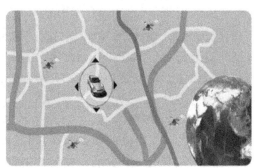

图2-31　GPS连接示意

二　一卡通技术

日常生活常见的一卡通是公交卡,随着我国推行"建设智慧公交"的战略,对公交运营管理手段的技术要求越来越高。比如香港交通运营管理部门可从城市"八达通"数据库中提取公交客流分布、出行时间等出行信息,可为日常调度提供依据,也可为网络优化采集基础信息。"一卡多用、互联互通"正助力"城市智慧交通"向前发展。

1. 国内外一卡通系统应用现状

近年来,我国多个大中型城市纷纷建立了公交"一卡通"系统,以此解决公交运营管理中存在的问题,让乘客出行信息更透明化。国内外最早的公交卡是IC卡,它的出现取代了传统的纸质车票,IC卡可用于公交系统,如地面公交、地铁、火车,如日本一卡通支持多种应用,包括行政、医疗、流通、交通、金融等,韩国釜山市2000年发行了适合多种应用的数字釜山卡,新加坡电子钱包可用于超市、公路收费、停车场收费等。

1994年上海开始引进国外IC卡技术,其IC卡收费领域已拓展到地铁、轻轨、地面公交、出租车、轮渡、高速公路、停车场、公用事业缴费、加油站收费等,且从2013年12月开始实现申城紫色交通卡与宁波、绍兴、湖州、台州、常熟、昆山、江阴、淮安、启东、无锡、泰州、南通、长兴等13个城市异地互通消费,以及上海至舟山的单向刷卡消费,上海各类交通卡具体使用见图2-32。截至2013年9月,上海"一卡通"系统已经累计净发卡逾4 900万张。

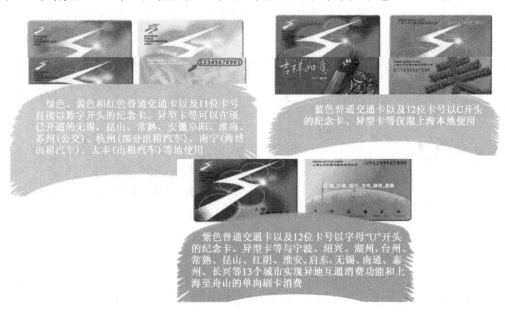

图2-32　上海交通卡(绿、黄、红、蓝、紫)

一卡通公交数据采集分析的前提是建立相应的一卡通数据提取需求与标准,因此2014年住房和城乡建设部筹划主编建设领域智能卡技术及应用标准征集,准备进行国家行业标准的修订工作。

2. 一卡通技术基础

一卡通"IC卡",是将微电子技术和电子计算机技术融合,"IC"是Integrated Circuit单词首字母的缩写,中文含义是"集成电路",是在一个塑料基片中镶嵌集成电路芯片,其外形和尺寸遵循国际标准(ISO),数据可供内部处理和外部访问,具有一定数学和逻辑运算能力,芯片一般采用不易挥发性的存储器(ROM、EEPROM)、保护逻辑电路,甚至带微处理器CPU,带CPU的均为智能卡(目前上海、北京使用的基本是带CPU的IC卡)。据住房和城乡建设部公开信息显示,2019年1月1日起城市一卡通安全认证仅支持CPU卡。IC卡包括三个部分:塑料基片、接触面、集成电路,见图2-33、图2-34。

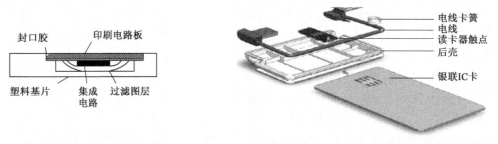

图2-33　IC卡组成　　　　　　　　　图2-34　IC卡构成

IC卡按卡上数据的读写方法(即卡与外接传输数据的形式)分类,有接触型IC卡和非接触型IC卡(射频卡)两种。

1)接触型IC卡

接触型IC卡的表面是一个方形镀金接口,共有8个或6个镀金触点,用于与读写器接触,通过电流信号完成读写。读写操作(刷卡)时须将IC卡插入读写器,读写完毕,卡片自动弹出,或人为抽出。接触式IC卡刷卡相对慢,不如射频卡方便,但可靠性高,见图2-35。

图2-35　接触型IC卡

2)非接触式IC卡(射频卡)

非接触式IC卡(Contactless Smart Card,CSS),也称作感应卡、射频卡,由IC芯片、感应天线组成,并完全密封在一个标准PVC卡片中,无外露部分,其结构示意如图2-36所示,该卡在生活中较为常见。

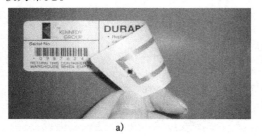
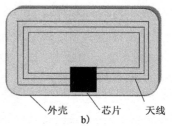

图2-36　非接触型IC卡(射频卡)

非接触型 IC 卡具有接触式 IC 卡同样的芯片技术和特性,最大的区别在于卡上设有射频信号或红外线收发器,在一定距离内即可收发读写器的信号(即 RFID 技术),和读写设备之间无机械接触。其常用于身份验证、电子门禁等场合。该卡记录信息简单,读写要求不高,卡形变化大,可做成徽章等形式。

RFID 射频系统由应答器、读写器、天线、计算机数据管理系统(即 PC)组成(图 2-37),RFID 应答器和读写器之间通过耦合元件实现射频信号的空间(非接触)耦合,实现数据、能量、时序的交换。

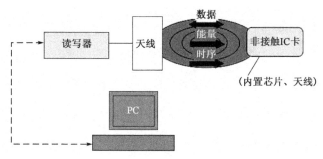

图 2-37　非接触型 IC 卡(射频)系统组成

(1)应答器

作为 RFID 系统的信息载体,按数据载体的不同分为 1bit 应答器和电子数据载体应答器。1bit 为最小的信息单位,仅识别"1"和"0"两种状态,对应"有应答"和"无应答"。电子数据标签载体应答器即通常说的电子标签或智能标签(Tag),数据载体可储存几千字节的数据,每个标签具有唯一的电子编码,附在被识别的目标对象上,具有如下特点:

①体积小、结构牢固,耐腐蚀;
②使用寿命长(可读写 10 万次以上);
③防水,耐高温;
④灵敏度高,抗干扰性强;
⑤存储器容量大;
⑥唯一性。

(2)读写器

读写器是用来读取或写入标签信息的设备,是 RFID 读写控制和处理的中心,由于标签是非接触式,必须借助读写器实现应答器和应用系统之间的数据通信。

对一个非接触的数据载体的读、写操作应严格按照"主—从原则"来进行,即读写器和应答器所有动作均由应用软件控制。因此在一个分层系统结构中,应用软件作为主动方,而读写器则作为从方,只对软件的读写指令作出反应。为执行应用软件发出的一条指令,读写器会与一个应答器建立通信。而相对于应答器,此时读写器是主动方,应答器只响应读写器所发出的指令,从不自主活动。应用软件向读写器发出一条简单的读取命令时,会在读写器和某个应答器之间触发一系列的通信步骤。

表 2-3 演示了上述过程,即一条读取命令首先启动一个应答器并进行身份验证,然后传送所要求的数据。

可见,读写器的基本任务是启动数据载体(应答器),与这个数据载体建立通信并且在应用软件和一个非接触的数据载体之间传送数据。非接触通信的所有具体细节,如建立通信、防止碰撞或身份验证,均由读写器处理,读写器指令与卡状态的转换关系见图 2-38。

读写器与应答器之间执行一条读取命令过程示例   表 2-3

应用程序←→读写器	读写器←→应答器	注 释
Blockread-Adress[00]		从[地址]处读取应答器存储器
←→		开始连通
→	Request	应答器回答出一个序列号
→	ATR—SNR[4444]	进行身份验证
←	GET—Random	
→	Random[02587]	
←	SEND—Token1	
→	GEN—Token2	身份验证通过
←	Read—[00]	读命令[地址]
→	Data[9876543210]	从应答器中取出数据
←	Data[9876543210]	将数据送往应用程序

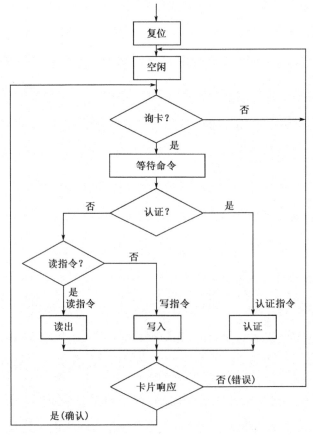

图 2-38 读写器发出指令与卡状态转换关系图

读写器在系统中承担的功能:
① 读写器与电子标签之间的通信功能。
② 通过标准接口与计算机网络连接,实现多读写器的网络通信。
③ 在读写区域内实现多电子标签的同时识别,具备防冲撞功能。

④校验读写过程中的错误信息。

射频识别系统的一个重要性能指标是读写距离,表示读写器是否能够可靠地读写电子标签内的信息的最远距离,该距离取决于电子标签与读写器系统的设计、成本要求、应用需求,一般根据频率不同,范围在 0~200m。低频 125kHz\13.56kHz,可采用无源电子标签,作用距离为 10~30cm;高频,无源电子标签作用距离为 3~10m,有源电子标签更长,为 30~200m。

整个射频应用系统的数据流如下:一个应用系统(应用软件)要从一个非接触的数据载体(应答器)中读出数据或写入数据到一个非接触的数据载体中,则它需要一个非接触的读写器作为接口(图 2-39)。

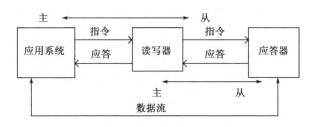

图 2-39 射频技术应用数据流

(3)天线

天线是非接触 IC 卡读写器的一个重要组成部分,它由天线圈与电容组成串并联谐振回路,与高频接口紧密耦合,一方面要与卡片参数匹配,使得卡片能够得到充足的能量和完整的数据,并且把卡片的响应数据接收回来,另一方面又要与放大电路匹配,使放大器高效率工作。

(4)计算机管理系统

计算机管理系统主要完成数据信息的存储、管理以及对 RFID 标签的读写控制,通过读写器的 RS-232\RS-485 接口与外部计算机连接,进行数据交换,预先在电子标签中写入数据,等到应用时,直接将电子标签附在被标识物体上,遇到读写器就可完成对 RFID 标签信息的获取、解码、识别、数据管理。

3. 一卡通信息采集内容

市政公交一卡通数据显示或提取的信息包括:线路客流信息、站点客流信息、总客流信息(以上三类信息由乘客 OD 表提取挖掘:出行目的、出行时间、出行距离、出行次数)、断面客流信息、运营速度、站点间行程时间等基础信息数据。通过一卡通数据采集,统计城市公共交通客流特征信息,辅助公共交通管理者进行决策与规划。通过公交信息的采集和处理得到历史数据,进行客流预测,为大型或者特殊活动管理做准备。

通过一卡通取得的 OD 信息匹配公交出行的 OD 和公交乘客换乘信息,进一步可得到乘客换乘系数、线路负荷度、公交出行时间、线路与站点的日客流量、客流时空特性、线路车辆运营速度、满载率、高峰小时客流量、换乘乘客流量、车辆周转时间、线路不均匀系数等具体指标,为公交线网优化、站点布设、公交企业管理提供可靠的科学数据支持(其分析框架见图2-40)。

市政公共交通一卡通数据信息分为两类。第一类是线路实行分段计费的双次刷卡线路数据,此时这类乘客上下客车站都有刷卡信息,通过上下车站信息可以确定乘客实际乘坐区间并扣缴相应费用。比如从上海 11 号线御桥站上车到 1 号线呼兰路下车,共有 23 站,换乘两次,分别是乘 11 号线换乘 8 号线、由 8 号线换乘 1 号线,费用为 6 元。此类一卡通数据记录内容包括乘客卡号、线路号、上车站点、下车站点、车辆号、上下车刷卡时间等;第二类是单次刷卡线路数据,乘客上车时刷一次卡,采集的信息有乘客卡号、所乘线路号、上车刷卡时刻、卡类型,但没有下车站点信息。

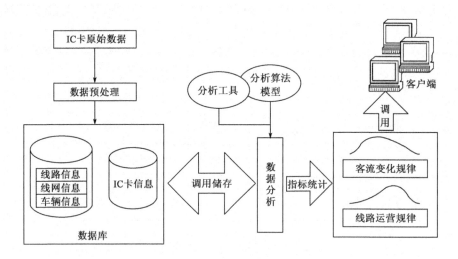

图 2-40 市政公交一卡通数据分析系统框架

通过乘客使用"一卡通",采集基础乘车信息,建立"大数据",从中提取有价值的信息,剔除无关信息,如城市发行号、行业号等。一卡通数据信息种类见图 2-41。记录信息包括交易类型、交易序号、交易日期、交易余额、历次扣除余额、卡类型(如上海紫卡、12 位数字卡、U 型纪念卡等)、驾驶员号、车次号、上车站等。经过这些简单的数据处理过后,将进一步对数据进行数据挖掘,此过程将在第五章介绍。

交易类型	交易序号	交易日期	交易时间	交易余额	TAC码	发行卡号	交易次数	卡类型	实收金额	线路号	车辆编号	上车站	下车站	驾驶员	售票员
06	01000000	20071231	71309	0.20	B713CVFA	14449514	2002	13	1	21	00014141	0	1	01001248	01004999
06	02000000	20071231	71427	0.40	473D499C	05230578	F200	01	1	21	00014141	0	1	01001248	01004999
06	03000000	20071231	71431	0.40	3C886EFF	18133357	3900	01	1	21	00014141	0	1	01001248	01004999
06	04000000	20071231	72129	0.20	3B64E07B	15780922	D204	13	1	21	00014141	0	1	01001248	01004999
06	05000000	20071231	72331	0.40	DCFD3697	15199195	CC00	01	1	21	00014141	0	1	01001248	01004999
06	06000000	20071231	72713	0.20	E4265A13	14517986	E300	13	1	21	00014141	0	1	01001248	01004999
06	07000000	20071231	72714	0.40	8AE4D5EB	02374329	5204	01	1	21	00014141	0	1	01001248	01004999
06	08000000	20071231	72716	0.40	4214F0E3	18081788	T700	01	1	21	00014141	0	1	01001248	01004999
06	09000000	20071231	72723	0.40	B578EA5C	13788000	CF00	01	1	21	00014141	0	1	01001248	01004999
06	0A000000	20071231	72725	0.40	748DD774	05472031	0102	01	1	21	00014141	0	1	01001248	01004999

图 2-41 市政交通一卡通记录信息分类表(单次刷卡)示意图

4. 一卡通在交通中的应用

RFID 在智能交通中的应用主要在以下方面,具体案例应用见第六章。

1)电子不停车收费(ETC)

电子不停车收费系统(Electronic Toll Collection,简称 ETC)是一种用于公路、大桥和隧道的电子自动收费系统。

它应用 RFID 技术,通过路侧天线与车载电子标签之间的专用短程通信,在不需要驾驶员停车和其他收费人员采取任何操作的情况下,自动完成收费处理全过程,见图 2-42。

不停车收费涉及交通基础设施投资的回收,是缓解收费站交通堵塞的手段,可提高车辆通过效率,防止收费站交通"瓶颈"的发生。同时,通过 RFID 技术实现了无人为干预的收费,有效地遏制了偷逃过路费,收费人员玩忽职守、徇私舞弊等行为,降低了收费站的管理成本。

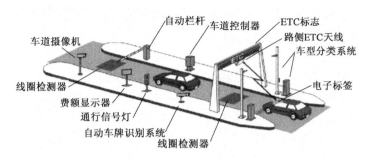

图 2-42　车辆通过收费站的流程图

2）物流港口电子车牌系统（EVI）

数量巨大的货物在物流港口码头及海关的装卸、进出港、通关,相当大的部分是用车辆作为运输的手段。因此在港口码头及海关往来的车辆众多,它们可能属于海关、船公司、船代公司、货代公司、港务局、集装箱场站等不同行业的不同单位,如果不采取统一的措施很难调度管理,给通关及货物的流转带来很大的困难。采用 RFID 技术来实现的电子车牌管理系统能有效地解决这一问题。

3）城市交通调度管理系统（TMS）

收集道路交通的动态、静态信息,进行实时的分析,并根据分析结果安排车辆的行驶路线、出行时间,以达到充分利用有限的交通资源,提高车辆的使用效率,也能了解车辆运行情况,加强对车辆的管理。智能公交调度系统示意见图 2-43。

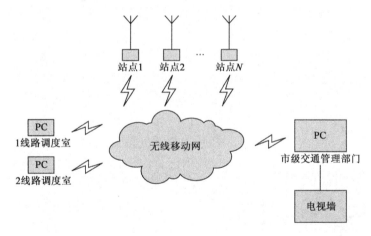

图 2-43　智能公交调度系统

RFID 技术作为交通调度系统信息采集的有效手段,在交通调度管理系统中得以应用。如利用将 RFID 应用于公交车场管理系统,实现公交车进出站,信息自动、准确、远距离、不停车采集,使公交调度系统准确掌握公交停车场公交车进出的实时动态信息。

通过实施该系统可有效提高公交车的管理水平,对采集的数据利用计算机进行研究分析,掌握车辆运用规律,杜绝车辆管理中存在的漏洞,实现公交车辆的智能化管理,提升城市形象。

同时,采用 RFID 作为技术手段具有很高的经济性,RFID 与全球卫星定位系统（GPS）等技术相比具有安装方便、适应性强、成本低、车辆无须改造等特点。一些地区和城市也开始将 RFID 应用于垃圾运输车辆、危险品运输车辆等特殊服务车辆的调度和管理。通过在车上安装电子标签,在特定路段的监控点设置识读设备来监控车辆是否按照规定的路线行驶,在有泄漏等情况出现时及时发现事故车辆。

4)车辆电子注册管理(EVR)

车辆注册登记以及牌照管理一直以来都是交通管理部门的管理重点也是难点所在,黑车、假牌照等问题始终都没有得到根除。采用 RFID 技术实现的车辆电子注册管理系统是有效解决这一问题的方法之一。车辆注册登记后加载 RFID 电子车牌,由于每个标签都有一个全球唯一的 ID 号码——UID(UID 是在制作芯片时置于 ROM 中,具有无法修改的属性),所以能实现防伪功能。同时标签可以被远距离识别,无须停车及人为干预即可监查,因此能规范车辆管理手段,加强对车辆的监查力度,实现车辆年检的智能化管理,加强对非法车辆的打击力度。该系统已在军车等方面得到应用,社会和经济效益显著。

第三节　出行车辆动态交通信息采集

一、浮动车数据采集及分析技术

1. 浮动车技术

"浮动车数据采集与分析"方法能知晓路上车辆的运行状态,方便建立"透明"的交通信息网络,该技术通过在道路、车辆、换乘站、停车场等各类敏感地点装备传感器与传输设备,获得实时的"车联网"信息。

"浮动车",也被称作"探测车(Probe car)"(图 2-44),是指安装车载 GPS 定位装置并行驶在城市主干道上的公交车和出租车,即测量交通网络中各离散点的交通流信息,浮动车(Floating Car Data,简称 FCD)技术,根据装备车载全球定位系统车辆在其行驶过程中定期记录车辆位置、方向和速度信息,按照一定的周期通过无线通信向后台传输数据(如车辆 ID 号、行程时间、车辆位置坐标、瞬时速度、行驶方位角等),待数据到信息处理中心,将由信息中心对浮动车数据汇总,全天候 24h 进行数据采集,应用地图匹配、路径推测等相关的计算模型和算法进行处理,使浮动车位置数据和城市道路在时间、空间上关联起来,最终得到浮动车所经过道路的车辆行驶速度以及道路的行车旅行时间、拥堵状态等交通信息(图 2-45)。

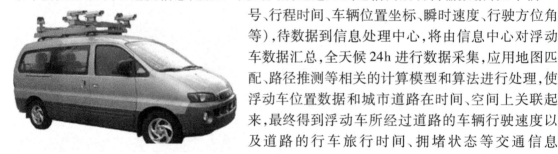

图 2-44　浮动车采集信息

2. 浮动车信息采集系统

基于 GPS 的浮动车交通信息采集系统硬件组成见图 2-46。

图 2-46 中车载设备向交通信息中心传输的数据包括:车载终端 ID 号、经纬度坐标、瞬时速度、方向、回传时间、车辆运行状态等字段,交通信息中心对车载设备上传的数据进行存储、预处理,结合地图利用相应的计算模型对交通参数如速度、行程时间等进行估计和预测,从而得到整个道路网的实时动态交通信息,该过程参见图 2-47。

基于 GPS 的浮动车交通信息采集系统由数据采集系统、信息处理系统、动态交通信息发布系统组成,其框架图见图 2-48。

实时路况数据从何而来？

以浮动车为主，在浮动车上安装GPS终端，通过手机通信网络将当时的经纬度位置、车头方向、速度等数据传递到处理中心，进而计算出全市主要道路的通行情况

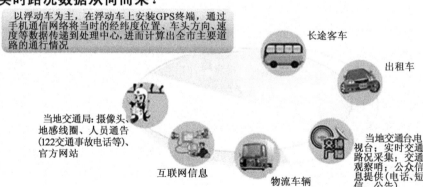

图 2-45　浮动车提供实时数据

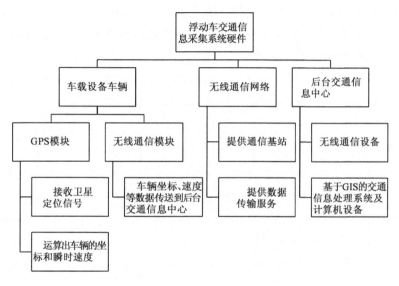

图 2-46　浮动车交通信息采集系统组成

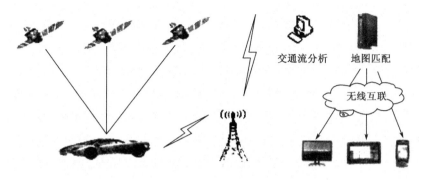

图 2-47　浮动车信息采集系统组成

图 2-48　浮动车数据采集系统流程图

1)浮动车交通流数据采集系统

首先基于路网上行驶的、安装在浮动车上的车载端 GPS 接收器采集车辆运行数据(图 2-49),获取浮动车的实时定位数据,并进行相应的数据格式转换;再通过车载端的无线通信终端设备采用 3G 通信技术将上述信息实时传输给数据控制中心,同时还接收数据中心发送的命令。该子系统主要完成以下数据采集:交通流、时间、车辆位置经度及纬度、速度、方向角和运行状态等。为了能建立有效的、系统性的交通流运行数据,必须确定浮动车数量规模、采集频率(计算时间间隔、采集时间间隔)和传输频率、浮动车覆盖率、测量时间等参数(图 2-50)。

图 2-49 浮动车信息采集示意

一般情况下,在高速公路上浮动车覆盖率为 3%、城市道路上覆盖率为 5%样本统计可信。交通信息采集时间间隔应考虑覆盖率:浮动车覆盖率低,则采集时间间隔应缩小,反之则增大。应用中在工作站采用一些精巧的估计算法可减小间隔实时性的影响(一般取采集频率为 1min 间隔,上传中心频率为 5min 间隔)。

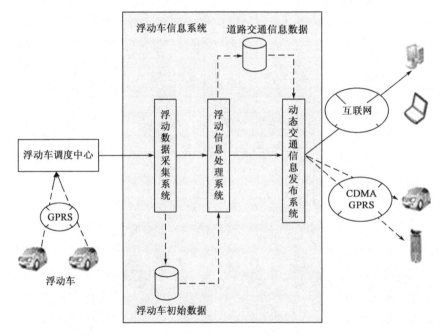

图 2-50 浮动车信息系统逻辑图

2)浮动车信息处理系统

浮动车信息处理技术是浮动车技术的关键问题,是 FCD 信息系统的核心,数据处理目前采用地图匹配方法将浮动车采集到的车辆数据与数字电子地图数据库中的道路信息进行比较(处理过程见图 2-51),通过一定的匹配算法能确定出车辆可能的位置和最可能的行驶路段。

此过程主要有三个步骤:地图匹配、车辆行驶路径推测、路况信息处理(图 2-52)。

(1)地图匹配

首先,处理浮动车数据需要城市交通地理信息系统(GIS-T)的支持,测试车 GPS 定位后,存在定位误差、坐标系转换误差、道路电子地图准确度误差等,造成 GPS 定位点偏离车辆行驶道路情况。其次,"地图匹配"是指当前车辆位置点与数字地图的比较过程,目的是确定车辆在地图道路网络中的准确位置。它的输入是浮动车所采集的原始的 GPS 数据,输出是车辆在道路上的可能位置。该过程包括数据预处理和确定匹配路段。

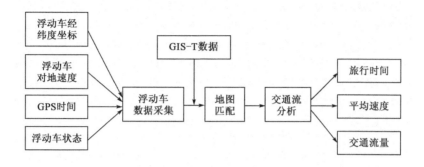

图 2-51　浮动车信息(交通流)处理分析过程

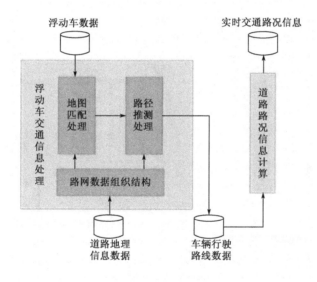

图 2-52　浮动车交通信息处理技术框架

① 数据预处理

针对 GIS 数据和地图数据进行预处理。GIS 数据一般是从向量格式(可缩放矢量图形,用于描述二维矢量图形的一种图形格式)存储,路段均以曲线形式表现,将这些曲线变成一系列首尾相连的线段集合,再进行地图匹配工作将容易得多。地图数据预处理,即先进行坐标系转换(如 Google 地图的坐标系和经纬度地理坐标不同,使用定位时须对两者转换才能互为使用),然后通过一定的算法(如概率统计法)确定候选路段通过 GPS 点所在的网络,该网络包含的线段即候选路段。

② 确定匹配路段

此过程须借助一些算法(如 GPS 航迹匹配法等)进行匹配,单一的方法不能完全匹配路段,所以匹配模型多样(一般使用正常、异常、待定三类模型)、互为补充。

"正常匹配模型"是整体地图匹配模型的入口,首先将预处理后的图形数据与待匹配道路进行匹配,此匹配先进行一个排序,选出最有可能匹配的条件,如有,则成功,如无,自然进入下一类匹配模型。

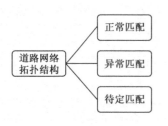

但是,双车道反方向车辆在正常匹配模型中将被识别为另一条反向的道路,不能正确匹配,因此必须改用"异常匹配模型",见图2-53逻辑选择拓扑。

"待定异常模型"指一些特殊情况,如立交桥、主辅路等投影到路面在上述两类模型中将被识别成一条道路,此时则需要多点车辆数据,区别高程位置进行定位匹配。

图2-53　浮动车数据地图匹配分类模型

（2）车辆行驶路径推测

车辆GPS定位一经匹配处理,需要对匹配结果分析。如利用在不同道路上连续运动的轨迹点搜寻该车正确的行驶路径,再经过路径推算,将浮动车数据和城市道路网联系起来,确定车辆的OD,分析其行驶轨迹。图2-54为某范围车辆路径推测结果示意,采集数据后推测的数据点越密集,则采用该线路的车辆越多。

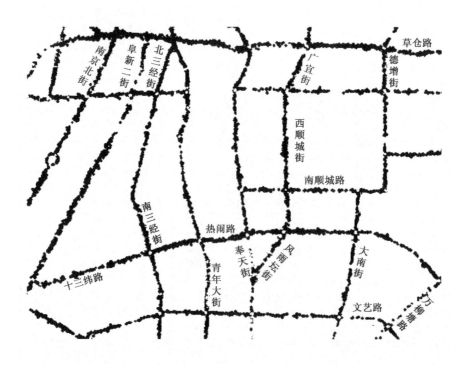

图2-54　浮动车数据与地图路段匹配成功的车辆位置点示例

（3）路况信息处理

由于每一辆浮动车提供的数据只能反映其独自行驶路线的交通路况,而一条道路同一时间可能有多辆浮动车行驶,因此需要将这些车辆反映的路况信息进行融合,以便获取给定道路的全面准确的交通路况信息。该过程需要根据浮动车行车路线计算道路旅行时间,将车辆信息和道路交通信息对应,还应融合诸如天气等其他交通信息,计算此时路况(其中包含一些算法,平均速度、行程时间、交通流量的估算等,此处不赘述)。

（4）动态交通信息发布系统

浮动车信息处理后最终形成的路况信息如图 2-55 所示(图中 A 代表最高服务水平、绿色;F 代表最低服务水平、红色),显示道路拥堵情况,通过互联网、手机 App 软件、GPRS、CDMA 等方式向交通用户提供实时直观的交通状态信息。

图 2-55 地图上分级显示路况交通信息图示

二 基于磁频的车辆检测技术

磁频车辆检测技术基于电磁原理进行车辆检测,通过检测磁场强度变化判断是否有车辆存在和通过,常见的有环形线圈车辆检测器、地磁车辆检测器等。

1. 环形线圈车辆采集技术

环形线圈是基于电磁感应原理的检测器,当车辆通过一定电流的地埋环形线圈或停在其上时,铁质车身切割磁力线,引起线圈回路电感量的变化,通过检测电感量变化情况即能检测车辆的存在。

1) 工作原理

环形线圈检测器指由环形线圈作为检测传感器而检测车辆通过或者存在与否的检测技术。其具有低成本、高检测精度、高可靠性、全天候工作的优点,是目前应用最广泛的车辆检测器。该检测器组成见图 2-56,安装示意见图 2-57。

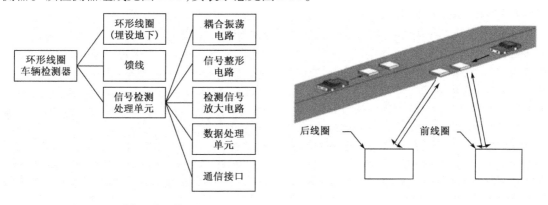

图 2-56 环形线圈检测器组成　　　　　图 2-57 环形线圈安装示意

环形线圈是一种"8"字形绕法的线圈,与被测车辆通过电磁场耦合工作,其工作原理见图 2-58,检测单元同环形线圈与馈线线路组成一个调谐电路,此电路中的电感主要决定于环形线圈,即线圈是此电路的电感元件;电容则决定于检测单元中的电容器。

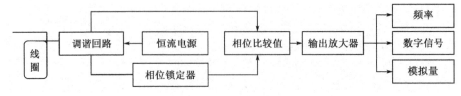

图 2-58 环形线圈工作原理

当电流通过环形线圈时,在其周围形成一个电磁场,当车辆行至线圈上方时,在金属车体中感应出涡流电流,涡流电流将产生与环路相耦但方向相反的电磁场,即互感——使环形线圈电感量随之降低,因而引起电路谐振频率上升;偏离的频率被送到相位比较器,与压控振荡器(原有)频率相比较,确认其偏离值,从而发出车辆通过或存在的信号,即相位比较器输出信号控制压控振荡器,使振荡器频率跟踪线圈谐振频率变化,使输出为一脉冲信号,输出放大器对该脉冲信号放大,并以数字、模拟和频率三种形式输出。频率输出用来测速,数字信号输出便于车辆计数,模拟量输出用于计算车长和识别车辆。

根据基尔霍夫电压环路定律,谐振电路的等效电感 L 与车辆材料磁导率和车辆中的涡轮效应有关[式(2-4)],检测器通过把等效电感 L 的变化转换成谐振频率的变化输出,该过程依靠 LC 并联谐振电路变换为相应频率变换:LC 振荡电路输出的正弦信号经过放大整形后得到方波信号,作为处理器的输入信号,间接获得 LC 振荡电路的输出频率 f_0。

$$f_0 = \frac{1}{2\pi\sqrt{LC}} \tag{2-4}$$

式中:f_0——输出频率;

L——等效电感;

C——电容。

一个交叉口一般设置多个环形线圈检测器,这些检测器检测到的交通信息通过控制单元,再经调制解调器传给远端的控制中心,组成一个完整的车辆检测系统。常用检测器采用模块化设计,其硬件系统主要由机架母板、电源模块、检测模块、处理模块组成,检测模块将地感线圈电感量的变化转化为开关量后,经机架母板传送给处理模块进行数据计算和处理,电源模块可负责模块供电和电源管理。

2) 安装

在每条车道的下方需要埋设两个线圈(前、后线圈),见图 2-59,检测器能否正常工作在很大程度上取决于它所连接的感应线圈。线圈的几个重要参数包括:线圈材料、线圈形状和尺寸,以及线圈施工质量。在理想状况下(不考虑一切环境因素的影响),电感线圈的埋设只考虑面积大小(或周长)和匝数。但在实际工程中,必须考虑导线的机械强度和高低温抗老化问题,某些环境恶劣的地方还必须考虑耐酸碱腐蚀问题。由于导线一旦老化或抗拉伸强度不够

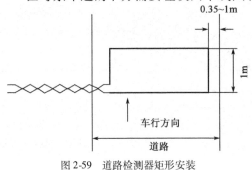

图 2-59 道路检测器矩形安装

导致导线破损,则检测器将不能正常工作(在实际项目中,建议采用 1.0mm 以上铁氟龙高温线)。检测器应尽可能安装在防潮防湿的干燥环境里,并与其他设备或装置保持一定间隔,以便接线和维护。

线圈形状有三种:矩形、倾斜 45°、"8"字形。各种线圈安装情况如下。

(1) 矩形安装

通常探测线圈应是长方形(图 2-59),两条长边与金属物运动方向垂直,彼此间距以 1m 为宜。长边的长度取决于道路的宽度,通常两端比道路间距窄 0.3~1.0m。

埋设线圈时,首先要用切路机在路面上切出槽来,在 4 个角上进行 45°倒角(图 2-60),防止尖角破坏线圈电缆。切槽宽度一般为 4~8mm,深度为 30~50mm。同时还要为线圈引线切一条通到路边的槽。应注意:切槽内必须清洁,使其无水或防止其他液体渗入。绕线圈时必须将线圈拉直,但不要绷得太紧,并紧贴槽底。将线圈绕好后,将双绞好的输出引线通过引出线槽引出。

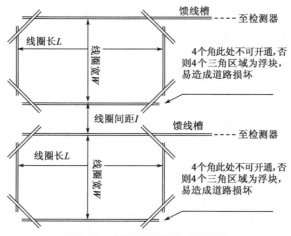

图 2-60 道路地面开槽方法俯视图

在线圈的绕制过程中,应使用电感测试仪实际测试电感线圈的电感值,并确保线圈的电感值在 100~300μH 之间。否则,应对线圈的匝数进行调整。

在线圈埋好以后,为了加强保护,可在线圈上绕一圈尼龙绳(图 2-61),最后用沥青或软性树脂将切槽封上,线槽封口的主要标准是保证线圈线缆完全密封,内部无气泡。为了保证线圈具有较长寿命,最好将所有线圈线缆完全密封在树脂中,但当线槽或线缆较湿时不可用此方法。

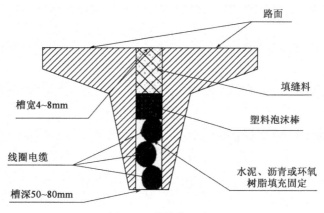

图 2-61 线槽截面图

(2) 倾斜45°安装

在某些情况下,需要检测自行车或摩托车时,则考虑线圈与行车方向倾斜45°安装,见图2-62。

(3) "8"字形安装

在某些情况下,路面较宽(超过6m)而车辆的底盘又较高时,采用此种安装形式以分散检测点,提高灵敏度,见图2-63。

这种安装形式也可用于滑动门的检测,但线圈必须靠近滑动门。

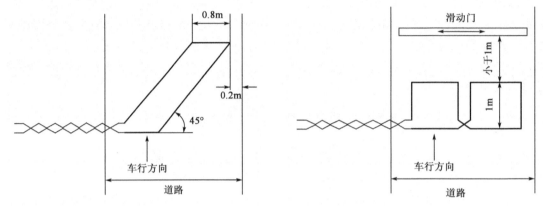

图2-62 道路检测器倾斜45°安装　　　　　图2-63 道路检测器"8"字形安装

线圈匝数与线圈周长有重要关系,一般为了使检测器在最佳状态下工作,线圈的电感量应保持在100~300μH之间。在线圈电感不变的情况下,周长越小,匝数就越多。线圈周长与匝数的关系一般可参照表2-4。

线圈周长与线圈匝数关系　　　　表2-4

线圈周长	线圈匝数
3m以下	根据实际情况,保证电感值在100~200μH即可
3~6m	5~6匝
6~10m	4~5匝
10~25m	3匝
25m以上	2匝

由于道路下可能埋设有各种电缆管线、钢筋、下水道盖等金属物质,这些将对线圈的实际电感值产生很大影响,所以表2-4中的数据仅供参考。在实际施工时,用户应使用电感测试仪实际测试电感线圈的电感值来确定施工的实际匝数,并保证线圈的最终电感值在合理的工作范围之内(在100~300μH之间)。

对于输出引线的安装,在绕制线圈时,要留出足够长度的导线以便连接到环路感应器,同时应保证中间无接头。绕好线圈电缆以后,必须将引出电缆做成紧密双绞的形式,要求最少1m绞合20次,否则,未双绞的输出引线会引入干扰使线圈电感值变得不稳定。输出引线长度一般不应超过5m。由于探测线圈的灵敏度随引线长度的增加而降低,所以引线电缆的长度应尽可能的短。

最后,该引线连接机箱(一般在路侧设置),控制主机和数据传输设备传输信息到监控中心(图2-64)。

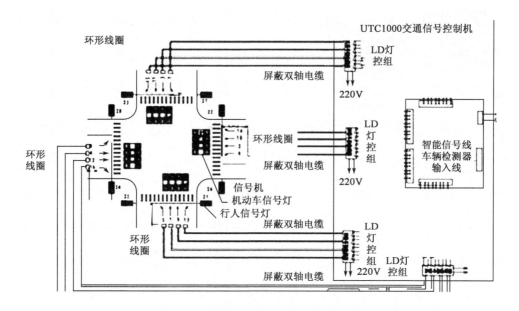

图 2-64　道路检测器连接示意

3）应用

据调查,环形线圈检测器是目前世界上用量最大的一种车辆检测设备,在世界各国均有广泛的应用。作为传统的交通流信息检测设备,环形线圈检测器以其高可靠性、高性价比在未来较长时期内还会被广泛应用。

环形线圈检测器能获得交通信息,如交通流向、车速、车道占有率、车长、排队长度等数据,以此判断道路阻塞情况,并利用外场信息发布系统发出警告等。其中最基本的信息是车流量统计、车辆识别、车速估计。

(1) 基于环形线圈的车流量统计

环形线圈应用的基本功能是统计车流量,基于它的感应车辆原理,只要在控制单元设置一个计数器就能统计车流量,即每小时通过检测器的车流量。

车流量检测计数器在控制器面板上用 4 位数码管显示 4 位数字,同时控制器通过传输串口向显示屏传送信息,在显示屏上同步显示 4 位车辆数(图 2-65),目前国内控制器至显示屏传输距离已达到 1 000m 以上。车压线圈计数器在检测到车辆后自动加 1,最大计数一般为 9 999,能清零。目前,计数器还具有断电保持功能,断电后,计数及原有数据依然保存,通电后恢复断电前状态,继续工作。

(2) 基于环形线圈的车速估计

判定交通拥挤的重要指标是车速。某路段上车速高,说明通畅,反之该路段可能正遭受拥堵。该估计原理同样运用环形线圈传感器的工作原理。由于实际车辆长度未知,一般用车辆平均值,导致速率估计存在较大误差,如长车估计的速度一般会小于实际速度,而短车(小汽车)则相反。一般为提高速度估计精度,需要调整线圈之间的间距 S(图 2-66),在一定范围内,间距越长,估计相对越精确,但太长,会导致多辆车位于两个线圈之间,从而导致速度估计失效。另一方面,控制单位采集的周期,也是影响速度估计的主要因素,试想以 1min 为一个采集周期和以 10s 为一个采集周期,采集出来的数据必然后者更加精确。

图 2-65 车流量检测计数器

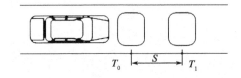
图 2-66 车速检测示意图

【例】 某交叉口有两个进口道,方向与线圈埋设及其参数如图 2-67 所示,试求交通流量、车道占有率、车辆行驶速度这三个交通参数。

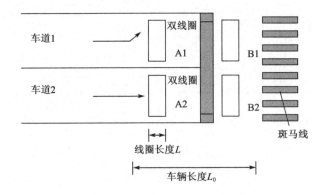

图 2-67 交叉口计算指标示意图

交通流量

$$q = \frac{n}{t} \tag{2-5}$$

式中:n——单位时间通过的车辆数。

$$车道占有率 = \sum \frac{L_0}{L_1} \tag{2-6}$$

式中:L_1——道路长度。

图 2-67 中,有 4 个线圈,A1 与 A2 是"断面 1"上设置的检测线圈;同理,B1 与 B2 为"断面 2"上的检测线圈。

对于车道 2,当车辆通过断面 1、2 后,采集到的信号如图 2-68 所示,其中 L_1 为车辆行驶过线圈 1 时检测器所采集到的信号;L_2 为车辆行驶过线圈 2 时检测器所采集到的信号。

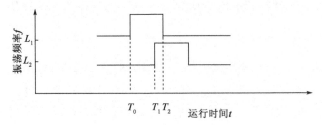

图 2-68 道路检测器安装各断面振荡频率与运行时间关系

其中:
时间差

$$T_A = T_1 - T_0 (\text{ms}) \tag{2-7}$$

车辆行驶速度

$$v = \frac{S}{T_A} \tag{2-8}$$

式中：S——两个触发信号间的距离。

(3) 基于环形线圈的车型识别

车型自动识别（简称 AVI，属于模式识别的一种，详见本书第五章）具有可全天候使用、易与计算机网络、交通数据库等技术融合的优点，能较方便地实现联网及自动收费等业务。车型自动分类在未来将越来越普及。

所谓车型，是人们根据车辆在行驶时对道路损坏程度和占用面积或体积程度的不同划分车辆类型。车辆分型的目的是按不同的费率核收通行费：大车对道路的损坏程度和占用程度大，收费应高；小车对道路的损坏程度和占用程度都小，收费应少。因此，车辆分型的依据主要有两个，即车辆的体积和载重量。

目前，对车型分类技术的研究有两个不同的技术方向：车型自动分类 AVC（Automatic Vehicle Classification）和车型自动识别 AVI（Automatic Vehicle Identification）。前者通过检测车辆本身固有的参数，在一定的车型分类标准下运用适当的分类识别算法，主动地对车辆进行分型；后者通过车载单元与收费设施间的无线通信，自报家门式地实现车型的分类确认。基本识别结构见图 2-69。

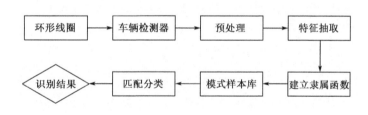

图 2-69　车型识别系统结构图

不论哪一种方法，均以通过检测车辆本身固有参数，间接地按车辆设计载重量进行分类并按车型进行收费。因为车辆本身固有参数，如车长、车宽、车高、车轮直径、轮距、轮数、轴数、轴距、底盘高度及外形尺寸等都与车辆的载重量有着较为密切的关系，且较容易被线圈采集。

在环形线圈工作原理中，线圈的振荡频率 f 随汽车通行的时刻而变化产生频差 Δf，见式(2-9)：

$$\Delta f = f_1 - f_0 \tag{2-9}$$

式中：f_1——车辆经过后产生的频率；

f_0——无车时线圈产生的频率。

不同种类的车辆由于底盘的形状、大小、高低不同，导致其对线圈的影响也不同，也即导致振荡器频率变化 Δf 不同，不同类型车辆通过线圈时的频差曲线也不同。如此，可通过 Δf 的不同，判别车辆是否通过或存在。图 2-70 是不同车辆通过感应线圈时测得的频差曲线（此处截取有用部分，主要用来观测不同车辆曲线的形状特征），由图可见，不同车型曲线形状不同。

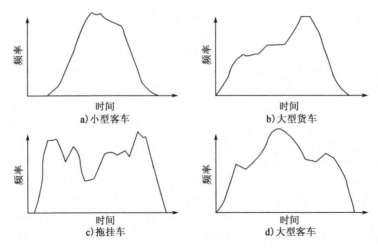

图 2-70　几种不同车辆通过感应线圈时的频差曲线

2. 地磁式车辆检测

地磁车辆检测器与环形线圈检测器都是通过检测车辆通过仪器引起的磁场变化实现车辆检测,二者的区别在于环形线圈使用"交变电流"形成交变磁场,而地磁检测器是利用车辆存在或通过时引起的"地磁场强度变化"实现车辆检测目的。

1)工作原理

地球周围存在一层磁场,为"地磁场",磁感应强度为 0.5～0.6Gs,方向由北向南,在磁场中的物质,其电阻会发生变化(图 2-71),该现象称为"磁阻效应"。该效应有基于霍尔效应的普通磁阻效应和各向异性磁阻效应之分。

对于强磁性金属(铁及其合金),当外加磁场平行于磁体内磁化方向时,电阻几乎不变;但当外加磁场偏离金属的内磁化方向时,金属电阻将减小,称为"各向异性磁阻"(Anisotropic Magneto Resistant,简称 AMR),也称为磁阻非均质现象,其中引起磁阻效应的方向是敏感方向或感应方向。

地磁车辆检测器是一种各向异性磁阻传感器,简称 AMR 传感器。它在强磁场下将铁镍合金薄膜沉积在硅衬底上制成,沉积的时候薄膜以长条带形式分布。当有电流通过薄膜带时,施加一个被测磁场 B,则磁化强度方向与电流方向的夹角发生变化,引起电阻阻值变化。4 个这样的磁阻接成一个惠斯通电桥,位于磁场 B 相对位置的两个磁阻阻值增加,另外两个磁阻的阻值减小,在其线性范围内,电桥输出电压与被测磁场成正比。图 2-72 为磁阻传感器原理图,它是美国霍尼韦尔公司的三轴 AMR 传感器,由三个相互垂直的惠斯通电桥组成,能测量空间三维方向的磁场(测量范围为 ±6G,分辨率为 120μG)。

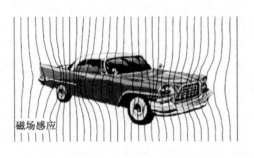

图 2-71　汽车对地磁场的扰动

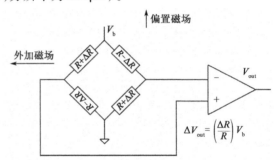

图 2-72　磁阻传感器原理图

设检测器工作电源为 V_b,当有铁磁性物体通过检测器所在的特定区域时,相当于在电桥上增加一个偏置磁场,使得两个相对放置的电阻条的磁化方向朝向电流的方向转动,引起电阻阻值的增加;另外两个相对位置电阻条的磁化方向相对电流方向转动,引起电阻阻值减小,因此打破了惠斯通电桥的平衡,并将磁场的变化转换成电压输出,该输出电压 V_{out} 为:

$$V_{out} = \frac{\Delta R}{R}V_b \tag{2-10}$$

式中:R——薄膜电阻;

$\frac{\Delta R}{R}$——电阻值的相对变化量;

V_b——检测器工作电压。

通过对电桥信号的放大、调理、采样得到检测器感应方向上的磁场变化数据,从变化中检测出含有铁磁性物体(图 2-73)。图 2-74 是霍尼韦尔 AMR 传感器的输出曲线,在磁场 ±6G 内有一个灵敏度为 1mV/G 的线性区域,精确提供磁场强度和方向变化的信息。

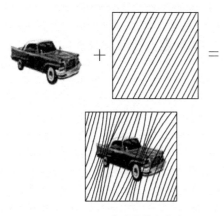

图 2-73 AMR 传感器输出曲线

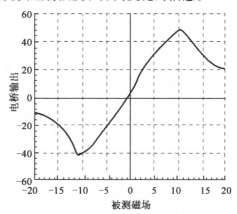

图 2-74 车辆在地磁场中的扰动

AMR 地磁检测器具有体积小、寿命长、不易轧坏、路面变形不受影响、安装时免开槽和布线、不破坏路面、安装速度快、易于维护、成本低、用途广泛等特性,可替代传统地感线圈检测设备。通过 I/Os、Internet、GPRS、RS232/485 等通信手段将数据同步传输至现场控制设备或用户平台,构建路况信息感知网络,应用于智能交通信号灯控制、交通流量监测、城市道路监控及交通诱导、电子警察违章管理等诸多领域。其缺点是造价略高,受纵向车辆影响较大。

2)安装

地磁车辆检测器的安装方式有两种:埋入路面下和道路侧边安装。检测器见图 2-75。

(1)埋入路面下安装

地磁检测器在车道的安装位置见图 2-76,一般安装位置是在直行和转弯车道中心,且距离停车线约 3m。

车道安装地磁检测器的步骤如下:

①封闭需要安装的车道,选择在离停车线约 3m 处(图 2-76 所示黑色圆点位置)的车道中间用打孔机打一个深度略大于 120mm、直径为 108mm(打孔机标准孔径)的圆洞。

②用干毛巾将孔内的水吸干,再把填料(按适当比例配比

图 2-75 无线地磁车辆检测器

的砂和高强水泥、沥青、环氧树脂等)适量平铺在洞底,见图2-77。

③用一字螺丝刀(规格:6.5×150mm)顺时针旋进螺母,当塑料螺母有光源透出时,检测器开关即处于打开状态,检测器开始工作,开启检测器必须旋紧塑料螺母(是否旋紧将直接影响到壳体的防护等级,注意里面的密封圈是否安装到位),旋紧的扭矩约为73.55N·cm;将开启后的检测器放入孔内,正面(有标识的一面)朝上,检测器正面必须与路面齐平(不要用填料覆盖检测器正面),然后在空隙处用填料填实。安装完成后清洁路面,让车辆正常通行,10~20min后检测器正常工作。

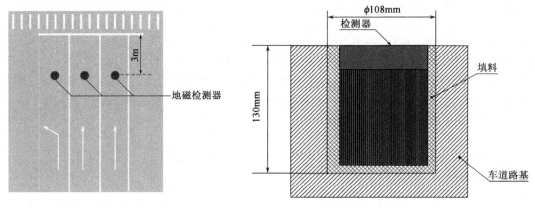

图2-76 交叉口前车道安装地磁检测器位置　　图2-77 检测器安装示意图

(2)道路侧边安装

地磁车辆检测器适合某些不能破坏路面或路面比较松软(安装后无法保证检测器位置长期不发生位移的)的场合,在道路侧边安装仍能实现车辆检测,且综合考虑价格、性能因素。另外,车道较窄,宽度不超过4m,可选择侧边安装方式(图2-78),道路两侧各安装一个检测器,方便检测每一侧车辆,如高速公路出入口匝道一般很窄,可直接将检测器安装在护栏上;另外,在高速公路收费站的出入口,也可选择侧边安装(在收费亭上)。

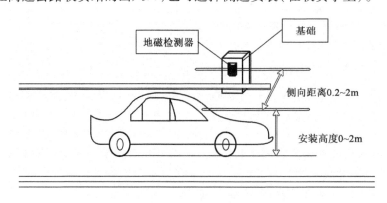

图2-78 地磁车辆检测器侧边安装图

①安装一般原则

侧边安装检测器时,理论上离车辆外侧的距离如果不超过2m,检测器都能检测到,甚至3m以上也能检测得到,但灵敏度应调高,如此也导致它的选择性较差。因此选择适当距离及合适的灵敏度等参数是侧边安装应特别考虑的问题。另外,对以下一些特性或原则需要加以利用或遵循:

a. 离车辆侧边距离越近,检测器感应到的扰动越大,应通过调高阈值(降低灵敏度),将非汽车类物体过滤掉。

b. 停车场出、入口处通常是单行道,可将车辆检测器安装在车道最狭窄处外侧(因为此处车辆必经)。

c. 高速公路出口匝道也适合侧边安装。出口匝道通常是单车道,扣除车辆宽度,车离侧边的距离也很窄。

d. 我国低等级公路,路面质量一般,塌陷概率高,有的甚至很差,为疏松的土路,不适合埋设线圈型检测器,如果用微波型检测器成本又太高,此时适合在路边两侧各安装一个地磁车辆检测器。

e. 桥梁,对安全性要求高,通常不允许挖掘路面埋设线圈,尤其是钢结构的桥梁,桥的基础面下钢材质量巨大,远远大于汽车的钢质量,因此据电涡流原理检测的线圈车辆检测器,将对汽车的钢质量引发的阻抗变化很不灵敏,以至于无法使用。此种情况下,地磁型车辆检测器仍能使用(因其只关心磁场的扰动量),且它可侧边安装,不破坏路面,符合大桥装配检测器的安装要求。

② 侧边安装的侧向距离要求

检测器与车辆的距离最好保持在 0.2~2m(距离越近效果越佳,各种参数调节的范围越大)。推荐 1m 以内为最佳距离;3m 以上时,使用前应评估。

③ 侧边安装高度要求

侧边安装一般为 0~2m,0~1m 效果最佳。

④ 检测器安装的基础物要求

a. 合适的基础,如水泥墙、立杆、箱体等。

b. 基础件不能是较大钢铁制品,如钢管、钢板、钢筋网、木材、塑料、铝制材料。铝型材是允许的,水泥墙面(保证墙面内附近没有钢筋等钢铁物质或较少,且远离墙面)也允许。

c. 检测器要尽量远离钢铁类磁性物质,如非要安装在某些带钢铁类结构上,应保证距离在 10cm 以上,且用非金属或铝制材料构筑出 10cm 隔离距离。

⑤ 检测器安装外部机械、电气等条件要求

a. 检测器在基础物上安装,必须保证安装后牢固、不松旷或晃动,螺栓要加弹簧垫圈。

b. 检测器安装基础件(如立杆、横杆等),本身必须保证有足够刚度,并且要固定牢靠。

c. 对检测器注意增加防水措施,不露天放置。

d. 检测器应放在不容易被人接触的地方。

e. 检测器不应安装在具有大电流,且电流经常变化的地方;检测器要远离大功率电力设备,如变压器、配电箱。

f. 检测器不应安装在靠近电力输电线处,特别是地下属埋设的输电线处。

⑥ 安装后,检测器本身的电缆也要远离电气干扰源。

⑦ 检测器参数调试:与埋入式安装方式中参数调试方法类似。

3) 应用

(1) 车辆存在性检测

车辆的发动机和车轮对地磁场扰动明显(图 2-79),一般车辆内部、车顶、行李舱等其他铁磁性物质产生的地磁场扰动可忽略,在地下埋设单轴地磁检测器,仅通过记录磁场变化,即可确定车辆的存在和行驶方向,根据车辆铁磁性物质含量不同,检测器与车辆检测距离最远可达15m。图2-79是根据一辆桑塔纳轿车正向通过时分别在3m、10m远处测得磁场数值绘制的曲线图。随着距离的增加,磁场变化迅速减弱,所以此监测装置适合安装在距车辆10m以内的地方。当车辆位于检测器上方时,磁场出现峰值,在进行数据处理时,通过建立合理的阈值,能过滤旁边车道车辆或远处的干扰信号,当检测值大于阈值时,便可判定有车辆通过。

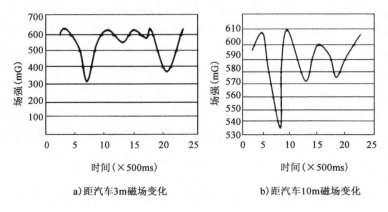

图2-79　不同距离测量的场强曲线图

(2)车辆行驶方向判定

沿车辆行驶方向安装一个单轴地磁车辆检测器可测量行驶方向。车辆分别从正向和逆向通过时,磁场扰动幅值相同,但是正向通过时磁场先减弱然后增强,逆向通过时则相反,磁场先增强然后减弱。车辆驶过时,地磁力线向车辆弯曲,如果车辆迎着磁轴方向驶来(逆向),地磁力线向磁轴方向弯曲,磁场增强(图2-80)。计算时,滤掉磁场本身的微小波动和远处车辆的干扰,判断地磁场增强还是减弱,即可得出车辆行驶方向。

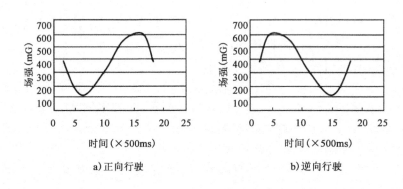

图2-80　车辆正向、逆向通过时场强变化趋势

(3)车速计算

由前所述,车辆通过传感器时磁场变化幅度并不总是相同的,地磁场畸变最大处发生在发动机通过传感器的时刻。在相距30m的同侧路边安装两个传感装置,计算机CPU分别记录畸变最大值的时刻,并发送给接收装置。两个时刻的时间差值为发动机通过30m距离所用的时间,根据$v = \Delta s / \Delta t$,显示装置CPU能计算出车辆行驶速度v。时钟芯片可选用时间精度为百分之一秒的PCF8353。

（4）车位检测器

地磁式车位检测器（图2-81）能通过检测车位所在地磁信号获得车位状态信息,并通过无线方式将该信息发送到上层应用系统中。该检测器使用电池供电,通过优化通信协议和检测策略进行能耗控制,延长电池使用寿命。无线通信和电池供电方式使得探测器相对独立,避免了停车场内大量的布线工作,极大地降低了施工安装的繁琐程度。

该检测器模块外壳采用坚韧的ABS树脂材料,能承受汽车碾压,同时进行了防水、防尘、防盗处理,安全可靠。

①技术指标

检测距离：不小于30cm。

通信频率：2.4GHz。

通信范围：0~100m(从传感器到接收装置)。

电池寿命：10年。

防护等级：IP68。

②可应用领域和范围

该检测器可应用于智能交通领域车辆检测场合,尤其适用于城市停车诱导系统。它能检测停车场出入口的车流量,也可用于探测车位上车辆的空满状态,尤其适用于室外停车场。具有可靠性高、抗干扰能力强、自动跟踪环境变化的特点,而且施工安装简单方便。

图2-82展示了2013年6月第五届中国国际智能交通与停车设备展览会上在上海世博展览馆展示的3轴磁阻技术,该技术可检测车位空间磁场变化,依据预设的阈值输出信号。

2-81 城市诱导系统——地磁式车位检测器

图2-82 无线地磁的应用

三 基于波频的车辆检测技术

波频车辆检测包括微波、远程微波、超声波等,红外线检测技术也属于波频检测的一种。图2-83是不同光谱的频率和波长比较图。

1. 微波车辆检测器之RTMS

远程微波交通检测器(Remote Traffic Microwave Sensor,简称RTMS),是大范围车辆智能检测器。远程,是针对环形线圈、地磁车辆检测器这类近距离接触而言,可采集八车道路段车流量、平均车速、占有率、车型、车间距等交通参数(图2-84)。检测数据通过串口周期上传到后端服务器,RTMS支持通过I/O接口直接输出车辆存在信号。所谓"微波"是指频率在0.3~300GHz的电磁波(波长1~1 000mm),是无线电波中一个有限频带的简称,通常也称"超高频电磁波"。

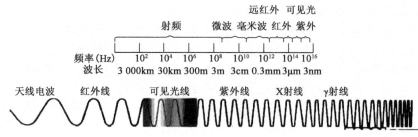

图 2-83 光谱示意图

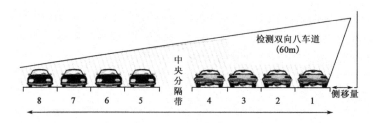

图 2-84 RTMS 检测范围

1) RTMS 工作原理

RTMS 是一个在微波范围内工作的雷达,通过发射和接收反射雷达波检测车辆,工作频率在 10GHz 以上,适用于运动车辆的实时检测。RTMS 一般由三部分组成(图 2-85):微波车辆检测器(图 2-85),安装固定支架部件,连线接插件、固定扳手。检测器外包含发射接收设备及其控制器,还有专用无线电调制解调(RF-Modem)发射设备。系统硬件由低功耗的 RT-MS(交通基础数据采集设备)、杆体、供电系统和无线通信系统组成,系统框图见图 2-86。

图 2-85 微波车辆检测器

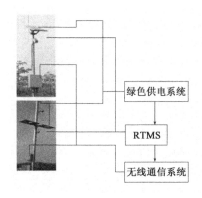

图 2-86 RTMS 系统框图

RTMS 利用连续频率调制波(FMCW)实现对多车道车辆的实时检测,检测器发射一束微波,同时接收物体(目标)反射波,根据反射回来的波形及频率差异来判别车辆、车型、车速和车道,可探测运动或静止的物体,应用时是一种连续调频波(线性调频连续波)雷达(图 2-87),以低功率微波信号(三角波)在扇形区域内发射调频连续波(Frequency Modulated Continuous Wave,简称 FMCW)。典型的微波束以倾角 40°~45°、方位为 15°向道路投影(图 2-88),将在路面上投出椭圆形微波束并在其间分出许多微片(图 2-89),多个微片组成一个分区或车道。

图 2-90 中的 6 条车道，经过微片的车辆将被 RTMS 测定，可在小范围内进行微调，所发射微波的中心频率为 10.525GHz 或 24.200GHz，频率带宽为 40~50MHz，发射的微波断面分辨率为 0.6m。

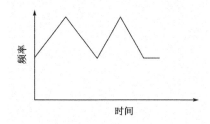

图 2-87 连续频率调制波

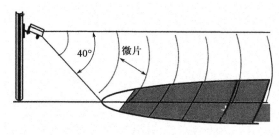

图 2-88 RTMS 微波束及其投影示意

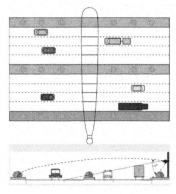

图 2-89 RTMS 微波检测

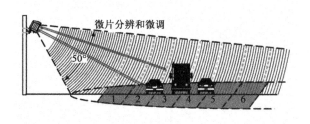

图 2-90 RTMS 微波束及其覆盖范围

RTMS 发射的调频连续波频率和接收目标反射波的频率是不同的，其差值与 RTMS 到目标的距离成比例，利用侦测的差值计算它与目标的距离，并进一步解析其他信息。发射信号与接收信号的频率变化见图 2-91 所示。反射波与发射波的形状相同，仅在时间上有一个延迟 Δt，Δt 与目标距离 R 的关系可表示为：

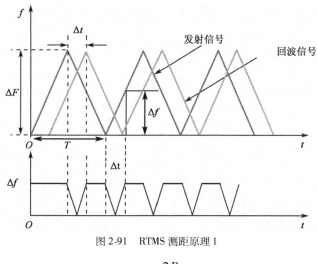

图 2-91 RTMS 测距原理 1

$$\Delta t = \frac{2R}{c} \tag{2-11}$$

式中：R——RTMS 与测量物体间的相对距离；

c——电磁波传播速度；

Δt——雷达接收到的物体反射信号与发射信号间的时间差。

发射信号与反射信号在某一时刻的频率差即为混频输出的中频信号频率 Δf。根据三角关系，由图2-91可得目标距离 R 的公式，见式(2-12)，其中目标距离与前端输出的中频频率成正比。

$$R = \left(\frac{cT}{4\Delta F}\right)\Delta f \tag{2-12}$$

式中：T——调制三角波的周期；

Δf——Δt 时间内雷达发射电磁波频率的改变值；

ΔF——拍频，是静态物体发射和接收的微波频率之差。

如果反射信号来自一个相对运动的目标，则反射信号中包括一个由目标的相对运动所引起的多普勒频移 f_d，见图2-92。

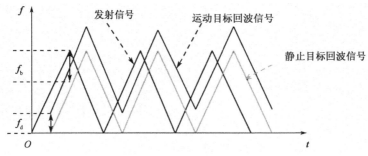

图 2-92　RTMS 测距原理 2

由图 2-92，与静止目标不同，运动目标在三角波的上升沿和下降沿对应的拍频不同，具有对称的特点。在三角波上升沿和下降沿输出的拍频分别为：

$$f_{b+} = \Delta f - f_d \tag{2-13}$$

$$f_{b-} = \Delta f + f_d \tag{2-14}$$

式中：Δf——目标相对静止时的中频频率，即目标相对静止时的差频；

f_d——多普勒频移，其符号与目标相对运动的方向有关。

根据多普勒原理，目标的相对运动速度 v 为：

$$v = \frac{c}{4f_0}(f_{b-} - f_{b+}) = \lambda(f_{b-} - f_{b+}) \tag{2-15}$$

式中：f_0——发射波中心频率；

λ——发射波波长。

速度 v 的符号与目标相对运动的方向有关，目标靠近时 v 为正，反之 v 为负。

2）RTMS 应用

RTMS 广泛应用于高速公路、城市道路、桥梁、隧道等各种道路交通设施，可实现智能化交通管理。其主要应用如图 2-93 所示。

RTMS 能替代环形线圈，随着其造价不断降低，未来普及将更广泛。以下主要介绍 RTMS 实际应用过程。

（1）RTMS 工作过程

RTMS 的微波束以一定的发射角和方位角，在发射方向上以特定距离为一层面分层探测物体，如前所述"分层探测"，形成一定层面的椭圆形波束，测量微波投影区域内目标的距离，通过距离检测实现测速结果,系统可自动识别并划分层面,定义检测区域,用户可手动微调层面,同时可屏蔽中央隔离带、防眩光板、交通设施等带来的影响。具体工作过程有以下几个阶段:

①背景学习

RTMS 开机后自动进行背景学习,接收天线检测到路面的回波信号后,将根据回波信号的强弱自动生成背景阈值,"背景获取"在 30s 内实现。通过设定合适的背景阈值,背景信号处理可分辨多个检测层面上的背景和车辆。

②判断目标车辆存在

当有车辆经过检测断面时,由于车辆近侧回波信号强度高于背景阈值,则可判断车辆所在车道有目标存在。

③恢复初始值

目标车辆驶离检测区域,车辆检测器接收的回波信号恢复到背景阈值以下,等待下一次检测,同时将检测到的信息记录到检测器内部的缓存中。技术等级高的 RTMS 会以一个较高频率重复上述工作过程,如美国 ISS 公司第四代产品的采样频率可达 800 次/s。

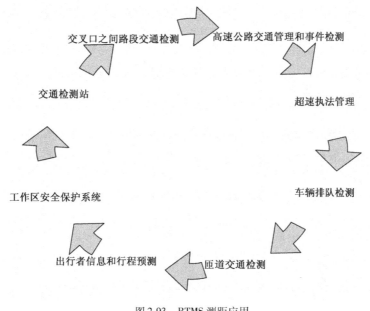

图 2-93 RTMS 测距应用

(2) RTMS 检测器系统优越性

①多道性

RTMS 检测器能根据车的长度探测在多达 16 条车道的每一条车道上的车辆类型、道路占用率、流量和平均速度(图 2-94)。由于检测器的安装高度在 5m 左右,可方便地放置在现有的电线杆上,性价比高。

②全天候

检测器微波感应器使用的是 3cm 微波,由于其具有绕射和衍射特性,所以不受雨、雪、冰雹的影响,同时外壳的防水设计,以及防太阳暴晒的特殊材料,能全天候工作。

除微波检测器以外,其他检测器在天气变化时不能正常运行,如视频和短波红外线设备不能在雾、大雨和雪中运行,再如超声波检测器易受风影响而引起振动,从而产生误报。

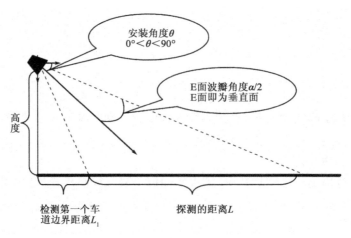

图 2-94　RTMS 测距

2. 超声波车辆检测器

超声波是指频率高于 20 000Hz、人无法听见的声波(人耳朵能听到的声波频率为 20 ~ 20 000Hz)。超声波检测(Ultrasonic Detection)属非接触式检测方式,其主要特性是方向性好,穿透能力强,能够传递信息,易于获得较集中的声能,对液体、固体的穿透本领很大,尤其在阳光不能透过的固体中,能穿透几十米的深度。超声波碰到杂质或分界面会产生显著反射,形成反射波,碰到活动物体能产生多普勒效应,因此其检测性能几乎不受任何环境条件的影响。但在 6 级以上的风速情况下,反射波将产生漂移而无法正常检测。

1)工作原理

超声波检测器的组成主要包括探头部分、主机部分和通信部分(图 2-95)。安装在道路车道上方的超声波探头对交通流进行实时检测,并对检测到的数据进行分析处理,得出该车道分车型的流量、速度、车道占有率和延误时间等数据。这些数据可通过 RS485 总线方式被传送到检测器主机,主机得到这些数据后,再对这些数据进行分析、处理和存储,并利用 RS232 或 RS485 接口通过串口服务器实时传回到数据服务器上;同时,检测器会按用户确定的时间周期将数据存于主机内的 FLASH 芯片上,供日后调用。

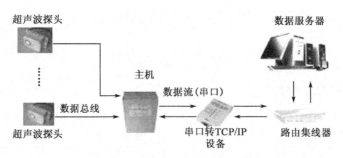

图 2-95　超声波车辆检测器系统结构

超声波检测器以压电式工作居多(图 2-96),所用材料是压电晶体和压电陶瓷,利用压电材料的压电效应工作。发射探头利用逆压效应将高频电振动转换为高频机械振动,从而产生超声波;接收探头利用正压电效应,将超声波振动转换为电信号。按照安装方式的不同,超声波检测器又可分为脉冲型、谐振型、连续波型,无论哪种类型,检测区域的大小均由超声波发射器的波幅决定。

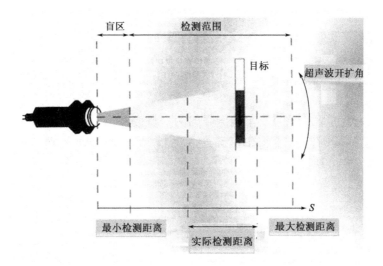

图 2-96 超声波检测示意

(1)脉冲型,一般悬挂在车道上方,向车道下方发射超声波脉冲,并接收回波。当有车辆从其下方经过时,基于车顶反射回波比路面反射回波经历路程短,判断车辆存在或通过。

(2)谐振型,在车道两边分别安装相向对立的发射器和接收器,检测器同时发射和接收信号,当有车辆通过即截断波束,实现存在性检测。

(3)连续波型,同雷达检测器,利用多普勒原理引起反射频率变化来检测车速信息。

2)应用

超声波车辆检测器可检测道路上车辆的存在性、交通量、车速,提供车辆排队长度、行程时间、交叉口信号控制、道路占有率等数据。

我国大中城市中,常见交叉口或路段间距过小,且大量摩托车、非机动车混行其中,传统检测器的检测准确度将受影响,有些情况甚至无法检测有效信息,如早期视频检测器仅适用于车距 3~4m 的情况,而超声波技术检测车距在 30~50cm,即能保证准确率,尤其适合过饱和交通路段或交叉口。

(1)超声波车辆存在性检测

安装脉冲型超声波车辆检测器后,当有车辆通过时,由于车辆本身的高度,使探头接收到反射波的时间缩短,表明有车辆通过或存在,见图 2-97。

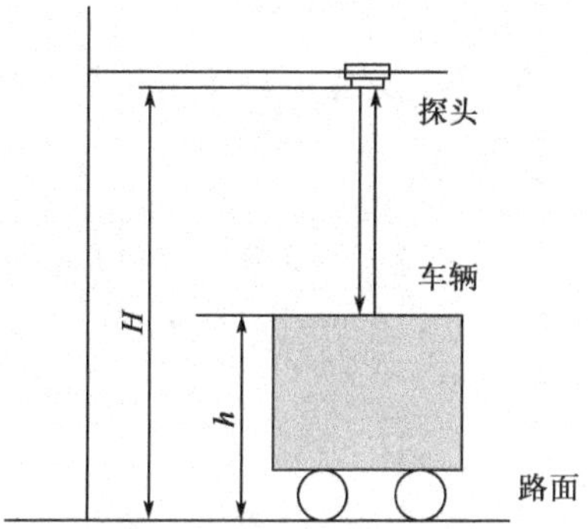

若超声波探头距地面高度为 H,车辆高度为 h,声速为 v,发自探头超声波脉冲的反射波从路面和车辆返回时间分别为 t 和 t',则:

$$t = \frac{2H}{v} \quad (2-16)$$

$$t' = \frac{2(H-h)}{v} \quad (2-17)$$

图 2-97 超声波车辆检测器工作原理示意

根据时间与车辆高度 h 的函数关系,检测器可检测车辆的存在和通过,进一步通过预置的参数,判断车型(大、中、小型车)、交通流量、占有率、车速等技术参数。

(2)车型

通过对比超声波发射波和接收波,绘制车辆纵向高度变化曲线,以此推出车辆的外形轮廓线,将此外形轮廓线与超声波交通检测器中不同车型外形轮廓线比较,获得基本车型信息,类似环形线圈不同车辆通过感应线圈时的频差曲线的情形,见图2-70。

(3)车速

根据车辆先后通过悬挂于同一车道上方的两个超声波检测探头的时间差及两探头的距离(如3m)计算车辆的瞬时车速。在正确安装的情况下,能获得准确的地点平均车速,见图2-98所示国内某城市某日车速曲线图。

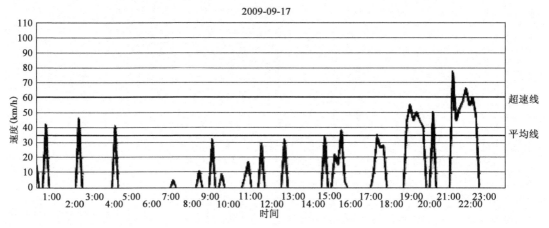

图2-98 超声波车辆检测器工作原理示意

(4)车辆时间占有率

检测器探头下方有车辆通过时长与周期时长的比,即该断面时间占有率。

(5)倒车避撞检测

超声波倒车避撞检测,俗称"倒车雷达",见图2-99。其工作原理也是通过距离判定。当汽车挂倒挡时,发出"嘟嘟"的响声;当汽车与障碍物距离缩小时,可听到间歇的报警声,距离越近报警声音越急促,如果距离障碍物小于0.2m,该装置发出连续报警声,见图2-100。

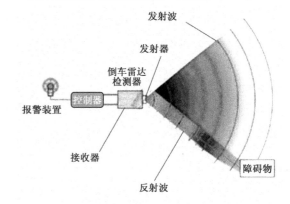

图2-99 倒车雷达　　　　　　　　　　图2-100 倒车雷达工作原理

(6)拥堵时间

在检测断面上,通过设定通过时间(如5s),当一辆车在该断面停滞时间大于设定值,即可认为该断面发生拥堵。如连续几辆车(可系统设定)均出现拥堵情况,即可实时发出堵车信号,同时记录堵车时间,累计每日堵车时长。

四 基于视频车辆检测技术

现代人对信息的要求是图文并茂,对交通管理者,获取图像是最直接的交通信息,同时也是最大的交通信息源,管理者可从有限的视频资料中挖掘有用的信息,视频采集(Video Capture)把模拟视频转换成数字视频,并按数字视频文件的格式保存,即将模拟摄像机、录像机、LD视盘机、电视机输出的视频信号,通过专用的模拟、数字转换设备,转换为二进制数字信息的过程。

视频检测技术的特点列举见表2-5。

视频检测技术特点 表2-5

主要特点	举例说明
检测范围广	能对视线范围200m以内的车辆进行跟踪检测; 检测的车道数可达到8条
安装维护无干扰	由于视频检测器往往是安装在路侧或中央隔离带上,因此安装及维护不需要关闭车道或开挖、破坏路面
维护方便低耗	传统的感应线圈检测器在损坏时,需要开挖路面进行维护,而视频检测设备发生问题时,可直接摘除或修理设备,不需要关闭车道或开挖路面,减少了维护费用
检测参数丰富	能够检测交通流量、速度、密度、占有率等基本交通参数; 还能检测排队、逆行、停车、行程时间、延误、散落物、事件、拥挤等,这是一般检测器无法比拟的
可视性	能够将实时的图像传给交通管理者,实现监视的职能
检测可靠性高	能够全天候工作
检测准确度高	大部分参数的检测精度在90%以上
技术成熟	国内外对视频检测技术的研究及应用比较成熟,新的技术在不断发展
先进性、可持续发展性	视频检测技术是智能交通系统的关键技术之一,能够与先进的车辆信息系统、先进的交通信息诱导系统、先进的公交信息系统等智能交通模块衔接,实现更多的功能

1. 组成

视频车辆检测系统是一个图像处理系统,是图像处理算法的实现载体,其物理组成有三部分:图像采集设备(摄像机)、图像处理硬件(通信)和图像处理软件(控制),见图2-101。

从功能组成细分,可将视频车辆检测系统划分为五个模块,见图2-102。

1)系统初始化模块

此模块主要是设定系统的初始技术参数,见图2-103。

2)图像采集模块

目前常用图像传感采集器主要是电荷耦合器件CCD(Charge Coupled Device,它是一种半导体成像器件)与图像传感器CMOS,交通上应用广泛的是CMOS传感器。

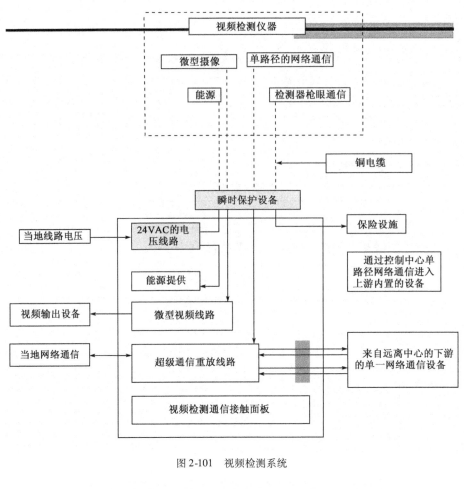

图 2-101 视频检测系统

图 2-102 视频车辆检测系统的五个模块

采用 CMOS 工艺，直接输出数字信号与微处理器连接。其优势是集成度高，功耗低，使用方便，造价也不高。CMOS 传感器技术参数可通过 I^2C 总线设置，其参数包括图像分辨率、帧速率、曝光方式等，这些参数也可用以区别不同类型的 CMOS 传感器（图 2-104）。

3）图像与处理模块

一般图像采集卡采集的车辆是以"位图"（据数字图像的水平和垂直方向像素点数，即图像分辨率，以此计算图像位图大小）格式存放于系统内存中，此时采集的图像包含一些多余信息（图像背景）。另外，运行车辆成像效果一般均不理想，比如阳光不均匀反射或极强光对目标物产生阴影等，所以为准确识别和检测图像，需对图像进行预处理，以便除掉摄像机多余信息，然后对图像分区，提取各分区的数字特征。也可连续跟踪拍摄区中行驶车辆，通过多次数据采集取定车辆图像。常见的预处理内容包括滤波去噪（图 2-105）、倾斜校正、图像增强。

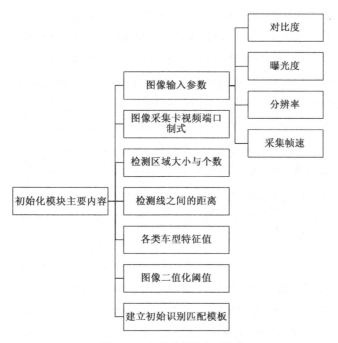

图 2-103　初始化模块主要内容

4）目标检测与追踪模块

该模块为核心模块，其功能是使用智能视频算法，发现并标记每帧视频图像中的目标物体，获取运动轨迹，提取及识别目标车型种类、大小、运动方向及其他必要的特征信息。

该模块功能的实现主要有两种形式。早期利用一台普通摄像机采集道路运行图像，将视频存储再传回后端专业视频管理软件进行分析，用户可通过客户终端进行智能分析，这种采集系统的优劣主要取决于

图 2-104　CMOS 传感器

服务器性能，与前端摄像机无太大关系。目前已实现智能前置化，即将智能分析过程集成在网络摄像机的编解码处理器上，即智能摄像机（图 2-106），用户可通过客户端分析，但不用在客户端上重复此过程。所以 ITS 未来发展的方向是项目集成，在一个芯片上（如 SOC 芯片）就具备一定智能分析功能。

图 2-105　滤波去噪对比图

5)交通流参数检测模块

交通流基本参数是交通量、车速、密度,该检测模块通过检测与追踪车辆进行车辆数目的统计和车速计算,进而求得三参数。

图 2-106　智能摄像机

(1)车流量统计

①先设定检测区域,第一辆车进入检测区,计数器由 0 到 1;

②计数同时,对进入检测区车辆继续跟踪,直到其驶离检测区;

③如此反复,每个目标驶过检测区,计数器自动 +1;

④最后统计一定时段的交通量。

(2)车速检测

①设置两条相邻检测线;

②测量两条线之间的实际距离 s(所有检测车距离 s_i 相等);

③计量同一车辆车头或车尾分别到达两相邻检测线之间的时间差 t_i;

④计算第 i 辆车的地点车速 v_i(即行驶车速):

$$v_i = \frac{s_i}{t_i} \tag{2-18}$$

⑤计算时间平均车速 v_t:

$$v_t = \frac{1}{n}\sum_{i=1}^{n} v_i \tag{2-19}$$

⑥计算区间平均车速 v_s:

$$\sigma_t = \sqrt{\frac{1}{n}\sum_{i=1}^{n}(v_t - \overline{v_t})^2} \tag{2-20}$$

式中:σ_t——地点速度均方差;

$\overline{v_t}$——检测车速均值。

$$v_s = v_t - \frac{\sigma_t^2}{v_t} \tag{2-21}$$

(3)交通密度

交通密度可由占有率指标表示,分为时间占有率(o_t)和空间占有率(o_s)

$$o_t = \frac{\sum_{i=1}^{n} t_i}{t} \times 100\% \tag{2-22}$$

式中:t_i——目标车通过两检测线之间的时间;

t——观测时间段(如 15min)。

$$o_s = \frac{\sum_{i=1}^{n} l_i}{\Delta x} \times 100\% \tag{2-23}$$

式中:l_i——第 i 辆车的车长;

Δx——检测区域长度。

视频采集到的交通信息与视频监控通信,能提高公共服务水平。图 2-107 是芝加哥顺德大良 105 国道杏坛路口跨线桥，飞马路口跨线桥已安装视频监控设备并直接接入监控系统。芝加哥应急管理局建立城市级别智能视频监控解决方案，同时监控由数千个摄像头采集的实时视频流数据，对可疑行为进行记录并发出警报，从而保障城市公共安全，防范危害公共安全行为和恐怖袭击。

2. 安装

1）系统要求

视频车辆检测系统为满足交通检测的要求，需选用合适的设备，该系统应能清晰显示摄像机所采集的图像，即显示设备的分辨率不应低于系统图像

图 2-107　对实线变更车道的监控示意图

质量等级的总体要求。此外，视频车辆检测系统应有图像来源的文字提示、日期、时间和运行状态的提示、设备功能、特性、质量、规模等功能。

随着视频产业大规模发展，我国行业内已逐步建立统一标准，比如国家标准《闯红灯自动记录系统通用技术条件》（GA/T 496—2014）、《交通电视监控系统设备用图形符号及图例》（GB/T 28424—2012）等，视频车辆检测系统的安装必须符合以上标准的规定。

除了安装技术规范，国家和行业标准中还规定了设计、施工工程规范，如《视频安防监控系统工程设计规范》（GB 50395—2007）、《交通电视监视系统工程验收规范》（GA/T 514—2004）、《安全防范工程技术规范》（GB 50348—2004）等，各地方根据地域条件可相应制定地方规范（图 2-108）。此处截取视频检测部分规定：

（1）支架基础混凝土强度等级≥C25，能抗七级地震和十二级大风。

（2）立式机箱具有防盗、防尘、防雨、防腐、防热、防冻的功能。

（3）布线采用地埋方式，管道采用尼龙管，强电、弱电走线分离。

（4）当采用共用接地方式时，其接地电阻应以各种接地系统中要求接地电阻最小的数值作为依据。除另有规定外，各种接地系统与防雷接地系统共用接地体时，接地电阻值不应大于 1Ω。

（5）综合布线系统采用屏蔽措施时，必须有良好的接地系统，并应符合下列规定：保护地线的接地电阻值，单独设置接地体时，不应大于 4Ω；采用联合接地体时，不应大于 1Ω；采用屏蔽布线系统时，所有屏蔽层应保持连续性。

关于印发《本市数字视频安防监控系统基本技术要求》的通知

各公安分（县）局技防办，各技防从业单位：

随着电子、计算机、网络技术日新月异的飞速发展，视频安防监控系统数字化、网络化、智能化、高清化也逐步走向成熟。数字视频安防监控系统与传统的模拟视频安防监控系统相比，具有施工简单、扩展便捷、图像更清晰、系统功能更强大等优点，同时，随着数字视频安防监控系统应用需求的不断扩大，IP摄像机、SDI摄像机等前端产品的生产应用规模效应逐渐显现，应用成本不断下降、范围逐步扩大。

自2013年1月1日起，本市新申报的安全技术防范系统方案视频监控系统均应采用数字系统，并应符合《数字监控技术要求》的要求。

特此通知。

上海市公安局技术防范办公室
二〇一二年十一月十五日

图 2-108　上海对视频监控系统基本要求示例

2）系统硬件部分

系统硬件部分涉及摄像系统、控制系统和传输系统（传输及通信内容详见第三章，其他部分见图 2-109）。

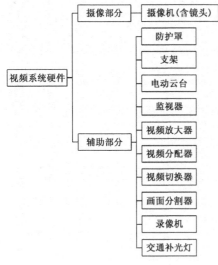

图 2-109　视频监控系统硬件组成

（1）摄像系统

摄像系统一般安装在现场（如交叉口），它包括摄像机及其镜头，摄像辅助设备（防护罩、支架和电动云台等），作用是对监视区域进行摄像并将其转换成电信号。

①摄像机

交通道路监控摄像机属于适合特殊场合的专用监控摄像机，各项指标要求比普通摄像机高，价格也略高。摄像机以监视区域最低照度下能摄取到的清晰图像为主要指标，摄像机按照度分为普通和微光两种。前者对照度要求高，适用于白天或加补光灯场合（照度大于 2Lx），肉眼即可从画面分辨和摄取图像（如在安装摄像机处装有人工补光照明设备，平均水平照度保持在 2Lx 以上，24h 连续监视也可用普通摄像机）；后者适应于低照度（照度在 0.1~0.5Lx），如黎明、傍晚。与摄像机相关的技术指标如下：

a. 摄像机灵敏度

通常用最低环境照度要求表明摄像机灵敏度，灵敏度高、照度低的摄像机质量较高（照度太低或太高时，拍摄的图像均不清晰）。黑白摄像机灵敏度是 0.02~0.5Lx，彩色摄像机多在 1Lx 以上。一般 0.1Lx 摄像机用于普通监视场合，在夜间使用或环境光线较弱时，推荐使用 0.02Lx 的摄像机。另外，与近红外灯配合使用时，必须用低照度摄像机。

b. 摄像机清晰度

摄像机清晰度由水平和垂直方向的电视线数决定，属于摄像机固有属性，一般要求为 350~400 线。图像水平分辨率大于 500 线，垂直方向大于 450 线以上是高清摄像机，相应配置高清晰度监视器。图像分辨率越高，摄像机表现能力越好，然而摄像机的高清晰度，是以高昂成本为代价的，因此，选择摄像机时，清晰度不是唯一决定因素。

目前道路监控中使用的摄像机有标清与高清两种。高清摄像机（图 2-110）一般是百万像素 IP 摄像机，一台高清摄像机能代替多台标清摄像机，同时监测多条车道，甚至驾驶员面部都依稀可见。但高清摄像机多采用 CMOS 传感器，低照度、性能差，夜晚拍摄效果不佳。而标清摄像机（图 2-111）虽清晰度不如高清摄像机，但夜间低照度效果却高于高清摄像机，可大大提升夜晚的识别率。

c. 摄像机强光抑制功能

道路监控摄像机夜间应能清楚拍摄车辆牌照。采用强光抑制技术的摄像机（图 2-112），可有效抑制迎面车辆的强光（车辆远光灯），使车牌照被较清晰地捕捉到，画面真实完整。很多道路监控摄像机采用"日蚀"技术，在夜间拍摄车牌效果很好，但若在白天也使用"日蚀"，将影响整体图像的美观和完整性。

图 2-110　夜间交叉口高清监控图像

图 2-111　夜间交叉口标清监控图像

图 2-112　强光抑制处理对比图

d. 摄像机的信噪比

在光线良好情况下,摄像机的画面质量高,无噪波点,但在黑暗的环境下,由于照度的问题,摄像机噪点将不可避免地增多(图 2-113),此时需采用数字降噪技术,也会使低照度条件下的图像更清晰。

图 2-113　信噪比处理对比图

e. 摄像机的色彩还原性能

摄像机没有具体色彩指标,只能用色度调整和白平衡调整使色彩真实还原(图 2-114),不同种类的摄像机色彩还原性能不同,一般通过调试及和现场真实色彩进行比较来实现。

可选择白平衡调整方式较多的摄像机,例如:白平衡手动调节模式、白平衡自动跟踪调节模式、室内模式、室外模式等。

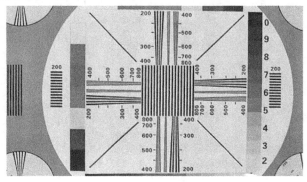

图 2-114　原色色彩还原图

f. 摄像机背光补偿功能

交通摄像机在夜间拍摄车牌,背光补偿技术的优劣,直接关系到是否能清晰辨识车牌,能否正常进行视频检测和分析车辆信息,从而产生正确判断结果。优质的摄像机对于背光补偿的区域能灵活设置和选择。效果见图 2-115。

a) 普通摄像效果

b) 背光补偿摄像效果

图 2-115　背光补偿处理对比图

g. 摄像机调试便利性

除质量可靠,摄像机应安装调试方便。道路监控摄像机大都安装在 9～15m 高的立柱上,安装和拆卸都需要专用工具车,属危险的高空作业,如果质量不可靠或调试不方便,势必给施工和工程带来很高成本,影响正常使用。

另外,摄像机最关键的配件是镜头,作为摄像机的眼睛,其质量指标直接影响整机指标,因为摄像机镜头既关系到视频系统质量,又影响工程造价。镜头相当于人眼晶状体,如没有晶状体,人眼看不到任何物体;同理,如没有镜头,摄像头输出的图像将是白色影像。

镜头分类复杂,从镜头焦距可分为短、中、长、变焦镜头。焦距 f 也是镜头的主要技术指标(图 2-116)。

a) 短焦距镜头:入射角较宽,可提供一个较宽广的视野。
b) 中焦距镜头:标准镜头,焦距的长度视摄像头的尺寸而定。
c) 长焦距镜头:因入射角较狭窄,故仅能提供狭窄视景,适用于长距离监视。
d) 变焦距镜头:通常为电动式,可作广角、标准或远望等镜头使用。

OL-XL7100FR　　OL-XL7100SZ　　OL-XL7100LZ　　OL-XL7100TZ
背投-短焦、投影　短焦-投影双焦镜头　长焦-投影双焦镜头　远焦伸缩-投影双焦镜头
　定焦镜头

图 2-116　不同焦距的镜头

②摄像辅助设备

摄像的辅助设备主要有防护罩、支架、电动云台、监视器等。

a. 防护罩

在防护罩中，除了用于一体化摄像系统的球形防护罩外，还有圆柱形、长方形等不同形状防护罩，应用场合有室内型和室外型两大类。道路室外型因属全天候应用，要能适应不同的使用环境，密封性能要好，保证雨水不进入防护罩内部侵蚀摄像机，有的室外防护罩还带有排风扇、加热板、雨刮器，用来更好地保护设备。防护罩的材料主要有铝质、合金、挤压成型、不锈钢等。

b. 支架

如果摄像机只是固定监控某个位置，不需转动，那么用摄像机支架即可满足要求。室外支架主要考虑负载能力是否合乎要求，还要考虑安装位置——从实践中发现，很多室外摄像机安装位置特殊，有的安装在电线杆上，有的立于塔吊上，有的安装在铁架上。由于种种原因，现有的支架无法满足要求，需要定做。

c. 电动云台

云台是两个交流电组成的安装平台，可水平和垂直运动。用于交通的监控云台区别于照相器材中的云台，照相器材的云台只是一个三脚架，可手动调节方位；而用于交通监控系统的云台是通过控制系统在远端控制其转动方向的。云台有多种类型（图 2-117），按使用环境分为室内型和室外型，主要区别是室外型密封性能好，防水、防尘，负载大；按安装方式分为侧装和吊装，即云台是安装在天花板上还是安装在墙壁上；按外形分为普通型和球型，球型云台是把云台安置在一个半球形或球形防护罩中，除了防止灰尘干扰图像外，还具有隐蔽、美观、快速的优点。在挑选云台时，要考虑安装环境、安装方式、工作电压、负载大小，也要考虑性能价格比和外型是否美观。

a) 侧载式(Side-load)　　b) 顶载式(Top-load)

图 2-117　网络遥控的云台

d. 监视器

监视器是监控系统的标准输出，通过监视器才能观看前端传送过来的图像。监视器分彩色、黑白两种，尺寸有 9 英寸、10 英寸、12 英寸、14 英寸、15 英寸、17 英寸、21 英寸等，常用的是 14 英寸监视器。监视器也有分辨率，同摄像机一样用线数表示，实际使用时一般要求监视器线数要与摄像机匹配。

e. 视频放大器

当视频传输距离比较远时,最好采用线径较粗的视频线,同时可在线路内增加视频放大器信号强度,达到远距离传输目的。视频放大器能增强视频的亮度、色度和同步信号,但线路内干扰信号也会被放大。应注意,回路中不能串接太多视频放大器,否则会出现饱和现象,导致图像失真。

f. 视频分配器

一路视频信号对应一台监视器或录像机,若想一台摄像机的图像向多个部门输出,可选择视频分配器(图2-118)。因为并联视频信号衰减较大,向多个输出设备输出后,由于阻抗不匹配等原因,图像会严重失真,线路也不稳定。视频分配器除了阻抗匹配,还有视频增益,使视频信号可以同时向多个设备输出而不受影响。

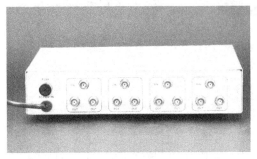

图2-118 视频分配器

g. 视频切换器

多路视频信号输出到同一处监控设备,一路视频对应一台监视器,但监视器体积大,多路配置多台,显然没必要,而且多路大多并不要求连续监控,此时增设一台切换器即可满足要求。把摄像机输出信号接到切换器的输入端,切换器的输出端接监视器,切换器的输入端分为2路、4路、6路、8路、12路、16路,输出端分为单路和双路,而且还可同步切换音频(视型号而定)。

切换器有手动切换、自动切换两种工作方式。手动方式需自行选择;自动方式可预设视频按顺序延时切换,切换时间通过一键调节,在1～35s之间。切换器价格便宜、简单、方便,但在一个时间段内只能选择一路图像。如需在一台监视器上同时显示多个摄像机图像,则需要用画面分割器。

h. 画面分割器

画面分割器有四分割、九分割、十六分割几种,能在一台监视器上同时显示4个、9个、16个摄像机的图像,也能送到录像机上记录。四分割是最常用的设备之一(图2-119),其性能价格比也较好,图像的质量和连续性可基本满足要求。九分割和十六分割价格较贵,而且分割后每路图像的分辨率和连续性都会下降,录像效果不好。另外,还有六分割、八分割、双四分割设备,但图像比率、清晰度、连续性并不理想,市场使用率更小。大部分分割器除了可同时显示图像外,也可显示单幅画面,叠加时间和字符,设置自动切换,连接报警器材。

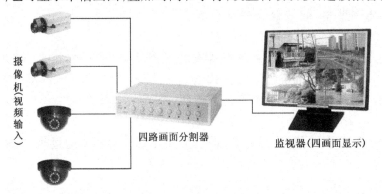

图2-119 画面分割器

i. 录像机

监控系统中最常用的记录设备是民用录像机和长延时录像机。与家用录像机不同,延时录像机可长时间工作,录制上百小时的图像,并连接报警器材,收到报警信号自动启动录像,叠加时间日期,编制录像机自动录像程序,选择录像速度,录像储存写满后可覆盖重录。

j. 交通补光灯

补光灯配合摄像机可达到识别车辆尤其是车牌的目的,现有的交通补光灯均采用 LED 白光灯或车牌灯,能用于 200 万像素以上电子警察高清摄像机抓拍系统的夜间车牌补光照明。

（2）系统（软件）控制系统

交通视频监控系统中的信息量与信息处理的工作量都很大,控制台的操作必须由计算机系统（依靠软件）实现,以用户软件编程的全键盘方式来完成驱动云台巡视、视频切换、报警处理、设备状态自检等工作。视频系统（图 2-120）首先由安装在路口或路段或停车设施的摄像机采集交通图像,摄像机将获取的视频信号传输到主机,主机里的高速图像处理器对视频图像信息进行数字化处理。

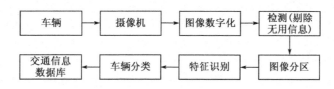

图 2-120　视频控制系统工作过程

在数据库中,数字化处理包括格式转换、提取特征信息,分析出交通流基本参数,如车型分类、平均车距等。同时,主机自动采集交通图像并存入硬盘,工作人员可根据时间、地点随时查阅交通现场的图像,所有操作都根据屏幕上的软件提示动作。视频采集现场见图 2-121。

图 2-121　高速公路视频采集

3. 应用

利用视频交通流参数检测模块可求得基本交通参数（图 2-122）,通过设计算法,还能得到车牌定位、车型分类、占有率、平均车距、检测交通事故并报警等交通动态信息。视频车辆检测技术主要用于交通卡口、闯红灯、十字路口、超速等高清电子警察抓拍系统（图 2-123）,公安交警移动稽查,交通信息采集系统,交通信号控制系统等领域。以下以车牌定位为例简单介绍视频采集处理技术。

图 2-122　利用视频采集获得交通流量信息

图 2-123　利用视频抓拍违法车辆

在采集到的车辆图像中存在很多类似车牌的区域,如广告牌、养路费牌、指路牌等,容易干扰车牌定位,如果一开始图像识别区域定位错误,则无法准确地识别车牌。国外关于车牌定位的研究起步早,技术成熟,但并不适用于我国情况,原因是我国交通图像背景复杂,车辆种类繁多,牌照样式不一,颜色变化多端,悬架位置不一等。以下介绍常用车位定位技术原理。

1) 基于车牌区域内字符纹理特征

该技术利用字符宽度和高度、笔画宽度、字符串的长度、字符的连通性,或者进行水平扫描时,字符的灰度分布的变化特征,并利用字符的笔画分布特征和字符边缘的统计相关性,一般先提取车牌形状和纹理特征(图 2-124),将车牌定位简化为对少数候选区域的遴选和组合,再采用阈值的方法分割出车牌区域。

a) 未处理图像

b) 字符分割后图像

图 2-124　基于纹理特征识别车牌

2) 基于边缘检测

该方法的关键在于设计一种适合字符的边缘检测算子,比如基于字符边缘检测和颜色特征的定位方法,针对图像中车牌区域含有的丰富边缘,首先进行垂直边缘检测,然后去除大量背景和噪声边缘,接着通过对垂直边缘的统计分析确定几个候选区,最后结合车牌的颜色特征确定最终的车牌图像区域(图 2-125)。

a) 正常图像

b) 边缘检测图

图 2-125　基于边缘检测识别车牌

3) 基于车牌区域水平或者垂直投影特征

车牌区域水平或者垂直灰度累积投影呈现连续的峰谷峰的分布。

4) 基于车牌的格式标准和字符标准信息

利用车牌的几何特征，即车牌的高度、宽度、高宽比处在一定范围，或者利用牌照字符字间距、字符高宽比和字体等的先验信息，即车牌的高宽比在一定范围内，国内车牌高宽比在 4.5∶1 左右，单个字符高宽比在 2∶1 左右。

5) 基于车牌区域的位置特点

利用车牌一般处在汽车的保险杠的特点，反映到图像中，车牌区域一般在图像的下半部分，如此可缩小搜索范围。

6) 基于车牌的彩色信息

采用彩色边缘检测算子获得汽车图像边缘检测图，或者把车牌的彩色信息作为先验知识运用到定位算法中去。目前我国的汽车牌照有黄底黑字、蓝底白字、黑底白字、白底黑字红字、黑底红字等五种颜色的车牌，常见的是民用的黄底黑字和蓝底白字两种车牌，可根据车牌的色彩特征将车牌定位。

7) 基于频谱特征

即对车辆图像作离散傅立叶变换（DFT）、离散余弦变换（DCT）、离散沃尔什·哈达玛变换和小波变换等正交变换，其频谱图中包含车牌的位置信息。

以上这些方法均可依靠软件处理、识别车牌。以下示例（图 2-126）为基于颜色特征与边缘检测结合车牌定位法的流程图。其中 RGB 图像是红绿蓝三原色图像，HIS 色彩图像是用色调（Hue）、亮度（Intensity）、色饱和度（Saturation 或 Chroma）来描述色彩的图像，可将二者转换。

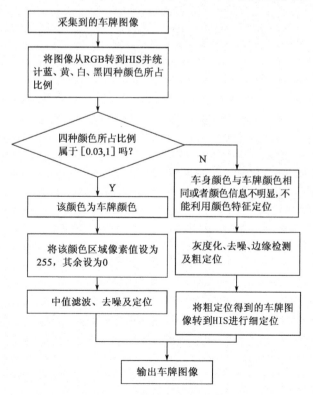

图 2-126　基于颜色特征与边缘检测结合的车牌定位法流程

第四节　出行车辆静态交通信息采集

一　红外线检测技术

红外线是一种电磁波,属于波频(电磁波)检测的一种。我们知道,温度在热力学零度(-273.15℃)以上的物体在常规环境下都会因自身分子、原子的运动,不停辐射出热红外能量,能量大小与分子、原子运动的剧烈程度有关,红外线技术即利用温度进行检测的技术。红外传感器,在夜视系统被激活的情况下,能在市区交通状况下工作。一组安装在散热格栅内的附加(远程)红外传感器能够在160m外探测到前方行人,对诸如鹿、马和牛等动物探测距离则为100m。随着产业技术不断升级,新技术在交通中的应用也日新月异,2013年9月奔驰推出自动驾驶测试车,该车配置了智能驾驶系统Intelligent Drive、3个雷达、立体摄像头、各类超声波传感器等设备,能实现车辆半自动驾驶,见图2-127~图2-129。

红外线检测器(Infrared Transducer)是利用红外线物理性质来进行测量的传感器,测量时不与被测物体直接接触,因而不存在摩擦,并且有灵敏度高、反应快等优点。根据红外辐射波长传输特性,其划分见图2-130。

图2-127　Intelligent Drive红外线显示盘

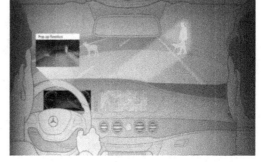

图2-128　Intelligent Drive红外线探测器示意

图2-129　Intelligent Drive红外线探测器

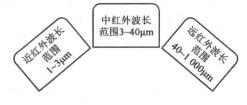

图2-130　红外线检测器分类

红外线车辆检测器分近红外线车辆检测器和远红外线车辆检测器两类,以下介绍这两类检测器的性能特点。

1. 近红外车辆检测器

近红外车辆检测器主要由近红外收发器、控制器组成。当车辆被红外线照射到时,安装在路测支柱上的控制器将反射信号和双向通信数据传送到中央控制器装置(图2-131),根据检测范围内反射的红外线强度水平判定车辆。

近红外收发器发光单元采用波长850μm或950μm的近红外发光二极管(LED),其主要特性见图2-132。

图 2-131 近红外线探测器

通信指向性强(狭窄道路上也不会产生干扰)	检测车速范围0~120km/h	检测面积1.2m×1.2m	体积小、容易安装、无须布线或破坏路面	无须电波使用许可申请(雷达收发器需要申请)
调波方式调谐脉冲振幅	通信区域3.5m×3.7m	传输速率1Mbit/s		穿透灰尘、云雾、雨滴、雪花能力差

图 2-132 近红外线车辆检测器主要性能

2. 远红外车辆检测器

远红外车辆检测器分为被动式和主动式两类。

1) 被动式车辆检测器

被动式车辆检测器的波长在 8~14μm,肉眼不可见,一般测量距离在 6m 左右,在此范围内,环境对测量精度影响不大。

远红外辐射强度取决于物体本身体积、温度、表层结构,与颜色、周围强度无关。检测范围内的车辆、路面及其他物体本身会散发红外线,太阳照射这些物体后,也会反射红外线。被动式检测器通过检测车辆在检测区红外线能量变化值来判定车辆通过与否,无车辆通过时,检测器检测到的红外能量主要源自路面,即背景热力学温度,车辆进入检测区,介于发动机上的热辐射与路面辐射明显不同,即背景与检测车辆热力学温度差值较大,同时根据差值的范围可判定车辆、人、动物等。

2) 主动式车辆检测器

主动式车辆检测器的波长在 880nm 左右,其基本原理类似于微波检测。

检测器自身配有指向检测车道的红外线光源:当车辆接近主动远红外检测器并接收到发射红外线后,将红外线反射回检测器,通过发射与反射后的差值确定车辆通过、车道占有率、车速等指标。

远红外线波长比可见光或近红外线的长,因此穿透雨雪雾能力也强,辐射污染小,不受物体颜色和光线强弱的影响,且多个检测器同时工作,相互间无影响,其主要特性见图 2-133。

安装容易(同近红外线车辆检测器)	获得车辆通过多角度数据	获得同一车辆在交叉口或路段行驶轨迹	快速响应,抗干扰能力强
准确检测各类车辆汇合、分离	不受光线影响,适应黑暗环境	受天气环境影响大(如湿度、温度)	穿透能力强(受灰尘、云雾等影响小)

图 2-133 远红外线车辆检测器主要性能

红外线车辆检测器可采集交通流量、车道占有率、车速、车长、排队长度等交通参数指标。短距红外车辆检测器可替代环形线圈,应用于道路收费、固定式超限检测、ETC(Electronic Toll Collection)系统等不适合破坏路基路面的应用。目前,交通信息采集已经摒弃单一检测器采集,而向多类检测技术组合应用方向发展,比如被动式红外线检测与超声波检测技术联合,可提高参数采集准确率。

三 咪表技术

咪表(图2-134)起源于马车时代城市道路上的拴马桩,当时在拴马桩上增加一个投币箱,用以支付停车费,说明当时的人们已意识到公共资源的有偿使用,一直延续至汽车时代。现在使用咪表泊车,则已借助现代计算机技术管理,进行限时停车,实际是运用了市场的价值规律。咪表作为临时占道停车的一种方式,本身并非为了多收费,而是鼓励停车人"快停快走",让更多的人能够停车,从而缓解城市停车难的问题。随着智慧城市建设步伐的加快,停车用咪表情况会更加普遍。

图2-134 国内咪表应用

1. 咪表系统硬件构成

机动车临时停车咪表收费管理系统由管理计算机、发卡机、手持数据采集机(便携式电脑)、咪表和泊车卡组成,完成停车计时收费、定期收支结算以及泊车卡的发行充值及全部管理等。见图2-135~图2-138)。

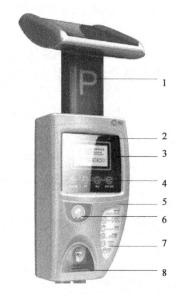

图2-135 咪表正面的外部结构图
1-太阳能电池;2-车位指示灯;3-蓝牙指示灯;
4-按键;5-前壳;6-感应面板;7-操作标贴;8-发票出纸口

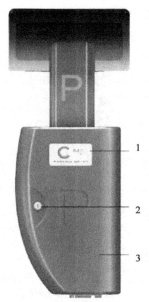

图2-136 咪表反面的外部结构图
1-后标贴;2-后盖锁;3-后壳

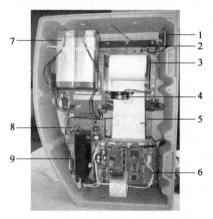
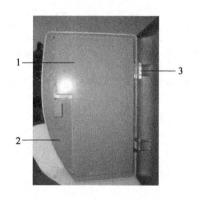

图2-137　咪表内部结构
1-GPRS通信模块；2-主控制板、LCD、压框；3-纸卷轴、支架、打印发票；4-蜂鸣器；5-感应面板、读卡器板；6-打印机；7-可充电锂电池；8-读卡器控制板；9-电源控制模块

图2-138　打开后壳的视图
1-后盖盒；2-铁后板；3-铰链

2. 咪表应用

管理人员根据管理规则，用掌上电脑(PDA)对计时单位、费率、补费时间、免费停车时间等多项系统参数进行预先设置，且支持多种卡型——符合《中国金融集成电路卡规范》，或非接触式IC卡均可(图2-139)。

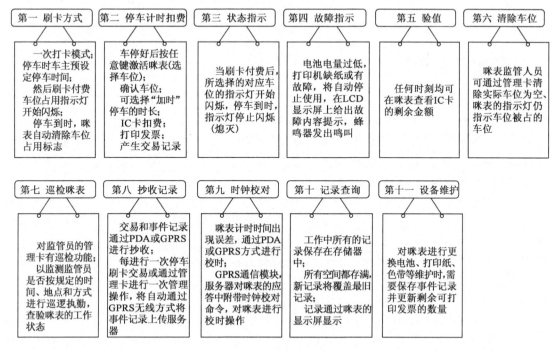

图2-139　咪表的使用

3. 工作原理(软件逻辑)

通过管理计算机和发卡机，完成不同面值的泊车卡(如50元、100元、200元等)的发行，

也能完成对泊车卡的循环充值。用泊车卡停车,通过咪表按收费标准和停车时间扣除应付的金额,泊车卡金额用完后,可重新充值循环使用。

通过手持式数据采集机可定期读取咪表内储存的数据记录以及对咪表进行数据下载(如改变费率等)。通过管理计算机可读取手持机内存储的数据记录以及对手持机下载数据,这样管理计算机就可以进行定期结算及对整个系统收支信息进行查询和改变费率等(图2-140)。

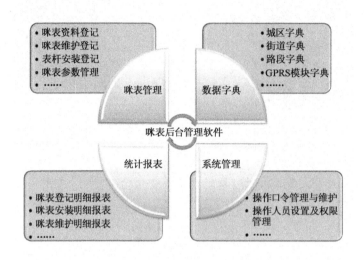

图 2-140　咪表后台的管理软件架构

第五节　其他常见交通信息检测技术

一、自动车辆识别

自动车辆识别(Automatic Vehicle Identification,简称 AVI)是指当车辆通过道路上某一特定地点时,不通过直接人为干预自动地将该车的身份信息识别出来的技术。车辆身份,指车辆本身的代表符号以及固有的属性,它应当具有唯一性。自动车辆识别系统通常由 OBU 车载电子标签、RSU(安装于收费通道的路侧单元,包括车道天线、收发控制器、读写控制器、读写器)和计算机系统组成(图2-141)。

AVI 技术起源于 20 世纪 60 年代末产生的铁路系统自动车厢识别技术,发展至今出现了以下几种识别技术:感应线圈识别技术、声表面波识别技术、光条码识别技术、红外通信识别技术、射频识别技术和图像处理识别技术等。据自动车辆识别原理,用于车辆自动识别的技术如下。

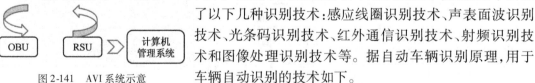

图 2-141　AVI 系统示意

1. 图像处理 AVI 系统

图像处理 AVI 系统(图2-142)由视频摄像机(CCD)、图像采集设备及计算机处理系统组成。由 CCD 摄取图像,经 A/D 采样转换后,再传送给计算机系统进行图像的预处理及识别,识别的内容一般包括车牌号码、车型类别及车辆颜色等。其缺点是可靠性差,受环境干扰大,数据传输率不高。

2. 光学和红外 AVI 系统

该系统利用装在车辆外面的一个类似于条形码的代码标签作为车辆识别的唯一标志。该代码标签由一系列宽度或颜色变化的线条组成,当车辆经过收费站时,数量和颜色变化的光被反射到接收单元上,这些反射光的形式被自动分析后,表明车辆身份的代码信息被抽取出来。其缺点同图像处理 AVI 系统。

3. 电感耦合 AVI 系统

该系统利用电感耦合来实现数据传送。收费单元采用传统的线圈作为天线,用于传送信号给车辆或从车辆传送信号给收费单元。车辆收发两用机使用简单的线圈或铁氧体线圈为天线,天线大小与通信波长有关。该系统可靠性好,环境适应性强,但数据传输速率较低。

4. 射频 AVI 系统

该系统利用无线射频技术实现数据无线传输,其优点是使用高频载波时,能实现比电感耦合 AVI 系统高得多的数据传输速率(图 2-143)。另外,由于天线的大小与使用载波波长有关,因此,系统的收发信机可以做得很小,性能可靠。

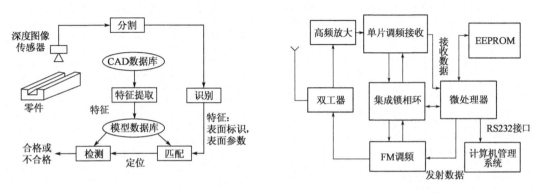

图 2-142 典型 AVI 系统示意　　　　图 2-143 射频 AVI 系统识别框图

实际中,此项技术通常用于不停车电子收费系统(简称 ETC 系统)。ETC 系统由后台系统、车道控制器、RSU 和 OBU 等组成(图 2-144)。

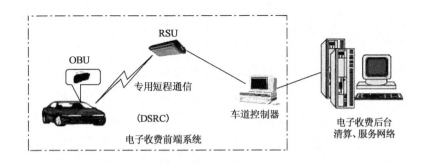

图 2-144 ETC 收费系统构成

二　车辆载重识别

车辆载重识别主要识别车辆荷载,实现两类目的:识别超限车辆,依据车辆荷载对公路磨损程度大小确定收取通行费的费额。两类系统本质相同,组成和功能类似。

1. 超限检测称重系统

超限车辆,即超限检测称重系统,通过治超检测点,采集车辆车牌、轴数、轴重、总重及视频等信息,可按用户设置的超限标准自动判定车辆是否超限,通过 LED 显示屏、广播系统发出相应的准入或劝返信息,控制栏杆机起落,放行准载车辆、阻挡超载车辆。同时,相关信息和判断结果将显示到管理计算机上,提供以下具体信息:

(1)用户录入信息及设备采集的相关信息(车辆的轴数、总重、通行时间等)打印、存储、汇总、查询、统计及报表功能。

(2)管理软件的免费定制和修改。

超限检测称重系统支持动态称量和静态称量,可自动转换,即使由于拥堵,车轴停在称重平台上,系统也能准确称量并进行车型判别。

每套超限检测称重设备的基本组成如下:

(1)称重传感器:弯板、双秤台或石英。

(2)车辆分离器:由成对配置的红外线光幕发射和接收装置、控制器等构成。

(3)收尾线圈:由埋于车道的环形感应线圈、线圈检测器、信号电缆等构成。

(4)室外控制柜:由称重数据采集和处理单元、控制和接口单元、电源单元、电缆接线、机柜等构成。

(5)设备的供电、信号传输电缆(信号转换设备)、地线及防雷系统。

(6)管理计算机、票据(通行凭证)打印机。

(7)车牌自动识别及抓拍系统。

(8)车辆监控系统。

(9)LED 显示屏。

(10)语音广播系统。

(11)栏杆机。

2. 高速公路计重收费系统

现有高速公路收费采用计重收费管理系统,据通行车辆的载重情况收费,空载车辆按空载重量计费,重载车辆按载重多少计费,超载按实际载重进行计费,体现多载多负担的原则。一般静态系统由 2 块动态弯板式传感器、1 个线圈、1 套红外线车辆分离器、1 个轮胎识别器和 1 个中心处理器构成(图 2-145),其中 RS232 与 RS422 为通信转换设备,根据需要选择。

(1)弯板式称重传感器主要完成车轴的称重、速度检测、轴型判断等工作。

(2)红外线车辆分离器用来进行车辆的分离及提供开始、结束等信号。

(3)线圈主要用来完成测速、倒车的检测,并与红外线分离器一起对非车辆以外的物体或人通过时进行判断,减少出错。

(4)轮胎识别器主要用来检测通过车辆每轴的轮胎数。

(5)中心处理器用来处理来自于各传感器的信号、称算数据,把相关数据传送给收费计算机。

系统可定制上位机软件,实现车辆详细信息的显示、车辆数据分析、统计查询和打印报表等功能。

该系统采用前置式布置方式,即在收费亭前进行检测。根据我国汽车技术规范,货车的长度应不大于 18m,因而为保证在车辆到达收费亭前完成检测,应适当延长收费岛的长度,同时考虑便于规范驾驶员通过称重设备时的车辆控制,收费岛前端到收费亭中心线的距离为 28～36m(图 2-146)。

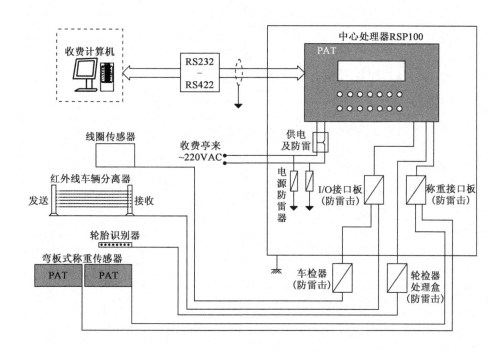

图 2-145　静态称重系统构成示意

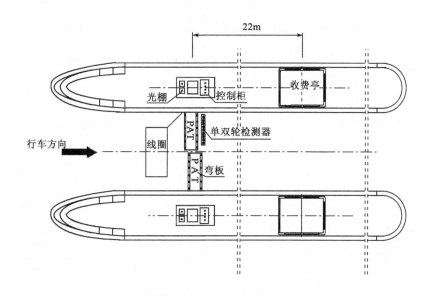

图 2-146　静态称重系统布置

称重收费系统还应"防作弊",因为有些货车驾驶员采用站外卸货、绕行或者液压装置等手段,逃避检测;同时,货车排队等候检测会造成公路堵塞,因此在货车行驶的过程中称重(针对运行车辆动态称重),尤其是桥梁车辆载重识别能解决这些交通问题(图 2-147)。

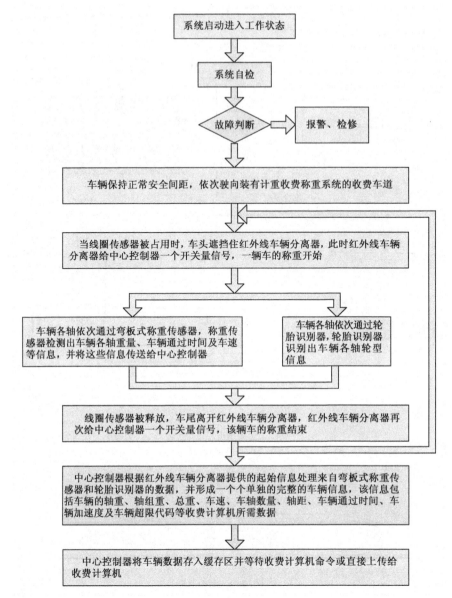

图 2-147 桥梁车辆载重识别

任务 1：人工交通数据采集过程

1. 选定调查地点

城市中某交叉口。

2. 确定调查人员

交叉口每个进口道安排一名调查人员。

3. 确定调查时间

早高峰或晚高峰 1h。

4. 选用调查工具

手机:用作计时器,以及组员之间信息交流。

纸笔:记录数据。

5. 调查内容(图2-148)

图2-148 调查内容

6. 调查目的

(1)预测交通量的发展趋势;

(2)为道路规划建设及交通管理与控制提供交通量流向数据;

(3)评价交通管理措施、道路改造的使用效果;

(4)评价道路交通安全程度;

(5)合理安排交通运营计划,确定交通管制措施;

(6)研究通过调查事项的交通实态;

(7)推算道路通行能力及道路运输成本和效益。

7. 调查步骤

(1)制订调查计划;

(2)讨论并确定实施方案;

(3)实地调查;

(4)整理数据;

(5)分析研究;

(6)写出书面调查报告。

8. 调查要求

(1)调查人员在调查前收集相关资料,做好调查准备;

(2)调查人员按照规定的时间到达指定地点,在调查过程中仔细认真,有责任心,做好记录;

(3)计算高峰小时系数PHF值;

(4)利用好交通量中不同类型车辆的换算系数;

(5)15min最高交通量为由高峰小时内连续15min累计交通量最大的区间的累计交通量推算而得的小时交通量,也称扩大高峰小时交通量;

(6)数据分析是要求绘制交通流量图、交通变化图、交叉口交通流量图等能够表现交通

变化的相关图形,还要计算交通量特定参数;

(7)做好统计,数据填入统计表中(统计表见表2-6、表2-7),对数据进行分析,小组讨论,每个人写好调查报告。

交叉口车辆记录表　　　　　　　　　　　　　　　　　　　　　　表2-6

地点　　　　　　　　距离　　　　　　　　天气										
日期　年　月　日　　　星期　　　　　　调查人										
车型 时间段	大型客车	中型客车	小客车	大型货车	中型货车	小货车	摩托车	拖挂车	合计	折算小客车流量(pcu)

交通量记录表　　　　　　　　　　　　　　　　　　　　　　　　表2-7

地点　　　　　　　　距离　　　　　　　　天气											
日期　年　月　日　　　星期　　　　　　调查人											
双向车道数	日交通量(辆)									白天流量(pcu/12h)	高峰小时流量(pcu/h)
	日交通量	折算小客车流量(pcu)	小客车	中型客车	大型客车	小货车	中型货车	大型货车	摩托车	拖挂车		

任务2:视频交通数据采集

1. 调查目的

理解、掌握交通流数据采集和分析的基本技术,理解交通规划、交通管理对智能交通数据采集和分析的依赖性,加强实践能力。

(1)通过本任务了解视频数据采集系统的软硬件构成,理解视频数据采集的一般原理和使用条件。

(2)掌握视频交通数据采集处理的操作过程,增强动手能力。

(3)使学生能够熟悉智能交通摄像机的数据输出特点,增强其对现有交通参数收集手段的感性认识。

2. 视频检测系统的软硬件构成

本任务选择美国 Autoscope 视频检测系统实训(表 2-8),其他视频检测系统类似。

Autoscope 视频检测系统　　　　表 2-8

设　备	数　量	单　位
Autoscope2004 视频处理器	1	台
摄像机	1	台
角架	1	台
硬盘	1	台
Scopeserver 服务器软件开发包	1	套
监控电脑	1	台
视频采集卡及连接线	1	个
数据连接线	2	根
视频线	1	根
检测数据线其他设备:皮尺和彩色标示物等		

3. 视频检测原理

国内摄像机的视频格式为高清 H.264 视频流,每秒种的帧数为 25fps,可记录微小时间单元内的交通对象,并能通过特定的设备处理不同帧之间的图像差异(像素级),从而发现有无车辆通过,如图 2-149 所示。

 −  =

图 2-149　视频检测原理

(1)摄像机

700 万像素,分辨率为 1 920×1 440(镜头可选);

快门 1~125μs(可通过命令设置);

焦距为 35mm、25mm。

(2)Autoscope 视频处理器

视频图像数据采集处理。

(3)电脑设备

安装视频采集软件和 Scopeserver 服务器软件开发包(Autoscope2004 软件)。

(4)可视化设置虚拟检测区域

虚拟检测器和 Autoscope2004 保持数据交换。

4. 任务视频检测系统的应用条件

(1) 道路线形条件好，摄像机架设位置视线不受遮挡。

(2) 在检测区域内车道不多于两条，变道车辆不多。

(3) 交通数据采集要求对所指定的车型分类要求不高。

5. 视频数据采集处理操作过程

(1) 视频检测系统可灵活设置检测区，可设在图像传感器的组合现场的任何位置及任意方向，既可垂直于交通车道线又可平行于交通车道线，如此安排是检测器布置的首选方案，选定观测地点，架设摄像机，在观测区域内设置明显地标。

(2) 录制时应有人值守，随时检查设备是否正常工作，录制选定车道的视频画面。

(3) 连接 Autoscope2004、摄像机和带视频采集卡的电脑设备，打开 Autoscope2004 软件。

(4) 在软件界面设置好通信端口和摄像机格式、时间等信息。

(5) 打开摄像机选项，在画面上设置地标的尺度，并修改摄像机高度，然后添加需要的虚拟检测器类型。虚拟检测器类型有记数检测器、存在检测器、检测器逻辑功能、统计站、输入检测器、事故检测器、速度报警、检测器稳定器、稳定判别器、能见度检测器等。

(6) 将检测器文件存盘，并发送至 Autoscope2004 硬件设备，从摄像机处打开需要处理的视频文件，设备开始按照设置好的检测器文件进行处理，此时可以打开软件的视频显示功能，查看数据处理结果。

(7) 视频文件播放完毕后，选择将数据从设备中导出到电脑中，从中选择需要的处理结果。

系统将按用户定义的时间间隔对车流进行实时计数，检测并计算的交通参数包括：

(1) 车流总量：在定义的时间间隔内测得的车辆总数。

(2) 占有率：按时间百分率测量的车道占有率。

(3) 车流率：每车道每小时车辆数。

(4) 车头时距：车辆间的平均时间间隔。

(5) 车速：以 km/h 为单位计量的平均车速。

软件界面显示如图 2-150 所示。

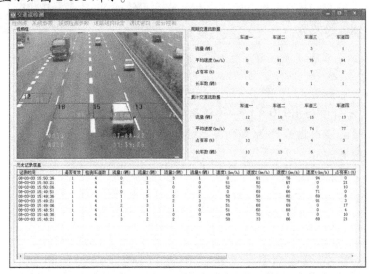

图 2-150　软件界面显示

6. 注意事项

（1）选取适宜的观测点，为准确、全面地记录交通流信息，须在调查地点附近选取视野良好的制高点，尽量避免出现观测车辆之间的遮挡等。

（2）架设摄像设备时，根据使用说明书，装入摄像机所需电源、存储硬盘，并将摄像机与角架连接，使摄像机正对观测断面，并根据观测需要进行角度和高度的调节，尽量从正上方进行交通流信息的记录。

（3）开始摄像观测时，实验人员应尽量保持摄像机位稳定，若不得已要调整摄像机位，应在设置检测文件时分段处理。

1. 当今大数据时代，智能交通还需要人工采集方法吗？
2. 雷达测速仪的工作原理是什么？其技术参数有哪些？
3. 车辆检测可用哪些方法，各种方法的适用条件是什么？
4. 如何理解移动定位技术？
5. 简述 GPS 系统的组成。
6. 接触式 IC 卡与非接触式 IC 卡的使用原理有哪些不同？
7. 试述一卡通采集的数据信息有哪些？
8. 试述 GPS 的浮动车交通信息采集系统的工作过程。
9. 北斗卫星导航系统与 GPS 系统有哪些差异？
10. 安装使用环形线圈时应注意哪些问题？
11. 比较车辆动态交通信息采集的几种技术。
12. 简述视频采集系统安装注意要点。
13. 目前视频智能分析功能实现主要有哪些形式？
14. 静态交通信息采集咪表技术的主要功能有哪些？

第三章 智能交通数据通信与处理基础

1. 了解计算机网络的概念；
2. 理解计算机和通信技术在道路交通信息采集与处理中的作用；
3. 学习有线和无线网络基本通信技术与运用；
4. 学习交通信息来源与数据处理技术；
5. 熟悉在道路交通信息采集与处理中常用的信息技术；
6. 了解信息技术在目前城市道路交通信息管理中的实际应用。

据统计，《纽约时报》一周的信息量远比生活在18世纪人的一生接收的信息量还多，如今18个月产生信息量比过去5 000年的总和要大，一组名为"互联网上一天"的数据告诉我们，一天里互联网产生的全部内容可刻满1.68亿张DVD，发送邮件达2 940亿封之多……人类生活已离不开数据，它已渗透当今每一个行业和业务职能领域，成为重要的生产因素。信息是有价值的数据，只有将交通采集数据处理成信息并传递到交通用户和部门管理中心，方能发挥其使用价值，但这样的处理早已超过生物极限。因此，人类需用先进的信息处理设备和网络设备实现数据的处理、传输和存储。智能交通涉及内容繁多，不同的管理、服务客户对智能化的要求各不相同，如何实现数据的信息价值，是实现智能交通的关键。

此外，数据的采集和信息的发布均依赖信息通信技术，从成本估算，一般可占到系统总造价的15%，甚至达到50%。在选用通信技术时，应考虑安装、作业、维护成本。比如使用光纤，其物理成本虽低，但安装费用，包括线路使用权和劳动成本均无法小视。本章将从基本计算机网络开始，介绍有线、无线通信技术，最后了解信息处理相关技术。

第一节　计算机网络

一　计算机网络的定义

计算机网络是指将地理位置不同的具有独立功能的多台自主计算机及其外部设备,通过通信线路连接起来,在网络操作系统、网络管理软件及网络通信协议的管理和协调下,实现资源共享和信息传递的计算机系统。简单地说,计算机网络就是通过电缆、电话线等有线通信或无线通信方式将两台以上的自主计算机互联起来的集合,自主计算机是不受其他计算机控制的计算机(图3-1)。一台主控机和多台从属机的系统不能称为网络,含多个终端的大型机不是网络,同远程打印机相连并能实现数据通信的独立计算机也不是网络。

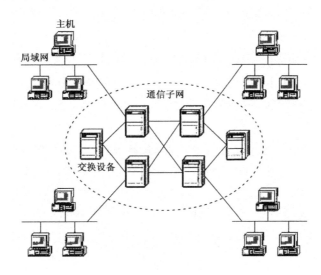

图3-1　计算机网络构成示意图

二　计算机网络的组成

计算机网络从逻辑上来看,由负责数据处理的计算机和终端以及负责数据通信的通信控制处理器和通信线路构成,更为一般的分类是被划分为硬件和软件两部分。

1. 计算机网络的硬件

计算机网络的硬件主要包括主体设备、通信设备、接口设备及传输介质四部分(图3-2~图3-5)。

图3-2　主机设备

图3-3　通信设备

图3-4 接口设备

图3-5 传输介质

(1)主体设备又称主机,主要是指具有自主功能的计算机,一般分为工作站(客户机)和中心站(服务器)两类。

(2)通信设备是指利用交换机、路由器等为主机转发数据的设备,在网络中称为结点。

(3)接口设备作为计算机与网络连接的接口,一般有网卡、调制解调器(俗称"猫")等。

(4)传输介质是指计算机网络使用的信道,分为有线信道和无线信道,例如双绞线、同轴电缆、光纤、无线电和卫星链路等。

2.计算机网络的软件

计算机网络的软件主要包括通信协议、网络操作系统以及网络管理及应用软件。

(1)通信协议主要是通过协议程序实现网络协议功能,例如 TCP/IP、UDP、CSMA/CD 等。

(2)网络操作系统用以实现资源共享,管理用户对不同资源访问,如 Windows NT/2000server、UNIX 等。

(3)网络管理及应用软件是用来对网络资源进行管理维护和解决实际问题的软件,如共享资源访问、电子邮件、远程教育等。

3.计算机网络中的地址

在计算机网络中常见的地址有 MAC 地址及 IP 地址。

MAC(Media Access Control)地址,或称为硬件地址,用来定义网络设备的位置。IP(Internet Protocol)地址,又称为互联网协议地址,是 IP 协议提供的一种统一的地址格式,它为互联网上的每一个网络和每一台主机分配一个逻辑地址,以此来屏蔽物理地址的差异。

MAC 地址与 IP 地址的区别如下(图3-6):

(1)对于网络上的某一设备,如一台计算机或一台路由器,其 IP 地址可变(但必须唯一),而 MAC 地址是不可变的。

图3-6 MAC 地址与 IP 地址

(2)长度不同。IP 地址为32位,MAC 地址为48位。

(3)分配依据不同。MAC 地址的分配是基于制造商,IP 地址的分配是基于网络拓扑。

(4)寻址协议层不同。MAC 地址应用在 OSI 第二层,即数据链路层;IP 地址应用于 OSI 第三层,即网络层。

三 计算机网络的功能

1. 数据通信

数据通信是计算机网络最基本的功能,主要是完成计算机网络中各节点之间的数据传送和接收。计算机网络主要提供传真、电子邮件、电子数据交换(EDI)、电子公告牌(BBS)、远程登录和浏览等数据通信服务;可实现将分散在各个地区的单位或部门用计算机网络联系起来,进行统一的调配、控制和管理。

2. 资源共享

"资源"是指网络中所有的软件、硬件和数据资源。"共享"是指网络中的用户都能够部分或全部地享受这些资源。例如,某些地区或单位的数据库(如飞机机票、饭店客房等)可供全网使用;某些单位设计的软件可供需要的地方有偿调用或办理一定手续后调用;一些外部设备如打印机,可面向用户,使不具有这些设备的地点也能使用这些硬件设备。如果不能实现资源共享,各地区都需要有完整的一套软、硬件及数据资源,则将大大地增加全系统的投资费用。资源共享是计算机网络最本质的功能(图3-7),包括软件共享、硬件共享和数据共享。这种共享不受实际地理位置的限制。资源共享使得网络中分散的资源能够互通有无,大大提高了资源的利用率,在信息时代,资源共享有重大的意义。

图3-7 信息时代资源共享

3. 负荷均衡

在计算机网络中,如果某台计算机的处理任务过重,可通过网络将部分工作转交给较"空闲"的计算机来完成,均衡使用网络资源。

4. 分布处理

当某台计算机负担过重时,或该计算机正在处理某项工作时,网络可通过算法将新任务转交给空闲的计算机来完成,大型的综合性问题交给不同的计算机同时进行处理,用户可以根据需要合理选择网络资源,就近快速地进行处理,如此能均衡各计算机的负载,提高处理速度,有效地利用设备,使解决大型复杂问题的费用大大降低。

5. 数据信息的综合处理

计算机网络技术的发展和应用,已使得现代的办公手段、经营管理等发生了变化。通过计算机网络可将分散在各地的数据信息进行集中或分级管理,如金融系统数据的收集和处理系统等。

6. 提高安全可靠性

网络中的每台计算机都可通过网络相互成为后备机。一旦网络中某台计算机出现故障,故障计算机的任务就可以由其他计算机来完成,不会出现由于单机故障使整个系统瘫痪的现象,增强了系统的安全可靠性(图3-8)。

图3-8 计算机网络安全

四 计算机网络的分类

进行计算机网络分类的目的是充分利用网络优势,对大规模的实用信息,按主题进行科学分类,并提供快速检索功能。现实中,根据不同的网络特征与分类方法,计算机有多种分类方法。

1. 根据网络覆盖的地域范围可以分为局域网、城域网、广域网、互联网

(1)局域网(Local Area Network),简称LAN,是指处于同一建筑或者较小范围内的专用网络。

(2)城域网(Metropolitan Area Network),简称MAN,基本上是一种大型的局域网,技术上同局域网,但使用单独的标准,即IEEE802.6。

(3)广域网(Wide Area Network),简称WAN,是跨越较大地域的网络,含有较多子网。

(4)互联网,将多个广域网、城域网、局域网之间连接在一起就称为互联网。最大的互联网是国际互联网,又称因特网(Internetwork,简称Internet)是全球性的网络。

2. 根据网络拓扑结构,可以分为总线网、环形网、星形网、树形网、网形网和混合网(图3-9)

(1)总线拓扑结构中所有节点都通过相应的硬件接口直线连接到这一公共传输媒体上。在总线型拓扑结构中,任何一个节点的信息都可以沿着总线向两个方向传输扩散,并且能被总线中的任何一个节点所接收,是一种广播式信道。总线型拓扑结构是最常用的局域网拓扑结构之一,典型的总线型网络是以太网。

(2)环形拓扑结构是由节点和连接节点的通信线路组成的一个闭合环。各个节点的接口设备是有源的,任何节点均可以请求发送信息,请求一旦被批准,便可以向环路发送信息。

(3)星形拓扑结构是以中心节点为中心与其他各节点连接组成的,各节点与中央节点通过点到点的方式连接。中心节点采用集中式通信控制策略,任何两个节点要进行通信都必

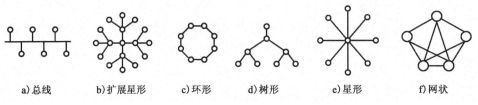

图3-9 常见的六种网络拓扑结构

须经过中心节点转发。

(4)树形拓扑结构也称为多级星形结构,它的形状像一棵倒置的树,顶端是树根,树根之下带分支,每个分支还可以再带分支。

(5)网状形拓扑结构也称为分布式结构,可分为部分网格状和全网格状结构。通常,网状形网络只用于大型网络系统与公共通信骨干网。

(6)混合型结构是指将总线型、星形、环形、树形等拓扑结构混合起来,取其优点构成的拓扑结构。

3. 计算机网络的其他分类方法

根据计算机网络不同的用途,还可将其细分,便于行业内分类操作。

(1)根据使用的网络通信协议,分为 TCP/IP 网、ATM 网、X.25 网和 FDDI 网等。

(2)根据网络的传输介质,分为光纤网、卫星网、有线网和无线网等。

(3)根据网络使用单位的性质,分为校园网、企业网、政府网等。

(4)根据网络服务的对象,分为专用网和公共网。

(5)根据网络的性质,分为远程教育网、证券业务网、工业控制网等。

五 计算机网络体系结构

协议是网络语言,只有遵循该语言规范的计算机才能在网络上与其他计算机通信。也正是由于有了协议,网络上各种规模、结构、操作系统、处理能力及厂家的产品才能连接起来,实现资源共享。因此,协议即为网络本质,它定义了网络上各种计算机与设备之间相互通信和进行数据管理、数据交换的整套规则,通过这些"约定",网络上的计算机才有彼此沟通的"共同语言"。总之,学习网络,关键是掌握网络的各种协议及其关系、实现机制。

1. 网络结构工作流程与基本概念

计算机网络体系结构的工作流程与图 3-10 所示邮政系统的工作流程十分相似。图 3-10 表明信件发送和接收的过程,以及怎样利用邮政系统来发送和接收信件。该系统将发信端和收信端从上到下分为 A、B、C、D 四个层次。

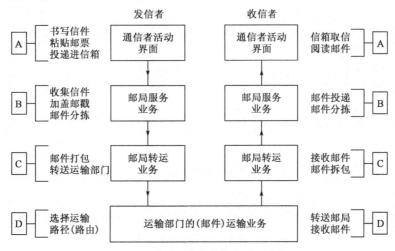

图 3-10 邮政系统信件传递、发送流程

1)发信端(发件人所在地区,图 3-11)

在发信端是按照从上至下,即 A→B→C→D 的顺序进行处理的。在每一层,都是按照本

层和下层联系的要求,依次封装成新的邮包,并加入本层特有的标签,再传递到下一层指定的位置。

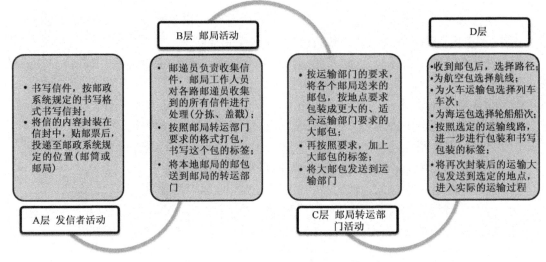

图 3-11 发信端信件传递流程

2) 收信端(收件人所在地区,图 3-12)

在收信端是按照由下至上,即 D→C→B→A 的顺序进行处理的。在每一层,都是依次拆封收到的包装,完成本层应当完成的功能,并根据每层特有的标签信息,再传递到上一层。

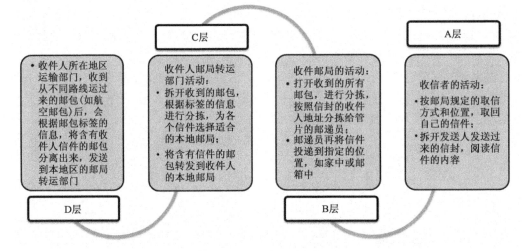

图 3-12 收信端信件传递流程

综上,在信件的发送与接收过程中,发信时发信人只需知道如何写信、书写信封的标准(中、英文或其他文字格式)、贴邮票、投递信件至邮筒(或邮局)等过程,而无须知道收件邮局及邮政系统的工作人员是如何进行信件收集、分拣、打包、路由和运输等过程。同理,收信时收件人只需知道到什么地方收取自己的邮件,而同样无须了解接收邮局邮政系统工作人员的接收邮包、邮局的转送、分发邮件、信件分拣和投递等过程。这种分层体系结构的最大优点是层与层相互独立。其次,由于将所有的功能分成 4 层,因此,每层完成的功能相对较少,而且每层无须知道其他层次的功能,改变某一层的功能也不会影响其他层的工作。

计算机网络通信系统与邮政通信系统的工作过程类似,都是一个复杂的分层系统,均采用结构化的方法来描述网络系统的组织、结构与功能,开放系统互联参考模型就是基于此背景产生、发展和完善起来的。

计算机层次化体系结构中基本概念包括:

(1)协议(Protocol)

协议是一种通信的约定。例如,在邮政通信系统中,对写信的格式、信封的标准和书写格式、信件打包以及邮包封面格式等都要进行事先的约定。

(2)层次(Layer)

层次是人们对复杂问题的一种基本处理方法。当人们遇到一个复杂问题的时候,通常习惯将其分解为若干个小问题,再一一进行处理。

(3)接口(Interface)

接口是同一节点内,相邻层之间交换信息的连接点。例如,在邮政系统中,邮筒(或邮局)与发信人之间、邮局信件打包和转运部门、转运部门与运输部门之间,都是双方所规定的接口,即同一节点内的各相邻层之间都应有明确的接口,高层通过接口向低层提出服务请求,低层通过接口向高层提供服务。

(4)层次性模型结构(Network Architecture)

一个功能完备的计算机网络系统,需要使用一整套复杂的协议集。对于复杂系统来说,由于采用了层次性结构,因此,每层都会包含一个或多个协议。为此,将网络层次性结构模型与各层次协议的集合定义为计算机网络的体系结构。

(5)实体(Entity)

在网络分层体系结构中,每一层都由一些实体组成。这些实体就是通信时的软件元素(如进程或子程序)或硬件元素(如智能的输入/输出芯片)。因此,实体就是通信时能发送和接收信息的具体的软硬件设施。例如,当客户机的用户访问 WWW 服务器时,使用的实体是 IE 浏览器;Web 服务器中接受访问的是 Web 服务器程序,这些程序都是执行功能的具体实体。

(6)数据单元(Data Unit)

在邮政系统中,每层处理的邮包是不同的。例如,用户处理的是带有发件人和收件人地址的信件(邮件);转运部门处理的是标有地区名称的大邮包等。与邮政系统类似的是,在 OSI 参考模型中,不同节点内的对等层传送的是相同名称的数据包。这种网络中传输的数据包被称为数据单元。由于每一个层次完成的功能不同,处理的数据单元的大小、名称和内容也就不相同,如帧、分组、报文等。此外,与邮政系统邮包标签类似的是,每一层数据单元的"头部"都会有该层的地址、控制等传递过程需要的信息。因此,数据单元不同,地址的类型也不相同,如物理(MAC)地址、IP 地址、端口号等。

2. ISO/OSI 网络体系结构

最重要的计算机网络体系结构是 ISO/OSI 网络体系结构,是国际标准化组织 ISO(International Standards Organization)在 20 世纪 80 年代提出的开放系统互联参考模型 OSI(Open System Interconnection),这个模型将计算机网络通信协议分为七层(图 3-13)。

1)划分原则与各层功能(图 3-14)

(1)物理层(Physical Layer)

物理层建立在物理通信介质的基础上,作为系统和通信介质的接口,用来实现数据链路实体间透明的比特(bit)流传输。只有该层为真实物理通信,其他各层为虚拟通信。物理层实际上是设备之间的物理接口,物理层传输协议主要用于控制传输媒体。

(2)数据链路层(Data Link Layer)

数据链路层为网络层相邻实体间提供传送数据的功能,提供数据流链路控制,检测和校正物理链路的差错。物理层不考虑数据传输的结构,而数据链路层的主要职责是控制相邻系统之间的物理链路,传送数据以帧为单位,规定字符编码、信息格式,约定接收和发送过程,在一帧数据开头和结尾附加特殊二进制编码作为帧界识别符,以及发送端处理接收端送回的确认帧,保证数据帧传输和接收的正确性,以及发送和接收速度的匹配、流量控制等。

(3)网络层(Network Layer)

广域网络一般划分为通信子网和资源子网。物理层、数据链路层和网络层组成通信子网,网络层是通信子网的最高层,完成对通信子网的运行控制。网络层和传输层的界面,既是层间的接口,又是通信子网和用户主机组成的资源子网的界限,网络层利用本层和数据链路层、物理层两层的功能向传输层提供服务。

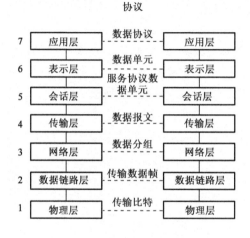

图 3-13 ISO/OSI 参考模型

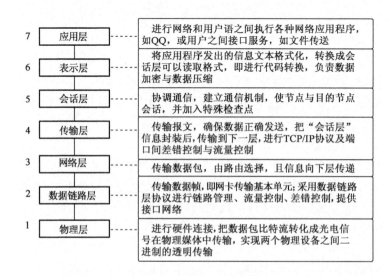

图 3-14 各层功能简述

(4)传输层(Transport Layer)

从传输层向上的会话层、表示层、应用层都属于端—端的主机协议层。传输层是网络体系结构中最核心的一层,传输层将实际使用的通信子网与高层应用分开。从这层开始,各层通信全部是在源与目标主机上的各进程间进行的,通信双方可能经过多个中间节点。传输层为源主机和目标主机之间提供性能可靠、价格合理的数据传输。具体实现上是在网络层的基础上再增添一层软件,使之能屏蔽掉各类通信子网的差异,向用户提供一个通用接口,使用户进程通过该接口,方便地使用网络资源并进行通信。

(5)会话层(Session Layer)

会话是指两个用户进程之间的一次完整通信。会话层提供不同系统间两个进程建立、维护和结束会话连接的功能;提供交叉会话的管理功能,有一路交叉、两路交叉和两路同时会话的三种数据流方向控制模式。

(6)表示层(Presentation Layer)

表示层的目的是处理信息传送中数据表示的问题。由于不同厂家生产的计算机产品常使用不同的信息表示标准,例如在字符编码、数值表示、字符等方面存在着差异。如果不解决信息表示上的差异,通信用户之间就不能互相识别。因此,表示层要完成信息表示格式转换,转换可以在发送前,可以在接收后,也可以要求双方都转换为某标准的数据表示格式。所以表示层的主要功能是完成被传输数据表示的解释工作,包括数据转换、数据加密和数据压缩等。表示层协议的主要功能有:为用户提供执行会话层服务原语的手段;提供描述负载数据结构的方法;管理当前所需的数据结构集和完成数据的内部与外部格式之间的转换。例如,确定所使用的字符集、数据编码以及数据在屏幕和打印机上显示的方法等。表示层提供了标准应用接口所需要的表示形式。

(7)应用层(Application Layer)

应用层作为用户访问网络的接口层,给应用进程提供了访问 OSI 环境的手段。应用进程借助于应用实体(AE)、实用协议和表示服务来交换信息,应用层的作用是在实现应用进程相互通信的同时,完成一系列业务处理所需的服务功能。

2)在处理网络管理实际问题时应注意的问题

(1)OSI 模型在功能上分为以下 3 个部分:

①第 1、2 层:物理层和数据链路层解决网络信道问题。

②第 3、4 层:网络层和传输层解决传输问题。

③第 5~7 层:会话层、表示层和应用层处理应用进程之间的访问问题。

(2)OSI 模型从控制上分为两个部分。

①第 1~3 层:物理层、数据链路层和网络层,属于通信子网,负责处理数据的传输、转发、交换等通信方面的问题。

②第 4~7 层:传输层、会话层、表示层和应用层,属于资源子网,负责数据的处理、网络服务、网络资源的访问和服务方面的问题。

OSI 是一个理想的模型,因此,一般网络系统只涉及其中的几层,很少有系统能够包含完整的 7 层,并完全遵循它的规定。在七层模型中,每一层都提供一种特殊的网络功能。

那么,在 OSI 环境中,主机与主机之间通信时,实际的数据流是如何传递的呢?在网络中,OSI 的七层模型位于主机上,而网络设备通常只涉及下面的 1~3 层。因此,根据设计准则,OSI 模型工作时,主机之间的通信有两种情况:第一,没有中间设备的主机间的通信;第二,有中间设备的主机间的通信。与主机间的通信类似,当两个网络设备通信时,每一个设备的同一层与另一个设备的对等层次进行通信。

3) OSI 参考模型主机节点间通信的数据流

不同的主机之间在没有中间节点设备的情况下通信时,同等层次通过附加到每一层的信息头进行通信。主机之间进行数据通信的数据流参见图 3-15。

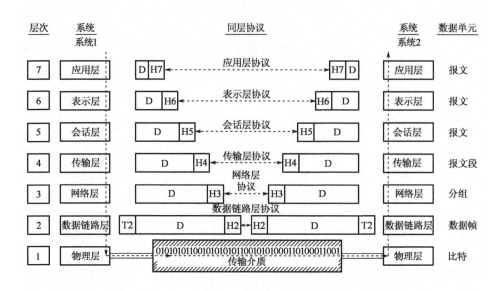

图 3-15　OSI 环境中主机节点之间传输的数据流

(1) 发送节点

在发送方节点内的上层和下层之间传输数据时,每经过一层都对数据附加一个信息头部,即封装,而该层的功能正是通过这个控制头(附加的各种控制信息)来实现的。由于每一层都对发送的数据发生作用,因此,发送的数据越来越多,直到构成数据的二进制位流在物理介质上传输。

(2) 接收节点

在接收方节点内,这七层的功能又依次发挥作用,并将各自的控制头去掉,即拆封,同时完成各层相应的功能,例如路由、检错、传输等。在 OSI 参考模型中,当系统 1 作为发送节点,系统 2 作为接收节点时,发送节点和接收节点中数据传输的数据流,各个节点(计算机或网络设备)在作为发送节点时的工作仍然是依次封装,在作为接收节点时的工作依然是依次拆封并执行本层的功能。

4) OSI 参考模型含有中间节点的通信数据流

不同的主机之间在有中间节点(网络互联设备)的情况下通信时,主机之间进行数据通信时实际传输的数据流参见图 3-16。

六　计算机网络的标准化与发展

1. 计算机网络标准化工作

制定计算机网络标准化的组织有国际性组织、地区性组织和国家性组织。

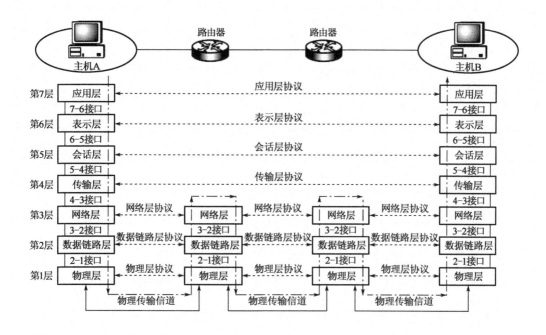

图 3-16　OSI 环境中含有中间节点的主机系统间传输的数据流

(1) 国际标准化组织

国际标准化组织(International Standard Organization,ISO)是一个综合性的非官方机构,具有相当高的权威性,它由各参与国的国家标准化组织所选派的代表组成。

(2) 国际电信联盟

国际电信联盟(International Telecommunication Union,ITU)是联合国下设的电信专门机构,是一个政府间的组织。

(3) 欧洲计算机制造商协会

欧洲计算机制造商协会(European Computer Manufacturers Association,ECMA)是一个由在欧洲销售计算机的厂商所组成的标准化和技术评议机构,致力于计算机和通信技术标准的协调和开发。

(4) 欧洲电信标准机构

欧洲电信标准机构(European Telecommunication Standard Institute,ETSI)是由从事电信的厂家和研究所参加的一个从研究开发到标准制定的机构。

(5) 美国国家标准学会

美国国家标准学会(American National Standards Institute,ANSI)是美国全国性的技术情报交换中心,协调在美国实现标准化的工作。

(6) 电子工业协会

电子工业协会(Electronic Industries Association,EIA)是美国电子工业界的协会,制定了OSI/RM 中物理层有关的标准等。TIA 是电信行业协会,现常与 EIA 共同颁布标准。

(7) 电气与电子工程师学会

电气与电子工程师学会(Institute of Electrical and Electronics Engineers,IEEE)是美国ANSI 的成员之一,制定了 IEEE802 系列标准等。

(8)因特网体系结构委员会

因特网体系结构委员会(Internet Architecture Board,IAB)是原美国国防部创建的信息委员会更名而设立的,随着因特网的不断发展,1989 年 IAB 重组,设立了因特网工程任务组(Internet Engineering Task Force,IETF)。

(9)中国国家标准化管理委员会(中华人民共和国国家标准化管理局)

中华人民共和国标准化管理局制定并颁布我国的国家标准,其标准代号均为 GB ＊＊＊＊—＊＊,每个＊标志 1 位十进制数字,前 4 位是标准号,后 2 位(或 4 位)表示标准颁布的年份。如 GB 2312—80 是 1980 年颁布的《信息交换用汉字编码字符集 基本集》(中文简体标准),每个汉字由两个字节来表示。

2. 计算机网络发展

计算机网络 20 世纪 60 年代起源于美国,原本用于军事通信,后逐渐进入民用领域,经过短短 50 多年不断的发展和完善,现已广泛应用于各个领域,并正以高速向前迈进。我国计算机网络设备制造行业是改革开放后成长起来的,早期与世界先进水平存在巨大差距;但受益于计算机网络设备行业生产技术的不断提高以及下游需求市场的不断扩大,我国计算机网络设备制造行业发展十分迅速。近年来,随着我国国民经济的快速发展以及国际金融危机的逐渐消退,计算机网络设备制造行业获得了良好的发展机遇,我国已成为全球计算机网络设备制造行业重点发展市场。总体而言,计算机网络的发展大致可划分为 4 个阶段,见图 3-17。

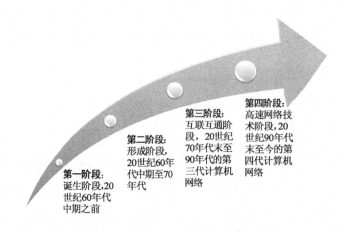

图 3-17　计算机网络发展四阶段

(1)第一阶段:典型应用是由一台计算机和全美国范围内 2 000 多个终端组成的飞机订票系统。终端是一台计算机的外部设备,包括显示器和键盘,无 CPU 和内存。随着远程终端的增多,在主机前增加了前端机(FEP)。当时,人们把计算机网络定义为"以传输信息为目的而连接起来,实现远程信息处理或进一步达到资源共享的系统",这样的通信系统已具备了网络的雏形。

(2)第二阶段:第二代计算机网络是以多个主机通过通信线路互联起来,为用户提供服务,兴起于 20 世纪 60 年代后期,典型代表是美国国防部高级研究计划局协助开发的 ARPANET。通信子网互联的主机负责运行程序,提供资源共享,组成了资源子网。这个时期,网络概念为"以能够相互共享资源为目的互联起来的具有独立功能的计算机之集合体",形成了计算机网络的基本概念。

（3）第三阶段：第三代计算机网络是具有统一的网络体系结构并遵循国际标准的开放式和标准化的网络。由于没有统一的标准，不同厂商的产品之间互联很困难，人们迫切需要一种开放性的标准化实用网络环境，由此，两种国际通用的最重要的体系结构应运而生，即TCP/IP 体系结构和国际标准化组织的 OSI 体系结构。

（4）第四阶段：由于局域网技术发展成熟，出现了光纤及高速网络技术，整个网络就像一个对用户透明的大的计算机系统，并发展为以 Internet 为代表的互联网（图 3-18）。

随着计算机网络和通信技术的不断发展，文本、语音和图像等多种数据通信形式在现代各行各业、各个领域均得到广泛运用，这里自然也包括交通运输领域。在如今智能交通大发展的时代，各类交通领域智能化产品的应用更离不开各类计算机网络和通信技术的支撑。

图 3-18　互联网时代

第二节　交通信息通信技术

交通信息是指在交通运输过程中人们获得、识别的客观事物状态和运动特征。第二章"数据采集"的内容都需要信息传输即通信，交通信息借助现代通信技术实现"点对点"传输，按照通信传输介质的不同，可分为有线传输和无线传输（图 3-19）。

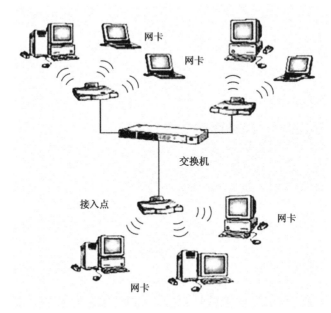

图 3-19　互联网中交通信息通信技术

从交通信息采集工作涉及的各类工程项目来看，有线传输的优点在于传输性能稳定、传输速率快、信号损耗小，缺点是工程造价高，维修成本大，施工制约于现场环境；无线传输的优点在于实施便捷、受环境影响较小、建造成本较低、维护方便，缺点是传输不稳定，传输速度受限，并受天气影响较大，日常运行产生的通信流量需额外产生费用，维护成本较高。

从线路铺设来看,有线通信的开通必须架设电缆或挖掘电缆沟或架设架空明线;而架设无线链路则无须架线挖沟,线路开通速度快。将所有成本和工程周期统筹考虑,无线扩频的投资是相当节省的。有线通信线路铺设时需挖沟架线,成本投入较大,且电缆数量固定,通信容量有限;而无线扩频则可以随时架设,随时增加链路,安装、扩容方便。

从安全性能来看,无线扩频通信本身起源于军事上的防窃听(Anti-Jamming)技术,而有线链路沿线均可能遭搭线窃听。

从设备维护来看,有线链路的维护需沿线路检查,出现故障时,一般难以立即找出故障点,而无线扩频通信只需维护扩频电台,出现故障时则能快速找出原因,恢复线路正常运行。

一 交通信息有线通信

有线通信是指利用电线、光缆等有形介质作为通信传导的通信形式。一般可分为架空电线路和电缆工程(包括架空、地下、水底电缆及光缆等)。

交通信息有线通信中常使用的通信介质主要有以下几类。

1. 同轴电缆

1)同轴电缆的定义

同轴电缆(Coaxial Cable)常用于设备与设备之间的连接,或应用在总线型网络拓扑中。同轴电缆中心轴线是一条铜导线,外加一层绝缘材料,在这层绝缘材料外边由一根空心的圆柱网状铜导体包裹,最外一层是绝缘层。同轴电缆的抗干扰能力强、屏蔽性能好、传输数据稳定、价格也便宜。

2)同轴电缆的构成(图3-20)

同轴电缆由里到外分为四层:中心铜线(内导体,目前也有铝芯产品)、塑料绝缘体、网状导电层(外导体)和电线外皮(护套)。电流传导与中心铜线和网状导电层形成回路。

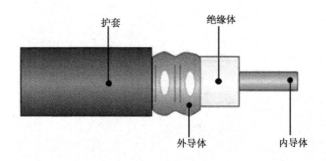

图3-20 同轴电缆构造图

3)同轴电缆的分类

同轴电缆按用途可分为两种基本类型:基带同轴电缆和宽带同轴电缆。有两种同轴电缆广泛应用:一种是50Ω电缆(基带同轴电缆)用于数字传输;另一种是75Ω电缆(宽带同轴电缆)用于模拟传输。

同轴电缆按直径大小可分为粗同轴电缆和细同轴电缆。粗缆适用于较大型的局部网络,它的标准距离长、可靠性高。细缆安装比较简单,造价低,但头多时容易产生接触不良的隐患,这是目前运行中的以太网所发生的最常见故障之一。在计算机网络布线系统中,对同轴电缆的粗缆和细缆有三种不同的构造方式,即细缆结构、粗缆结构和粗/细缆混合结构。

同轴电缆按内外导体绝缘介质不同可分为泡沫绝缘电缆、空气绝缘电缆、泄漏电缆。泡沫绝缘电缆的绝缘体是由物理发泡聚乙烯材料制成,一般用在电信行业,泡沫绝缘同轴传输电缆主要的通信应用于蜂窝移动通信系统、微波通信系统、短波国防系统宽带网络、陆地移动无线电系统。空气绝缘是指内外导体之间的绝缘介质为空气,内导体依靠与外导体之间的一种绝缘固体介质螺旋支撑起来。空气绝缘电缆一般用于各种大功率的射频传输。泄漏电缆又称泄漏感应电缆,是一种室外周界入侵侦测系统,主要用于银行、金库、博物馆等重要场所报警系统。

4)同轴电缆接口的安装方法

同轴电缆一般安装在设备与设备之间。在每一个用户位置上都装备有一个连接器,为用户提供接口(图3-21)。接口的安装方法如下:

(1)细缆:将细缆切断,两头装上 BNC 头,然后接在 T 形连接器两端。

(2)粗缆:粗缆一般采用一种类似夹板的 Tap(塞子)装置进行安装,它利用 Tap 上的引导针穿透电缆的绝缘层,直接与导体相连。电缆两端头设有终端器,以削弱信号的反射作用。

图 3-21　常见的同轴电缆接口

2. 双绞线

1)双绞线定义

双绞线(Twisted Pair)是由两条相互绝缘的导线按照一定的规格互相缠绕(一般以逆时针缠绕)在一起而制成的一种通用配线。

2)双绞线的构成

双绞线一般由两根 22~26 号绝缘铜导线相互缠绕而成。实际使用时,双绞线是由多对双绞线一起包在一个绝缘电缆套管里的。典型的双绞线有四对,也有更多对双绞线放在一个电缆套管里的。

3)双绞线的特性

双绞线既能传输模拟信号,也能传输数字信号(图 3-22),是综合布线工程中最常用的一种传输介质,其带宽取决于铜线的粗细和长短。双绞线是由一对相互绝缘的金属导线绞合而成。采用这种方式,不仅可以抵御一部分来自外界的电磁波干扰,而且可降低自身信号对外的干扰。

4)双绞线的分类

双绞线分为屏蔽双绞线(Shielded Twisted Pair,STP)与非屏蔽双绞线(Unshielded Twisted Pair,UTP)。

屏蔽双绞线分为 STP 和 FTP(Foil Twisted-Pair),STP 指每条线都有各自的屏蔽层,而 FTP 只在整个电缆有屏蔽装置,并且两端都正确接地时才起作用。

非屏蔽双绞线是一种数据传输线,由四对不同颜色的传输线所组成,广泛用于以太网络和电话线中。

5)工程布线中使用的双绞线

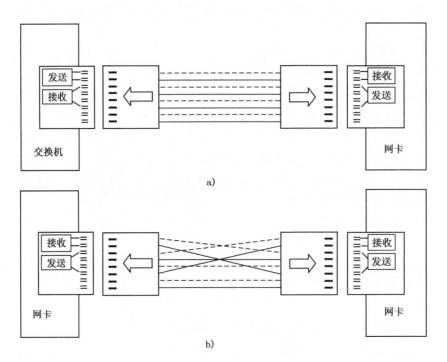

图 3-22 双绞线数据传输示意图

常见的双绞线有三类线、五类线和超五类线,以及最新的六类线,前者线径细而后者线径粗。

一类线(CAT1):线缆最高频率带宽是 750kHz,用于报警系统,或只适用于语音传输(一类标准主要用于 20 世纪 80 年代初之前的电话线缆)。通常,计算机网络数据传输所使用的是三类线和五类线,其中 10BASE-T(10Mbit/s 速率)使用的是三类线,100BASE-T(100Mbit/s)使用的是五类线。

二类线(CAT2):线缆最高频率带宽是 1MHz,用于语音传输和最高传输速率 4Mbit/s 的数据传输,常见于使用 4Mbit/s 规范令牌传递协议的旧的令牌网。

三类线(CAT3):指目前在 ANSI 和 EIA/TIA568 标准中指定的电缆,该电缆的传输频率为 16MHz,最高传输速率为 10Mbit/s,主要应用于语音、10Mbit/s 以太网(10BASE-T)和 4Mbit/s 令牌环,最大网段长度为 100m,采用 RJ 形式的连接器,目前已淡出市场。

四类线(CAT4):该类电缆的传输频率为 20MHz,采用 RJ 形式的连接器,未被广泛采用。

五类线(CAT5):该类电缆增加了绕线密度,外套一种高质量的绝缘材料,线缆最高频率带宽为 100MHz,最高传输速率为 100Mbit/s,用于语音传输和最高传输速率为 100Mbit/s 的数据传输。主要用于 100BASE-T 和 1 000BASE-T 网络,最大网段长为 100m,采用 RJ 形式的连接器。这是最常用的以太网电缆。

超五类线(CAT5e):超五类具有衰减小、串扰少,并且具有更高的衰减与串扰的比值(ACR)和信噪比(SNR)、更小的时延误差,性能得到很大提高。超五类线主要用于千兆位以太网(1 000Mbit/s)。

六类线(CAT6):该类电缆的传输频率为 1~250MHz,六类布线系统在 200MHz 时综合衰减串扰比(PS-ACR)应该有较大的余量,它提供 2 倍于超五类的带宽。六类布线的传输性能远远高于超五类标准,最适用于传输速率高于1Gbit/s的应用。

超六类线或6A(CAT6A):此类产品传输带宽介于六类和七类之间,传输频率为500MHz,传输速度为10Gbit/s,标准外径为6mm。目前和七类产品一样,我国还没有出台正式的检测标准,只是行业中有此类产品,各厂家宣布一个测试值。

七类线(CAT7):传输频率为600MHz,传输速度为10Gbit/s,单线标准外径为8mm,多芯线标准外径为6mm,可能用于今后的10Gbit以太网。

6)双绞线接口RJ45的常用标准

RJ45即RJ45接口(图3-23),是各种不同接头的一种类型(例如:RJ11也是接头的一种类型,不过它是用于电话的);RJ45通常用于数据传输,接头的线有直通线、交叉线两种。

双绞线(Twisted Pair wire,TP)是综合布线工程中最常用的一种传输介质。国际上常用的制作双绞线的标准包括EIA/TIA 568A和EIA/TIA 568B两种。

图3-23　RJ45水晶头

EIA/TIA 568A的线序定义依次为绿白、绿、橙白、蓝、蓝白、橙、棕白、棕,其标号如表3-1所示。

EIA/TIA 568A 的线序　　　　　　　　　　表3-1

绿白	绿	橙白	蓝	蓝白	橙	棕白	棕
1	2	3	4	5	6	7	8

EIA/TIA 568B的线序定义依次为橙白、橙、绿白、蓝、蓝白、绿、棕白、棕,其标号如表3-2所示。

EIA/TIA 568B 的线序　　　　　　　　　　表3-2

橙白	橙	绿白	蓝	蓝白	绿	棕白	棕
1	2	3	4	5	6	7	8

在整个网络布线中应用一种布线方式,但两端都有RJ-45plug的网络连线,无论是采用端接方式A还是端接方式B,在网络中都是通用的。双绞线的顺序与RJ45头的引脚序号一一对应(图3-24)。

100BASE-T4RJ-45对双绞线的规定如下(图3-25):

1、2用于发送,3、6用于接收,4、5用于语音,7、8是双向线。

1、2线必须是双绞,3、6双绞,4、5双绞,7、8双绞。

除两台PC机之间用交叉线连接之外,一般情况均使用直连线连接。

3. 光纤

1)光纤定义

光纤是光导纤维的简称,是一种利用光在玻璃或塑料制成的纤维中的全反射原理而达成的光传导工具。通常光纤与光缆两个名词会被混淆。多数光纤在使用前必须由几层保护结构包覆,包覆后的缆线即称为光缆。

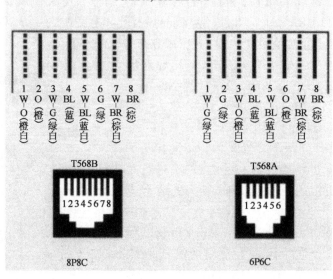

图 3-24　线序示意图

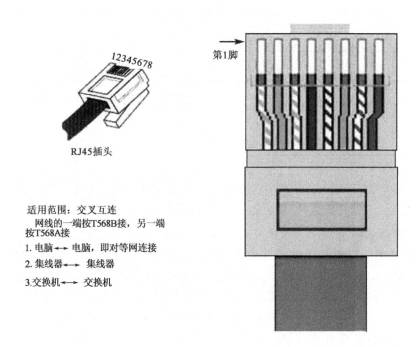

图 3-25　RJ45 接口适用范围

2）光纤的构成

光纤由纤芯、包层、涂覆层及套层组成。光纤和同轴电缆相似，只是没有网状屏蔽层，中心是光传播的玻璃芯（图 3-26）。光缆是光纤包覆后的缆线，光缆主要分为：光纤、缓冲层及披覆（图 3-27）。

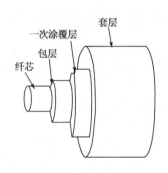 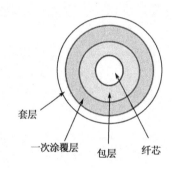 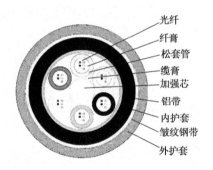

图 3-26 光纤的构成　　　　　　　　　　图 3-27 光缆剖析图

3）光纤的特性

光纤不是用电子信号来传输数据，而是使用光脉冲来传输信号。正是这种特殊的材质，使它拥有电缆无法比拟的优点：

（1）频带极宽：拥有极宽的频带范围，以 GB 位作为度量。

（2）抗干扰性强：由于光纤中传输的是光束，光束不会受外界电磁干扰影响。

（3）保密性强：由于传输的是光束，所以光纤本身不会向外辐射信号，有效地防止了窃听。

（4）传输速度快：光纤是至今为止传输速度最快的传输介质，能轻松达到 1 000Mbit/s。

（5）传输距离长：它的传输速度衰减极小，在较大的范围内是一个常数，在许多情况下衰减几乎可忽略不计，在这方面比电缆优越很多。

4）光纤的分类

按照光纤的材料，将光纤分为石英光纤和全塑光纤（图 3-28）。石英光纤一般是指由掺杂石英芯和掺杂石英包层组成的光纤。这种光纤有很低的损耗和中等程度的色散。目前通信用光纤绝大多数是石英光纤。全塑光纤是一种通信用新型光纤，尚在研制、试用阶段，适合于较短距离的应用，如室内计算机联网和船舶内的通信等。

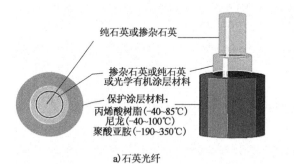 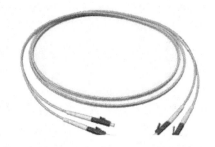

a）石英光纤　　　　　　　　　　　　b）全塑光纤

图 3-28　石英光纤与全塑光纤

按照光纤剖面折射率分布的不同，可将光纤分为阶跃型光纤和渐变型光纤。

按照光纤传输的模式数量，可以将光纤分为多模光纤和单模光纤。单模光纤是只能传输一种模式的光纤，不存在模间时延差，具有比多模光纤大得多的带宽。多模光纤容许不同模式的光于一根光纤上传输，由于多模光纤的芯径较大，故可使用较为廉价的耦合器及接线器，多模光纤的纤芯直径为 50～100μm。

5）光纤接口

光纤接口是用来连接光纤线缆的物理接口。其原理是利用了光从光密介质进入光疏介质从而发生了全反射。通常有SC、ST、FC等几种类型。

以SC/APC接口为例,"/"前面部分表示尾纤的连接器型号,"/"后面表明光纤接头截面工艺,即研磨方式。其中"SC"头是标准方形接头,采用工程塑料,具有耐高温、不容易氧化的优点,传输设备侧光接口一般用SC接头。"APC"表示光纤接口呈8°角并做微球面研磨抛光处理。

光纤根据光缆的接头部分不同,分为SC、LC及FC等。LC接头与SC接头形状相似,较SC接头小一些。FC接头是金属接头,一般在ODF侧采用,金属接头的可插拔次数比塑料接头要多。在表示尾纤接头的标注中,我们常能见到"FC/PC""SC/PC"等(图3-29)。

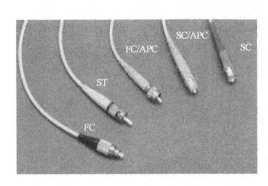
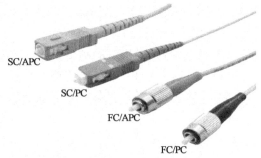

图3-29 各类光纤接口

最常见的接头研磨方式有PC(微球面研磨抛光)、APC(呈8°角并做微球面研磨抛光)等。

6)光纤接入网技术

所谓光纤接入网(OAN)就是采用光纤传输技术的接入网,泛指本地交换机或远端模块与用户之间采用光纤通信或部分采用光纤通信的系统。通常,OAN指采用基带数字传输技术并以传输双向交互式业务为目的的接入传输系统,将来应能以数字或模拟技术升级传输宽带广播式和交互式业务。光纤的应用还有:光纤高温测量仪、光纤阀位回讯器等。

7)光纤施工

光纤作为高带宽、高安全的数据传输介质,广泛应用于各种大中型网络之中。由于线缆和设备造价昂贵,光纤大多只被用于网络主干,即应用于垂直主干子系统和交通系统布线,实现交通系统间的连接,也应用于对传输速率和安全性有较高要求的水平布线子系统。

由于每条光纤的两端都要经过磨光、电烧烤等工艺过程才能确保正常使用,光纤敷设的一般要求如下:

光纤的最小曲率半径:光纤容许的最小曲率半径在施工时应当不小于光纤外径的20倍,施工完毕应当不小于光纤外径的15倍。

光纤的张力和侧压力:光纤敷设时的张力和侧压力应符合表3-3的规定。要求布放光纤的牵引力应不超过光纤允许张力的80%,瞬时最大牵引力不得大于光纤的允许张力。主要牵引力应当加在光纤的加强构件上,光纤不能直接承受拉力。

光纤敷设时的张力和侧压力　　　　　表 3-3

光纤敷设方式	允许张力		允许侧压力	
	长期(kg)	短期(kg)	长期(kg)	短期(kg)
管道光纤	600	每千米光纤重力,但不小于 1 500	300	1 000
直埋光纤	(A)1 000 (B)2 000	3 000	1 000	3 000

判断光纤的 AB 端:施工前必须首先判断并确定光纤的 AB 端,A 端应朝向网络枢纽方向,B 端应朝向用户一侧。

(1)室内光纤的敷设

室内光纤主要是应用于水平子系统和垂直主干子系统的敷设。水平子系统光纤的敷设与双绞线非常类似,只是由于光纤的抗拉性能更差,因此,在牵引时应当更为小心,曲率半径也要更大。垂直主干子系统光纤用于连接设备间至各个楼层配线间,一般装在电缆竖井或上升房中。

为了防止下垂或滑落,在每个楼层的槽道上、下端和中间,必须将光纤牢牢地固定住。通常情况下,可采用尼龙扎带或钢制卡子进行有效的固定。最后,还应用油麻封堵材料将建筑内各个楼层光纤穿过的所有槽洞、管孔的空隙部分堵塞密封,并应采取加堵防火材料等防火措施,以达到防潮和防火的效果。

敷设光纤时应当按照设计要求预留适当的长度,一般在设备端预留 5～10m,如有特殊要求再适当延长。

(2)室外光纤的敷设

室外光纤主要用于交通子系统的布线。在实施交通子系统布线时,应当首选管道光纤,只有在不得已的情况下,才选用直埋光纤或架空光纤。以下介绍三种光纤的铺设。

①管道光纤的敷设

a.清刷并试通。敷设光纤前,应逐段将管孔清刷干净并试通。清扫时应用专制的清刷工具,清刷后应用试通棒作试通检查。塑料子管的内径应为光纤外径的 1.5 倍。当在一个水泥管孔中布放两根以上的子管时,子管等效总外径应小于管孔内径的 85%。

b.布放塑料子管。当穿放两根以上塑料子管时,如管材为不同颜色时,端头可以不做标记。如果管材颜色相同或无颜色,则应在其端头分别做好标记。

c.光纤牵引。光纤一次牵引长度一般应小于 1 000m,超过该距离时,应采取分段牵引或在中间位置增加辅助牵引方式,以减少光纤张力并提高施工效率。为了在牵引过程中保护光纤外表不受损伤,在光纤穿入管孔、管道拐弯处或与其他障碍物有交叉时,应采用导引装置或喇叭口保护管等保护措施。

d.预留余量。光纤敷设后,应逐个在人孔或手孔中将光纤放置在规定的托板上,并应留有适当余量,以防止光纤过于绷紧。在人孔或手孔中的光纤需要接续时,其预留长度应符合表 3-4 中规定的最小值。

e.接头处理。光纤在管道中间的管孔内不得有接头。当光纤在人孔中没有接头时,要求光纤弯曲放置在光纤托板上固定绑扎,不得在人孔中间直接通过,否则既影响施工和维护,又容易导致光纤损坏。当光纤有接头时,应采用蛇形软管或软塑料管等管材进行保护,并放在托板上予以固定绑扎。

光纤接头处理 表3-4

光纤铺设方式	自然弯曲增加长度（m/km）	人(手)孔内弯曲增加长度[m/人(手)孔]	接续每侧预留长度(m)	设备每侧预留长度(m)	备 注
管道光纤	5	0.5~1.0	6~8	10~20	管道光纤或直埋光纤需引上架空时，其引上地面部分每处增加6~8m
直埋光纤	7				

f. 封堵与标识。光纤穿放的管孔出口端应封堵严密，以防止水分或杂物进入管内。光纤及其接续均应有识别标志，并注明编号、光纤型号和规格等。在严寒地区还应采取防冻措施，以防光纤受冻损坏。如遇光纤可能被碰损坏的情况，可在光纤上面或周围设置绝缘板材进行隔断保护。

②直埋光纤的敷设

a. 埋入深度。直埋光纤由于直接埋在地面下，所以，必须与地面有一定的距离，借助于地面的张力，使光纤不被损坏，同时，还应保证光纤不被冻坏（表3-5）。

直埋光纤的埋入深度 表3-5

光纤敷设的地段或土质	埋设深度(m)	备 注
市区、村镇的一般场合	≥1.2	不包括车行道
街坊内、人行道下	≥1.0	包括绿化地带
穿越铁路、道路	≥1.2	穿越铁路（距路基面）、公路（距路面基底）
普通土质（硬土等）	≥1.2	
沙砾土质	≥1.0	

b. 光纤沟的清理和回填。沟底应平整，无碎石和硬土块等有碍于光纤敷设的杂物。如沟槽为石质或半石质，在沟底还应铺垫10cm厚的细土或沙土并抄平。光纤敷设后，应先回填30cm厚的细土或沙土作为保护层，严禁将碎石、砖块、硬土块等混入保护土层。保护层应采用人工方式轻轻踏平。

c. 光纤敷设。同沟敷设光纤或电缆时，应同期分别牵引敷设（表3-6），如果与直埋电缆同沟敷设，应先敷设电缆，后敷设光纤，并在沟底平行排列。如同沟敷设光纤，应同时分别布放，在沟底不得交叉或重叠放置。光纤应平放于沟底或自然弯曲，以释放光纤应力，如有弯曲或拱起，应设法放平，但不可用脚踩等强硬方式。

直埋光纤与其他管线及建筑物间的最小净距表 表3-6

其他管线、建筑物名称及状况、市话通信电缆管道边线		最小净距(m)		备 注
		平行	交叉	
非同沟敷设的直埋通信电缆		0.75	0.25	
直埋电力电缆	<35kV	0.50	0.50	
	>35kV	2.00	0.50	
给水管	管径<30cm	0.50	0.50	当光纤采用钢管保护时，交叉时最小净距可降为0.15m
	管径30~50cm	1.00	0.50	
	管径>30cm	1.50	0.50	
煤气管	压力<3kg/cm²	1.00	0.50	
	压力3~8kg/cm²	2.00	0.50	

续上表

其他管线、建筑物名称及状况、市话通信电缆管道边线		最小净距(m)		备 注
		平行	交叉	
树木	灌木	0.75	—	同给水管备注
	乔木	2.00	—	
高压石油、天然气管		10.00	0.5	
热力管或下水管		1.00	0.5	
排水沟		0.80	0.5	
建筑红线或基础		1.00	—	

d. 进行标识。直埋光纤的接头处、转弯点、预留长度处或与其他管线的交汇处,应设置标志,以便日后的维护检修。标志既可以使用专制的标识,也可借用光纤附近的永久性建筑,测量该建筑某部位与光纤的距离,并进行记录以备查考。

③架空光纤的敷设

a. 架设并检查钢绞线。对于非自承重的架空光纤而言,应当先行架设承重钢绞线,并对钢绞线进行全面的检查。钢绞线应无伤痕和锈蚀等缺陷,绞合紧密、均匀、无跳股。吊线的原始垂度和跨度应符合设计要求,固定吊线的铁杆安装位置正确、牢固,周围环境中无施工障碍。

b. 光纤敷设。敷设光纤时应借助于滑轮牵引,下垂弯度不得超过光纤所允许的曲率半径。牵引拉力不得大于光纤所允许的最大拉力,牵引速度应缓和均匀,不能猛拉紧拽。光纤在架设过程中和架设完成后的伸长率应小于0.2%。当采用挂钩吊挂非自承重光纤时,挂钩的间距一般为50cm,误差不大于3cm。

c. 预留光纤。中负荷区、重负荷区和超重负荷区布放的架空光纤,应在每根电杆上预留一定长度的光纤,轻负荷区则可每3~5杆再作预留。光纤与电杆、建筑或树木的接触部位应穿放长度约90cm的聚乙烯管加以保护。另外,由于光纤本身具有一定的自然弯曲,因此,在计算施工使用的光纤长度时,应当每千米增加5m左右,详见表3-7。

架空光纤与其他建筑物、树木的最小间距表　　　　表3-7

名 称	与架空光纤线路平行时的垂直净距(m)	备 注	与架空光纤线路交越时的垂直净距(m)	备 注
市区街道	4.5	最低线缆到地面	5.5	最低线缆到地面
胡同	4.0	最低线缆到地面	5.0	最低线缆到地面
铁路	3.0	最低线缆到地面	7.0	最低线缆到地面
公路	3.0	最低线缆到地面	5.5	最低线缆到地面
土路	3.0	最低线缆到地面	4.5	最低线缆到地面
房屋建筑			0.6(距脊) 1.0(距顶)	最低线缆到屋脊 最低线缆距平顶
河流			1.0	最低线缆距最高水位时最高桅杆顶
市区林木			1.0	最低线缆到树枝顶
郊区林木			1.0	最低线缆到树枝顶
架空通信线路			0.6	一方最低线缆与另一方最高线缆的间距

二 交通信息无线通信

无线传输(Wireless Transmission)是靠电磁波穿过空间运载数据。

无线通信(Wireless Communication)是利用电磁波信号可以在自由空间中传播的特性进行信息交换的一种通信方式。近些年,信息通信领域中发展最快、应用最广的就是无线通信技术。在移动中实现的无线通信又通称为移动通信,人们把二者合称为无线移动通信。

1. 无线传输标准

我们已经知道标准化的意义在于实现网络的互通互联,目前最通用的无线传输标准是IEEE制定的无线局域网标准802.11系列,推动了无线网络主流的发展。比如常见的DLink DIR-802无线路由器,即采用IEEE 802.11ac最新传输标准,是很多协议的集合,支持2.4GHz和5GHz双频发射,标准不同(协议不同)会导致传输数据出错,使用时应注意;双频发射是指能发射两种不同频率的波长,一种是2.4GHz(可达300~450Mbit/s的传输速率),另一种是5GHz(传输速率达1Gbit/s)。802.11系列主要是对网络的物理层(PH)和媒质访问控制层(MAC)进行了规定,其中对MAC层的规定是重点,各厂商的产品在同一物理层上可以互操作,逻辑链路控制层(LLC)是一致的,即MAC层以下对网络应用是透明的。2013年由Wi-Fi联盟合并而来的WiGig联盟希望在全球范围内尽早地实现802.11ad标准。

在MAC层以下,802.11规定了三种发送及接收技术:扩频(Spread Spectrum)技术、红外(Infared)技术、窄带(Narrow Band)技术。而扩频技术又分为直接序列(Direct Sequence,DS)扩频技术(简称直扩)和跳频(Frequency Hopping,FH)扩频技术。直接序列扩频技术,通常又会结合码分多址CDMA技术等,可参考相关书籍,在此不赘述。无线传输图号见图3-30。

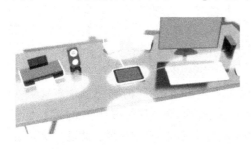

图3-30　无线传输

2. 无线通信基本过程

无线通信时,应具备的硬件有发射器、天线、接收器,如果通信距离较远,还应有中继装置。其基本组成见图3-31,基本过程如下:

(1)信源送出的信息需经转换设备转换成适当的模拟或数字信号,如音频、视频、图像信号,若发送多路还需复用变成FDM(模拟信号用频分多路复用)或TDM(数字信号传输时分多路复用)信号。这些由信源直接产生的信号一般是低频信号,如音频频率为300~3 400Hz,不可能直接辐射低频信号,须送往发射机进行调制加工,以便加载到高频无线电载波信号中。

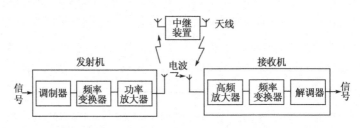

图3-31　无线电通信系统的基本组成示意

（2）上述信号送往发射机一般不是直接调制到发射载频上，一般用中频，因此信号首先在发射机调制器内进行频调制，变换成适合电波传播的波形，然后到频率变换器中，变换成发射电波所需要的频率，如短波或微波频率。如果变频器输出功率不够，还应通过功率放大器放大，再馈送给天线。

（3）从发射天线辐射来的无线电波，经自由空间传播到接收天线，可能在到达接收天线过程中出现衰减，如果接收天线处的电波过弱，就需在传输途中设置中继装置，把微弱电波放大后再发射出去。

（4）信号经过天线接收后，比较微弱，与放大器所产生的内部噪声处于同一水平，所以高频放大器应使用噪声少的低噪声放大器，在接收机频率变换器中将高频信号变成易处理的中频信号，此过程在调制器中恢复成原信号，再经过转换设备将信号传送给信宿。

3. 无线传输种类

无线通信中根据电磁波频率 f（单位为 Hz）的不同，分为无线电通信、微波传输及红外线等传输，如图 3-32、图 3-33 所示。

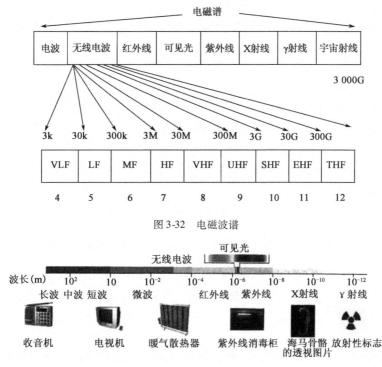

图 3-32 电磁波谱

图 3-33 电磁波对应的应用

1）无线电通信

无线电通信是指无线电波（Radio Wave）在电磁频率 1GHz 以下的数据通信。无线电易于产生，也容易穿过建筑物，因此用途广泛。

无线电波的发送与接收通过天线进行。无线电波的传输是全方向传播，信号在所有的方向传播开来，发射和接收装置无须很准确地对准。

无线电波的特性与频率有关。在较低频率，无线电波能轻易地通过障碍物，但是能量随着与信号源距离的增大而急剧减小。在高频，无线电波趋于直线传播并受障碍物的阻挡。在所有的频率，无线电波都易受电磁的干扰，这是它的一个严重问题。

2)微波通信传输

微波传输(图3-34)是一种最灵活、适应性最强的通信手段,具有建设快、投资少、应用灵活的特点,其不仅在移动网络中广泛应用,同样得到了固定网络运营商的青睐,可用于广播电视以及安防视频监控传输、控制等。到目前,我国已拥有覆盖全国的骨干微波链路。

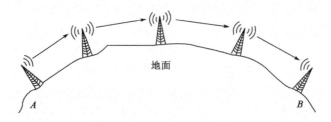

图3-34 地面微波通信传输

微波(Mircowave)是沿着直线传播的,通过抛物状天线把所有的能量集中于一小束发射出去,便可以获得极高的信噪比,但是发射天线和接收天线必须精确地对准。

卫星通信是在地球站之间利用人造同步卫星作为终极的一种微波接力通信,卫星就相当于在太空中的无人值守的微波通信中继站。同步卫星位于36 000km高空,与地球同步旋转。

3)红外线通信传输

(1)红外线通信原理

红外线通信的原理就是利用可见红光光谱之外的不可见光进行通信传输(与第二章中红外线传感器原理相同)。红外线是光的一种,所以它也同样具有光的特性,它无法穿越不透光的物体。我们生活的环境即充斥着红外线光,它可能是从电灯发出的,也可能是太阳光发出的,使用者并不需要使用执照即可以使用红外线。

(2)红外线通信分类

红外线按照传输速率,分为低速红外线通信传输和高速红外线通信传输。

低速红外线(Slow IR)通信传输是指其传输速率在115.2kbit/s者而言,它适用于传送简短的讯息、文字或是档案。

高速红外线(Fast IR)通信传输是指传输速率在1Mbit/s或4Mbit/s者而言,其他更高传输速率则仍在发展中。对于网络解决方案而言,高速红外线可以说是其基础,包括档案传输、局域网络联结甚至是多媒体传输。

(3)红外线通信的适用范围

红外线通信适用于小范围内,如家庭和办公室等,不需要天线。电视机、DVD等家用电器使用的遥控器就是红外线通信装置。有红外装置的笔记本电脑可以通过红外线通信连在本地局域网上。红外线广泛应用于很短距离的通信中。

最常见的红外线通信传输如应用在电视遥控器上的低速红外线通信(图3-35),其他例如录像机、音响等的遥控器也是使用红外线通信控制。

红外线网络适用于例如教室的环境,或是小型、封闭的区域。对于讲究信息保全的用户而言,这是一个不错的选择,因其无法穿透墙壁传输,位于建筑物之外的人将不可能直接截取到散布在建筑物内的红外线信号。但相对地,这也构成其缺点——红外线传输极容易受到墙壁的阻碍。另一方面,红外线也是一种低成本的无线传输形式。

(4)红外线传输的局限性

红外线(Infrared Ray)位于电磁波频谱 $3 \times 10^{11} \sim 2 \times 10^{14}$ Hz 范围,红外线传输有方向性,不能穿过坚实的物体。红外线通信不能在室外应用,因为阳光中有强烈的红外线。红外线不能穿透墙壁或是大型物体,所以,数据收发的两端必须相互对准(即可以看得见对方)才能进行通信,这对行动通信可能常常移动位置的情形而言,是非常不利的,而且容易受到雨、雪或雾气的干扰。

图 3-35　红外线测试设备温度,电视机红外线遥控器

4. 无线通信技术应用

在实际使用中,道路交通数据的无线通信传输最常涉及的有移动通信(国内目前主要是3G)、GPS、Wi-Fi、蓝牙等。

1) 移动通信技术

移动通信技术自出现至今,已历经四代,通常我们把第一代移动通信技术的标准简称为"1G",之后的移动通信标准则称之为"2G""3G""4G",未来的移动通信标准则可能是"5G""6G"等。

1G(The First Generation)是第一代移动通信标准的简称,也就是模拟式移动电话系统,自 20 世纪 80 年代起开始使用,直至被 2G 数字通信取代。

2G 是第二代手机通信技术规格的简称,一般定义为无法直接传送如电子邮件、软件等信息、只具有通话和一些如时间日期等传送功能的手机通信技术规格。2G 在美国通常称为个人通信服务 PCS(Personal Communications Service)。

3G(3rd-generation,3G)即第三代移动通信技术,见图 3-36,是指支持高速数据传输的蜂窝移动通信技术。3G 服务能够同时传送声音及数据信息,速率一般在几百 kbit/s 以上。3G 是指将无线通信与国际互联网等多媒体通信结合的新一代移动通信系统。目前 3G 存在四种标准:CDMA2000,WCDMA,TD-SCDMA,WiMAX。

4G 是第四代移动通信及其技术的简称。4G LTE 系统能够以 100Mbit/s 的速度下载,上传的速度也能达到 50Mbit/s,并能够满足几乎所有用户对于无线服务的要求。而 4G LTE Advanced 采用载波聚合技术,下行峰值速度可达 150Mbit/s。此外,4G 可以在 DSL 和有线电视调制解调器没有覆盖的地方部署,然后再扩展到整个地区。

2) Wi-Fi

Wi-Fi(Wireless Fidelity,无线保真技术)又称 802.11b 标准,是 IEEE 定义的一个无线网络通信的工业标准。Wi-Fi 是一种在办公室和家庭中使用的短距离无线技术,能够将个人电脑、手持设备(如 Pad、手机)等终端以无线方式互相连接。该技术使用的是 2.4GHz 附近的频段,该频段目前尚属免许可的无线频段(在 2.4GHz 及 5GHz 频段上免许可)。它最大的优点就是传输速度较高,最高带宽为 11Mbit/s,在信号较弱或有干扰的情况下,带宽可调整为 5.5Mbit/s、2Mbit/s 或 1Mbit/s;在开放性区域,通信距离可达 305m,在封闭性区域,通信距离为 76~122m,同时也与已有的各种 802.11 DSSS 设备兼容,方便与现有的有线以太网络整合,组网的成本更低。

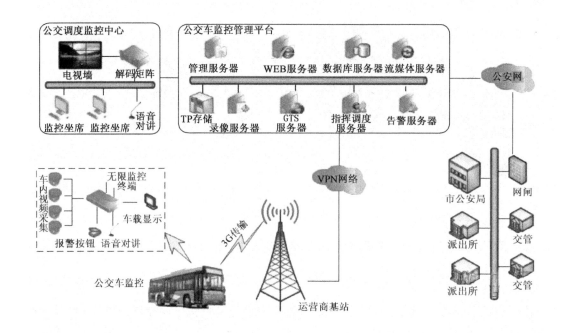

图 3-36 3G 通信在交通信息传输中的应用

3) 蓝牙

蓝牙技术实际上是一种短距离无线通信技术,它通过整合通信和计算机技术,使不同厂家生产的便携式硬件能够在无线连接的情况下,实现相互之间的连接。

蓝牙技术(图 3-37)是一种无线数据与语音通信的开放性全球规范,它以低成本的近距离无线连接为基础,为固定与移动设备通信环境建立一个特别连接的短程无线电技术。

蓝牙工作在全球通用的 2.4GHzI SM(即工业、科学、医学)频段,蓝牙的数据速率为 1Mbit/s。它使用扩频和跳频技术,即使在噪声环境中也可正常地工作,其通信范围约 10m。蓝牙技术使用了一个极小的模块,它内含无线电收发装置,将其分别装在信息处理设备、家用电器、移动电话中,就能自动通过智能模式互通,自动同步交换高速数据信息。

图 3-37 最常见的蓝牙标志

利用蓝牙技术,可把任何一种原来需要通过信号传输线连接的数字设备改为无线方式连接,并形成围绕个人的网络。无论在何处,无论使用哪种数字设备,利用蓝牙技术都可以使其与周围的数字设备建立联系,共享这些设备中的数据库、电子邮件等。

4)WAP

WAP(Wireless Application Protocol)为无线应用协议(图3-38),是一项全球性的网络通信协议。WAP 使移动 Internet 有了一个通行的标准,其目标是将 Internet 的丰富信息及先进的业务引入移动电话等无线终端之中。WAP 定义可通用的平台,把目前 Internet 网上 HTML 语言的信息转换成用 WML(Wireless Markup Language)描述的信息,显示在移动电话的显示屏上。WAP 只要求移动电话和 WAP 代理服务器的支持,而不要求现有的移动通信网络协议作任何的改动,因而可以广泛地应用于 GSM、CDMA、TDMA、3G 等多种网络。

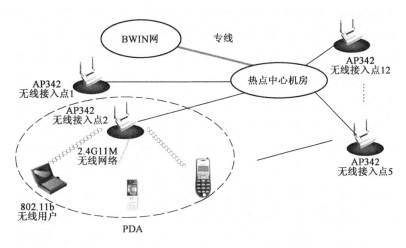

图 3-38　WAP 无线网络

5)GPS

GPS 可以提供车辆定位、防盗、反劫、行驶路线监控及呼叫指挥等功能(图3-39)。要实现以上所有功能必须具备 GPS 终端、传输网络和监控平台三个要素。

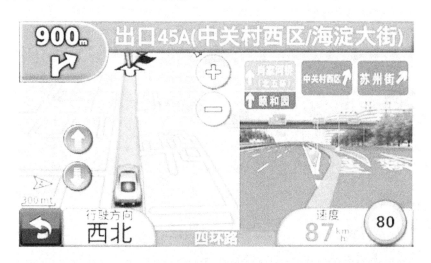

图 3-39　GPS 应用于交通导航示意图

6)北斗系统

北斗卫星导航系统(BeiDou COMPASS Navigation Satellite System)是中国正在实施的自

主发展、独立运行的全球卫星导航系统。该系统建设目标是:建成独立自主、开放兼容、技术先进、稳定可靠的覆盖全球的北斗卫星导航系统,促进卫星导航产业链形成,形成完善的国家卫星导航应用产业支撑、推广和保障体系,推动卫星导航在国民经济社会各行业的广泛应用。

北斗卫星导航系统(也称"北斗一号")由空间段、地面段和用户段三部分组成(图3-40),空间段包括5颗静止轨道卫星和30颗非静止轨道卫星,工作寿命为8年,采用长征系列运载火箭在西昌发射至赤道上空,分别位于东经80°、110.5°、140°;地面段由中心控制系统、标校系统组成,中心控制系统和标校系统均建在我国境内,中心控制系统主要完成卫星轨道确定、电离层校正、用户位置确定及用户报文信息交换等处理任务,标校系统主要为信息处理提供距离观测量和校正参数;用户段包括北斗用户终端以及与其他卫星导航系统兼容的终端。目前北斗系统主要服务我国及周边地区,定位精度在20m左右,授时精度单向100ns,双向20ns,通信能力为双向短报文通信120个汉字。

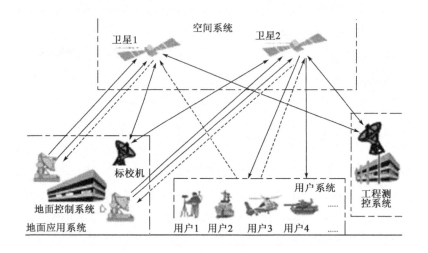

图3-40 北斗卫星导航系统组成

北斗一号卫星导航系统的工作过程(图3-41)如下。

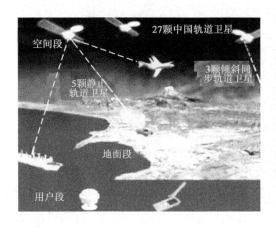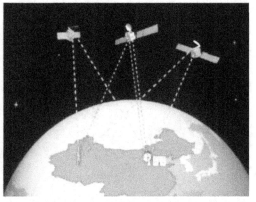

图3-41 北斗卫星导航系统

首先,中心控制系统向卫星Ⅰ和卫星Ⅱ同时发送询问信号;经卫星转发器向服务区内的用户广播;用户响应其中一颗卫星的询问信号,并同时向两颗卫星发送响应信号,经卫星转发回中心控制系统。

然后,中心控制系统接收并解调用户发来的信号,根据用户的申请服务内容进行相应的数据处理。对定位申请,中心控制系统测出两个时间延迟:从中心控制系统发出询问信号,经某一颗卫星转发到达用户,用户发出定位响应信号,经同一颗卫星转发回中心控制系统的延迟;从中心控制系统发出询问信号,经上述一卫星到达用户,用户发出响应信号,经另一颗卫星转发回中心控制系统的延迟。

中心控制系统和两颗卫星的位置均是已知的,因此可由上面两个延迟量算出用户到第一颗卫星的距离,以及用户到两颗卫星距离之和。用户处于一个以第一颗卫星为球心的球面,和以两颗卫星为焦点的椭球面之间的交线上。

同时,中心控制系统从存储在计算机内的数字化地形图查寻到用户高程值,可知用户处于某一与地球基准椭球面平行的椭球面上。

最后,中心控制系统可最终计算出用户所在点的三维坐标,这个坐标经加密由出站信号发送给用户。

北斗卫星导航系统(图3-42)是空间信息基础设施,我国一直在努力探索和发展拥有自主知识产权的卫星导航系统。2000年,首先建成北斗导航试验系统,使我国成为继美、俄之后的世界上第三个拥有自主卫星导航系统的国家。该系统已成功应用于测绘、电信、水利、渔业、交通运输、森林防火、减灾救灾和公共安全等诸多领域,产生了显著的经济效益和社会效益。值得一提的是,该系统在2008年北京奥运会、汶川抗震救灾中均发挥了重要作用。

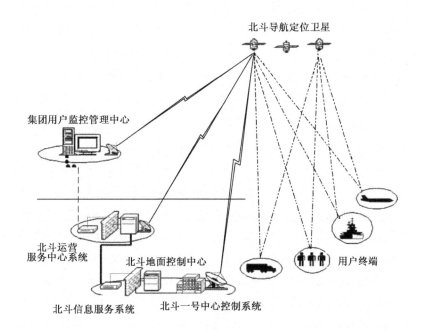

图3-42 北斗导航定位系统

北斗导航系统与GPS系统各项指标的比较见表3-8。

北斗导航系统与 GPS 系统比较　　表 3-8

项目	覆盖范围	卫星数量和轨道特性	定位精度		定位原理
北斗导航系统	中国本土的区域导航系统；覆盖范围：东经 70°~140°，北纬 5°~55°	地球赤道平面上设置两颗地球同步卫星；卫星的赤道角距约 60°	三维定位精度约几十米，授时精度约 100ns	主动式双向测距二维导航；地面中心控制系统解算，供用户三维定位数据	"北斗一号"工作原理导致两个问题：一是用户定位失去无线电隐蔽性，在军事上不利；另一方面由于设备包含发射机，因此体积、重量、价格和功耗较不利
GPS 系统	全球的全天候导航系统；在地球上任何地点、任何时间能观测到 6~9 颗卫星（最多可观测到 11 颗）	在 6 个轨道平面上设置 24 颗卫星，轨道赤道倾角 55°，轨道面赤道角距 60°；导航卫星轨道为准同步轨道，绕地球一周为 11h58min	三维定位精度 P 码目前已由 16m 提高到 6m，C/A 码目前已由 25~100m 提高到 12m，授时精度目前约 20ns	被动式伪码单向测距三维导航；由用户设备独立解算自己的三维定位数据	

项目	用户容量	生存能力	实时性
北斗导航系统	由于是主动双向测距的询问——应答系统，用户设备与地球同步卫星之间要接收地面中心控制系统的询问信号，还要求用户设备向同步卫星发射应答信号；系统的用户容量取决于用户允许的信道阻塞率、询问信号速率和用户的响应频率；因此，北斗用户设备容量是有限的	"北斗一号"基于中心控制系统和卫星的工作，对中心控制系统的依赖性明显；一旦中心控制系统受损，系统则不能继续工作	用户的定位申请送回中心控制系统，控制系统解算出用户的三维位置数据后再发回用户，其间要经过地球静止卫星走一个来回，再加上卫星转发和中心控制系统的处理，时间延迟更长；对于高速运动体，其定位误差将加大
GPS 系统	单向测距系统，用户设备只要接收导航卫星发出的导航电文即可进行测距定位；因此 GPS 的用户设备容量无限	为了弥补一般导航系统的易损性，GPS 已经在发展星际横向数据链技术，使主控站一旦被毁后，GPS 卫星可以独立运行	优于北斗

北斗交通民用方向之一是"道路营运"（图 3-43），目标是预防营运车辆超载超速、危险品运输车辆发生特大安全事故、驾乘人员违反交通法规，保证人民群众生命财产安全。目前，我国商用车运营企业尚处于"小、多、散、弱"和服务单一的状态，信息化程度低，运输效率较低而成本很高，将以北斗卫星导航与位置服务、智能感知、GIS 为代表的信息技术引入营运车辆监管服务领域，通过构建统一的车辆信息综合服务平台来整合不同的资源。

目前，我国正在实施北斗卫星导航系统建设，根据系统建设总体规划，系统将首先具备覆盖亚太地区的定位、导航和授时以及短报文通信服务能力，随着 2013 年 6 月底第二批国家智慧城市试点名单的初审，140 个试点城市将拉开建设"智慧中国"的序幕。物联网、云计算等新一代信息技术的发展，智慧城市这种新型信息化的城市形态，无疑将为北斗卫星导航系统的发展提供新的落脚点，并成为北斗产业发展的新引擎。我国规划到 2020 年左右，建成覆盖全球的北斗卫星导航系统。

7）案例：采用无线通信技术进行数据传输的地面线圈采集器

地面道路交通信息采集系统通常采用线圈、微波、视频等采集手段获取交通数据信息，通过不同通信方式(有线或无线)进行信息传递。此案例中,由于该道路交叉口没有条件进行有线通信敷设,周边也没有有线网络接入点,出于施工成本的考虑,将该路口道路交通信息采集系统以无线传输(通过3G网络)的方式进行数据通信。图3-44是处于该路口的采集设备及其进行无线传输通信的通信设备,图3-45是采集数据分析后的界面图。

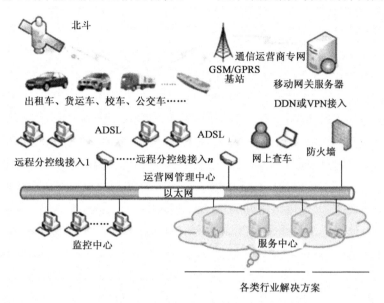

图3-43　北斗在营运车辆综合监管服务领域的应用

图3-44　地面道路交通信息采集设备(中间)及内置的无线传输装置

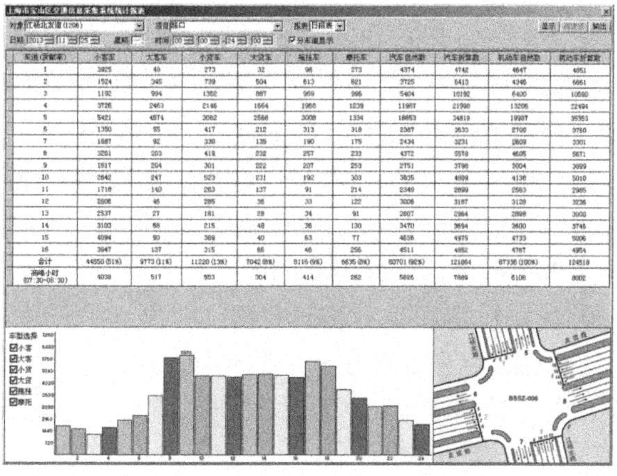

图3-45　地面道路交通信息采集数据分析汇总后的软件界面

第三节　交通信息源与处理技术

一　交通信息处理数据类型

信息处理技术在实际中有很多分类。

(1)按表现形态:信息处理技术可分为硬技术(物化技术)与软技术(非物化技术)。前者指各种信息设备及其功能,如显微镜、电话机、通信卫星、多媒体计算机。后者指有关信息获取与处理的各种知识、方法与技能,如语言文字技术、数据统计分析技术、规划决策技术、计算机软件技术等。

(2)按工作流程中基本环节:信息技术可分为信息获取技术、信息传递技术、信息存储技术、信息加工技术及信息标准化技术。信息获取技术包括信息的搜索、感知、接收、过滤等,如显微镜、望远镜、气象卫星、温度计、钟表、Internet 搜索器中的技术等。信息传递技术指跨越空间共享信息的技术,又可分为不同类型,如单向传递与双向传递技术,单通道传递、多通道传递与广播传递技术。信息存储技术指跨越时间保存信息的技术,如印刷术、照相术、录音术、录像术、缩微术、磁盘术、光盘术等。信息加工技术是对信息进行描述、分类、排序、转换、浓缩、扩充、创新等的技术。信息加工技术的发展已有两次突破:从人脑信息加工到使用机械设备(如算盘、标尺等)进行信息加工,再发展为使用电子计算机与网络进行信息加工。信息标准化技术是指使信息的获取、传递、存储、加工各环节有机衔接,与提高信息交换共享能力的技术,如信息管理标准、字符编码标准、语言文字的规范化等。

(3)按使用的信息设备:日常用法中,有人按使用的信息设备不同,把信息技术分为电话技术、电报技术、广播技术、电视技术、复印技术、缩微技术、卫星技术、计算机技术、网络技术等。也有人从信息的传播模式分,将信息技术分为传者信息处理技术、信息通道技术、受者信息处理技术、信息抗干扰技术等。

(4)按技术的功能层次:信息技术体系可分为基础层次的信息技术(如新材料技术、新能源技术)、支撑层次的信息技术(如机械技术、电子技术、激光技术、生物技术、空间技术等)、主体层次的信息技术(如传感技术、通信技术、计算机技术、控制技术)、应用层次的信息技术(如文化教育、商业贸易、工农业生产、社会管理中用以提高效率和效益的各种自动化、智能化、信息化应用软件与设备)。

城市交通信息可分为静态交通信息和动态交通信息。静态交通信息主要是指表示交通系统中如高速公路、城市道路、公路设施、停车场分布等常规组成部分的性能、特征和指标的信息。动态交通信息不仅包括公路和城市道路上所有移动物体所具有的特性信息,诸如车速、车型、车流量、道路路口状况、非机动车和行人的状态、突发事件等,也包括这类信息与历史数据的对比分析,从而判定它的趋势变化(图 3-46)。

动态交通信息按数据来源分为以下几类:

(1)按信息采集时间:历史数据和实时动态数据。

(2)按信息特点:定性数据、定量数据和图像数据等。

(3)按信息采集系统的不同:交通流检测系统数据、电视监视系统数据、视频检测系统数据、浮动车采集系统数据和人工报告数据。

(4)按信息类别:流量数据、车速数据、占有率数据等。

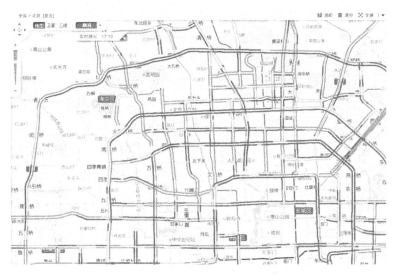

图 3-46　北京某日交通路况信息示意图

（5）按信息采集的方式：固定检测数据、移动检测数据。

三　交通信息数据处理方式

数据是对事实、概念或指令的一种表达形式，由人工或自动化装置进行处理，数据的形式有数字、文字、图形或声音等，数据经过解释并赋予一定的意义之后，便成为信息。数据处理是对数据的采集、存储、检索、加工、变换和传输，其基本目的是从大量的、可能杂乱无章的、难以理解的数据中抽取并推导出对于某些特定的人们来说有价值、有意义的数据，交通信息数据处理也不例外。

从数据处理的主机位置和通信方式，交通信息处理分为本地处理和异地处理。

数据的本地处理是指采集设施将采集到的数据通过连接的计算机进行转换，形成规范的数据或有用的信息后，传输给远处的服务器数据库。

数据的异地处理是指采集设施将采集到的数据直接通过有线或无线的方式，传回系统平台的中心服务器后，由中心服务器进行储存和分析计算，再形成规范的数据或有用信息后，提供给用户使用。

除此以外，数据处理常见的四种分类方式如下：

（1）根据处理设备的结构方式区分，有联机处理方式和脱机处理方式。

（2）根据数据处理时间的分配方式区分，有批处理方式、分时处理方式和实时处理方式。

（3）根据数据处理空间的分布方式区分，有集中式处理方式和分布式处理方式。

（4）根据计算机中央处理器的工作方式区分，有单道作业处理方式、多道作业处理方式和交互式处理方式。

根据处理设备的结构方式、工作方式，以及数据的时间、空间分布方式的不同，数据处理有不同的方式，不同方式要求不同的硬件和软件支持。每种处理方式都有自己的特点，应当根据应用问题的实际环境选择合适的处理方式。图 3-47、图 3-48 分别演示了浮动车数据处理流程与交叉口交通信号控制系统中信息流程，基本涵盖了常见数据处理方式。

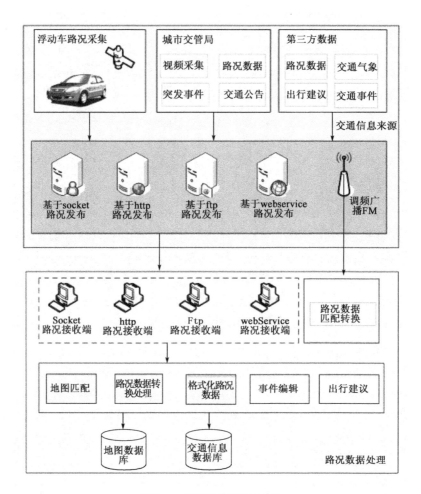

图 3-47　浮动车数据处理流程

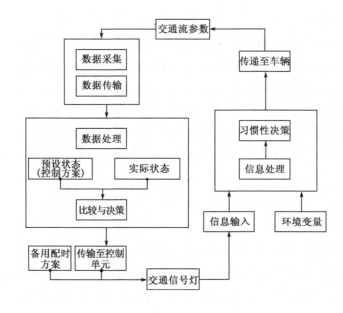

图 3-48　交通信号控制系统中信息流程

三 交通信息处理技术

交通信息常传输声音与图像,涉及的交通信息处理技术如下。

1. 图像滤波技术

图像滤波,即在尽量保留图像细节特征的条件下对目标图像的噪声进行抑制,是图像预处理中不可缺少的操作,其处理效果的好坏将直接影响到后续图像处理和分析的有效性和可靠性。图像滤波增强处理实质上就是运用滤波技术来增强图像的某些空间频率特征,以改善地物目标与领域或背景之间的灰度反差。遥感系统成像过程中可能产生的"模糊"作用,常使遥感图像上某些用户感兴趣的线形形迹、纹理与地物边界等信息显示得不够清晰、不易识别。需要通过采用领域处理方法来分析、比较和调整像元与其周围相邻像元间的对比度关系,图像才能得到增加,也就是说需要采用滤波增加技术处理。

道路交通获取的图像信息有很多噪音,这主要是由于平时的工作和环境引起的,图像增强是减弱噪音,增强对比度。得到较干净清晰的图像并不是容易的事情,为这个目标而涉及的操作是设计一个适合、匹配的滤波器和恰当的阈值,常用的有高斯滤波、均值滤波、中值滤波、最小均方差滤波、Gabor 滤波,滤波结果如图 3-49 所示。

图 3-49 图像滤波(二值化)结果

2. 图像压缩处理

交通数字图像数据量巨大,将造成传输和存储的困难,例如一帧 640×480 像素、24 比特颜色编码的画面,其数据量就要 27Mbit/帧,它在 680Mbit 容量的 CD-ROM 光盘上只能存储 25 帧,即只能存储 1s 活动图像。

1)图像压缩处理目的

图像压缩处理是为了减小图像数据尺寸,在给定位速(bit-rate)或者压缩比下实现最好的图像质量,以便有利于在固定带宽下提高单位图像数据传输的速率以及在固定存储空间下提高图像数据的存储量。图形数据压缩的出发点是,图像数据高度相关,存在大量冗余信息,如空间冗余、时间冗余等,这些传输时可忽略。

2)图像压缩处理分类

图像压缩处理分为图像的无损数据压缩及图像有损压缩。

图像的无损数据压缩一般用于医疗图像、绘制的技术图等不希望图像失真的图形数据,无损图像压缩方法有:行程长度编码、熵编码法、LZW 自适应字典算法等。

图像的有损数据压缩非常适合于自然的图像,例如一些应用中图像的微小损失是可以接受的(有时是无法感知的),这样就可以大幅度地减小位速。有损图像压缩方法有:将色彩空间化减到图像中常用的颜色、色度抽样、变换编码、分形压缩(Fractal compression)。

3)目前图像压缩的标准

经典的压缩算法已渐形成一系列的国际标准体系,如 H.26x 系列建议、H.320 系列建议、JPEG 图像压缩以及 MPEG 系列建议等。

3. JPEG 图像压缩技术

JPEG 是 Joint Photographic Experts Group(联合图像专家小组)的缩写,是第一个国际图像压缩标准。JPEG 图像压缩算法能够在提供良好的压缩性能的同时,具有比较好的重建质量,被广泛应用于图像、视频处理领域。人们日常碰到的".jpeg"".jpg"等指代的是图像数据经压缩编码后在媒体上的封存形式,不能与 JPEG 压缩标准混为一谈。

JPEG 是在国际标准化组织(ISO)领导之下制定静态图像压缩标准的委员会,第一套国际静态图像压缩标准 ISO 10918-1(JPEG)就是该委员会制定的。JPEG 现广泛应用于互联网和数码相机领域,网站上 80% 的图像都采用了 JPEG 压缩标准。

JPEG 原理:JPEG 有损压缩利用人视觉系统特性,使用量化和无损压缩编码相结合的方式去掉视觉的冗余信息和数据本身的冗余信息,见图 3-50。

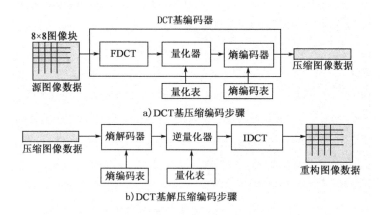

图 3-50　JPEG 图像压缩技术原理

JPEG 编码算法的三个步骤:

(1)使用正向离散余弦变换(FDCT,Forward Discrete Cosine Transform)把空间域表示的图变换成频率域表示的图。

(2)使用加权函数对 DCT 系数进行量化,这个加权函数对于人的视觉系统是最佳的。

(3)使用霍夫曼可变字长编码器对量化系数进行编码。

4. MPEG 图像压缩技术

MPEG 标准主要有以下五个:MPEG-1、MPEG-2、MPEG-4、MPEG-7 及 MPEG-21 等。

(1)MPEG-1

MPEG-1 制定于 1992 年,为工业级标准而设计,可适用于不同带宽的设备,如 CD-ROM、Video-CD、CD-i。MPEG-1 被用于数字电话网络上的视频传输,如非对称数字用户线路(ADSL)、视频点播(VOD),以及教育网络等。同时,MPEG-1 也可被用作记录媒体或是在 Internet 上传输音频。

(2)MPEG-2

MPEG-2 制定于 1994 年(图 3-51),设计目标是高级工业标准的图像质量以及更高的传输率。MPEG-2 可提供广播级的视像和 CD 级的音质。由于 MPEG-2 在设计时的巧妙处理,使得大多数 MPEG-2 解码器也可播放 MPEG-1 格式的

图 3-51　MPEG-2 编码器-sc-1101

数据,如 VCD。同时,由于 MPEG-2 的出色性能表现,已能适用于 HDTV,使得原打算为 HDTV 设计的 MPEG-3 还没出世就被抛弃。除了作为 DVD 的指定标准外,MPEG-2 还可用于为广播、有线电视网、电缆网络以及卫星直播(Direct Broadcast Satellite)提供广播级的数字视频。MPEG-2 的另一特点是,其可提供一个较广的范围改变压缩比,以适应不同画面质量、存储容量以及带宽的要求。

(3) MPEG-4

MPEG-4 标准主要应用于视像电话、视像电子邮件和电子新闻等。MPEG-4 利用很窄的带宽,通过帧重建技术,压缩和传输数据,以求以最少的数据获得最佳的图像质量。与 MPEG-1 和 MPEG-2 相比,MPEG-4 的特点是其更适于交互视频服务以及远程监控。MPEG-4 是第一个使用户由被动变为主动(不再只是观看,允许用户加入其中,即有交互性)的动态图像标准;它的另一个特点是其综合性。从根源上说,MPEG-4 试图将自然物体与人造物体相融合(视觉效果意义上的),其应用见图 3-52。

图 3-52　MPEG-4 格式转换软件界面

(4) MPEG-7

MPEG-7 即"多媒体内容描述接口"(Multimedia Content Description Interface),其目标就是产生一种描述多媒体内容数据的标准,满足实时、非实时以及推—拉应用的需求。带有 MPEG-7 数据的视频资料可以包含静止图像、图形、3D 模型、音频、语音、视频,以及这些元素如何在多媒体表现中组合的信息。这些通用数据类型的特例可以包含面部表情和个人化特性。

(5) MPEG-21

MPEG-21 标准其实就是一些关键技术的集成,通过这种集成环境对全球数字媒体资源

进行增强。MPEG-21 的最终目标是要为多媒体信息的用户提供透明而有效的电子交易和使用环境。

5. 音频压缩技术

音频压缩技术是指对原始数字音频信号流(PCM 编码)运用适当的数字信号处理技术,在不损失有用信息量或所引入损失可忽略的条件下,降低(压缩)其码率,也称为压缩编码。它必须具有相应的逆变换,称为解压缩或解码。音频信号在通过一个编解码系统后可能引入大量的噪声和一定的失真。波形编码的特点是将信号的时域波形进行抽样量化编码;模数转换过程见图 3-53。

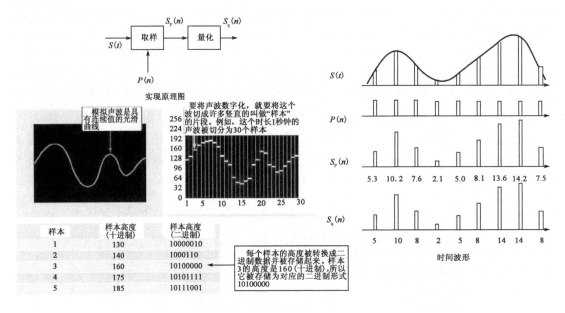

图 3-53 音频压缩原理示意图

(1)取样——在时间轴上对信号离散化。
(2)量化——在幅度轴上对信号数字化。
(3)编码——按一定格式记录采样和量化后的数字数据。

一般将音频压缩技术分为无损压缩及有损压缩两大类,而按照压缩方案的不同,又可将其划分为时域压缩、变换压缩、子带压缩,以及多种技术相互融合的混合压缩等。各种不同的压缩技术,其算法的复杂程度(包括时间复杂度和空间复杂度)、音频质量、算法效率(即压缩比例),以及编解码延时等都有很大的不同。各种压缩技术的应用场合也因之而各不相同。

6. 数据加密解密 MD5

Message Digest Algorithm MD5 为计算机安全领域广泛使用的一种散列函数,用于确保信息传输完整一致,提供消息的完整性保护,是计算机广泛使用的杂凑算法之一(又称摘要算法、哈希算法),主流编程语言普遍已由 MD5 实现。

7. 数据校验

1) 奇偶校验

奇偶校验是一种校验代码传输正确性的方法。根据被传输的一组二进制代码的数位中"1"的个数是奇数或偶数来进行校验。采用奇数的称为奇校验,反之,称为偶校验。采用何种校验是事先规定好的。通常专门设置一个奇偶校验位,用它使这组代码中"1"的个数为奇数或偶数。若用奇校验,则当接收端收到这组代码时,校验"1"的个数是否为奇数,从而确定传输代码的正确性。

2)循环冗余校验

循环冗余检查(CRC)是一种数据传输检错功能,对数据进行多项式计算,并将得到的结果附在帧的后面,接收设备也执行类似的算法,以保证数据传输的正确性和完整性。若CRC校验不通过,系统重复向硬盘复制数据,将陷入死循环,导致复制过程无法完成。出现循环冗余检查错误的可能原因非常多,硬件软件的故障都有可能。

3)校验和

检验和(Checksum),在数据处理和数据通信领域中用于校验目的的一组数据项的和。这些数据项可以是数字,也可以是在计算检验的过程中被看作数字的其他字符串。

四 交通信息融合处理技术

1. 信息融合概述

使用信息融合的背景,交通信息需要利用多个传感器获得的多种信息,得出对环境或对象特征的全面、正确认识,克服了单一传感器给系统带来的误报风险大、可靠性和容错性低的缺点。一方面,多传感器之间的冗余数据增强了系统的可靠性;另一方面,传感器之间的互补数据扩展了单一传感器的性能。

信息融合的目标:基于各种传感器分离观测信息,通过对信息的优化组合导出更多的有效信息,得到最佳协同作用的结果(图3-54)。信息融合的目的是利用多个传感器共同或联合操作的优势来提高整个系统的有效性。

信息融合是指不同检测器的交通数据需要在一定准则下加以自动分析、综合,以完成所需的决策和评估而进行的信息处理过程。其作用就是综合不同的交通数据,使其相互验证,为应用系统提供一个统一的交通状态。其优点见图3-55。

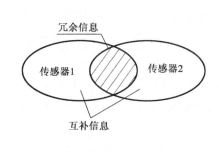

图3-54 多传感器数据融合

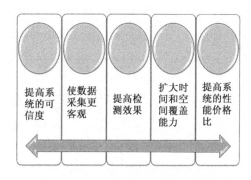

图3-55 信息融合的优点

20世纪90年代以来,传感器技术和计算机技术的迅速发展大大推动了信息融合技术的研究,信息融合技术的应用领域也从军事迅速扩展到了民用。经过20多年的发展,信息融合技术已在道路交通信息处理等领域取得成效。

2. 信息融合的基本原理

信息融合的基本原理就像人脑综合处理信息一样,充分利用多源信息,通过对这些多源观测信息的合理支配和使用,把多源信息在空间与时间上的冗余或互补,依据某种准则来进行组合,以获得被测对象的一致性解释或描述(图 3-56)。

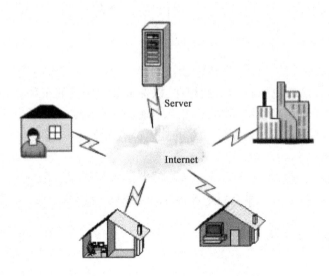

图 3-56 信息融合处理

3. 信息融合的分类

按照信息抽象的 3 个层次,可将信息融合分为三级,即像素级融合、特征级融合和决策级融合,如图 3-57、图 3-58 所示。

```
像素级融合
• 直接在各传感器采集到的未处理的原始数据上进行融合;
• 从融合的数据中提取特征向量,并进行判断识别,是最低层次的融合;
• 得到的结果很准确,但对系统通信带宽的要求很高
```

```
特征级融合
• 先对来自传感器的原始信息进行特征提取(特征可以是被观测对象的各种物理量);
• 然后按特征信息对多传感器数据进行分类、综合和分析,属于中间层次的融合;
• 由于数据丢失,结果准确性有所下降,对通信带宽的要求较低
```

```
决策级融合
• 从具体决策问题出发,利用特征级的融合结果,直接针对具体决策目标;
• 融合结果直接影响决策水平,是一种高层次融合;
• 由于对传感器的数据进行了浓缩,产生的结果最不准确,但对通信带宽的要求最低
```

图 3-57 信息融合的三个层次

4. 信息融合的加工对象

多源信息(数据源或信息源)为融合系统提供原始的或预处理的数据。因此,多源信息是信息融合的对象。多源信息可分为 3 类:传感器、源数据和通信链。

(1) 传感器是探测或测量物理现象的设备,按不同的方式可分为物理接触传感器和非物理接触传感器,有源/主动传感器和无源/被动传感器。

(2) 源数据是经过人工处理过的预知数据,它常被看作是情报信息,源数据中的元素通常不直接与传感器数据组合,并常常将它们的输入与传感器数据分开。

(3)通信链是从传感器或源到数据融合处理节点的通信连接,用以传输来自远方的数据。

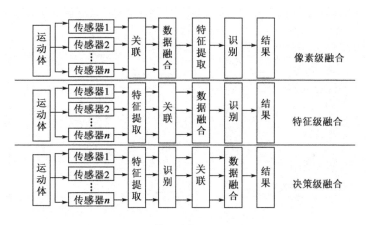

图 3-58　信息融合三层次结构图

5. 交通信息融合处理方法

信息融合作为一种综合处理技术,实际上是许多传统学科和新技术的集成和应用。为了进行信息融合,所采用的信息表示及处理方法均来自这些领域。从信息融合的功能模型可看到,融合的基本功能是相关、估计和识别,重点是估计和识别。相关处理的常用算法有:最近邻法则、最大似然法、最优差别、统计关联、联合统计关联等。用于估计的算法有:最小二乘法、最大似然估计法、卡尔曼滤波法等。用于识别的算法大概可分为三类:物理模型类识别算法、参数分类识别算法和认识模型识别的方法。

6. 信息融合实例——交通综合信息平台

1)交通综合信息平台的定义

交通综合信息平台(Comprehensive Transport Information Platform),又称交通共用信息平台,简称信息平台或 CTIP,是整合交通运输系统信息资源,按一定标准规范完成多源异构数据的接入、存储、处理、交换、分发等功能,并面向应用服务,从而为实现部门间信息共享、各相关部门制定交通运输组织与控制方案和科学决策,以及面向公众开展交通综合信息服务提供数据支持的大型综合性信息集成系统。图 3-59 是浮动车数据融合处理过程示意,演示了综合信息平台服务过程。

2)交通综合信息平台的基本功能

(1)信息汇聚功能

交通综合信息平台汇聚交通信息的功能,是指平台从政府管理部门、科研机构等不同机构接入交通信息资源,对信息数据进行标准化后在平台内进行一体化存储的功能。主要实现对三类交通信息的汇聚,即交通基础信息、交通实时信息、交通历史信息。

(2)信息处理功能

对数据的预处理,即一级平台在收到接入系统的数据后,应对接入的数据进行正确性检验,保证进入一级平台的交通信息数据是正确的;对接入数据进行标准化处理,即各个二级平台等信息源在向一级平台汇聚交通信息前,需要对信息进行的标准化处理。

(3)信息提供功能

交通综合信息平台提供交通信息的功能,是指平台根据各类用户需求,为用户提供平台汇聚管理的各类交通信息。平台将面向交通信息中心、政府机构、科研院所和社会公众,进行多种类型和多种方式的交通信息提供。

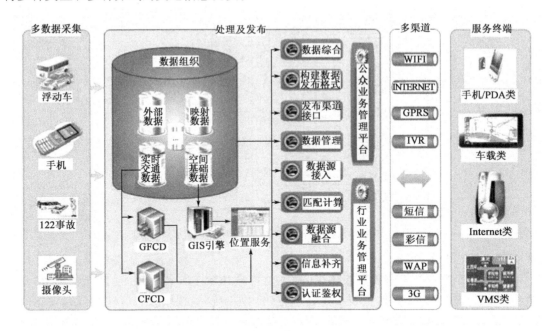

图 3-59 多数据融合处理应用概况

(4)信息展示功能

交通综合信息平台信息展示应用的功能,是为用户提供展示应用,基于 GIS 系统对平台汇聚的各类基础信息、实时信息和历史信息进行图形化展示。具体包括基础地理信息和交通基础信息的展示、交通实时信息的展示、交通实时视频的展示和交通统计分析信息的展示。

(5)信息管理功能

该功能主要包括基础数据更新和版本控制功能、数据字典管理功能、数据质量管理功能以及历史数据备份和恢复功能。

交通综合信息平台对标准的需求可以划分为两类,即基础性标准和应用性标准(图 3-60)。前者主要用于在不同系统间,形成交通信息的一致理解和统一的坐标参照系统,是交通信息汇集、交换以及应用的基础,包括信息分类与编码、数据字典、数字地图标准、数据管理机制;后者是为平台功能发挥所涉及的各个环节提供一定的标准规范,以保证信息的高效汇集和交换,包括元数据标准、数据交换技术规范、数据传输协议、数据质量控制方法等。

①信息分类与编码

信息分类与编码标准是 ITS 标准化的一项基础工作,该类标准规定平台汇集、交换相关信息统一的分类系统和排列顺序以及编码规则,目的是使不同系统和用户之间的交通信息具有一致的参照标准,对提高信息采集、处理和信息交换效率具有重要作用。信息分类与编码标准的制定将有力推进平台标准化及 ITS 标准化的进程。按照交通运输业务系统的划分,结合平台建设阶段目标,当前急需制定道路交通信息采集的信息分类与编码标准,并以该分类编码标准为参照,逐步制定公共交通信息分类与编码、对外交通信息分类与编码等系列标准。

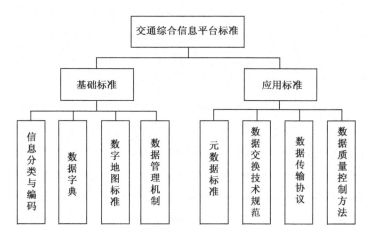

图 3-60　交通信息平台标准概况图

②数据字典

针对交通综合信息平台涉及的各个部门和不同领域,按照交通综合信息平台的实际需求,定义数据集,建立各个领域的数据字典,规范数据概念和数据定义。在此基础上,形成完备的交通综合信息平台数据集和数据字典。应特别注意,交通综合信息平台的数据字典虽然由各个应用领域的数据字典组成,但它不是各个应用领域的数据字典的简单叠加。交通综合信息平台数据字典中某应用领域的数据字典,不同于该应用领域自身的数据字典。

③数字地图标准

编制交通运输地理信息相关标准,如交通运输基础设施信息分类与编码、数据字典等标准,可为交通运输行业内管理人员、设计人员、开发人员、实施人员提供辅助参考信息,同时可以规范行业内对地理数据的要求,是建设具有互操作、信息共享交通运输地理信息应用系统的保障,有助于交通运输地理信息系统在初期阶段就保持高度一致性。因此,交通运输数字地图相关标准的制定是十分必要且紧迫的。

当前急需制定道路交通基础地理信息资源获取与建设领域相关标准,优先制定道路交通基础地理信息分类与编码、道路交通基础地理信息数据格式、道路交通基础地理信息内容要求和空间数据表达要求、道路交通基础地理信息数据交换技术规范、道路交通基础地理信息更新标准。

④数据管理机制

ITS中央数据登记簿的数据管理机制,是当前交通综合信息平台标准化需求最为迫切的领域之一。中央数据登记簿对于交通综合信息平台而言,是一种非常适合的数据管理机制。交通综合信息平台涉及多个部门、多种来源、数据内容、格式千差万别的海量数据,而且其管理的数据不仅包括已建成系统相关信息和当前可采集的数据,还应考虑未来ITS发展对数据管理对象的需求,因而应具备良好的扩展能力。通过中央数据登记簿,推行数据注册的管理机制,可以满足交通综合信息平台对数据管理的需求。

⑤元数据标准

交通信息元数据标准是描述交通数据资源的具体对象时所有规则的集合,它包括了完整描述一个具体数据对象时所需要的数据项集合。针对各种交通信息资源分别制定适当的元数据标准,可为交通信息的管理、发现和获取提供一种实际而简便的方法,从而提高数据交换效率。

⑥数据交换技术规范

为了保证数据共享和交换的顺利实现,必须明确定义和规范数据交换的相关标准。数据交换的标准规范是交通综合信息平台的核心标准。其中应当包括数据交换内容、数据交换格式、数据传输方式、各类中心间数据接口的标准化等方面。

⑦数据传输协议

从数据处理流程来看,交通综合信息平台从负责数据采集任务的 ITS 应用系统接收数据,对数据进行加工处理之后,提供给相关的部门、应用系统或最终用户。因而应当制定交通综合信息平台的数据接入接口规范、数据发布接口规范,并对平台采用的网络通信协议作出统一规定,制定相应的规范。

⑧数据质量控制方法

由于数据采集任务通常由其他二级平台完成,交通综合信息平台的标准方法主要集中在数据的加工和管理上。应该重点开发的一个领域是数据质量控制方法。应从三个方面对数据质量方法进行研究:"坏数据"或"不可靠数据"的识别、错误数据的编辑方法,以及缺失值的处理。

随着信息技术的发展和普及,特别是信息网络和信息高速公路的建设和应用,信息获取、综合分析和处理以及信息应用已经深入各行各业和社会的各个方面,为人们提供决策支持。由于信息化在各行各业和社会各个方面的展开,为了综合应用各种信息,需要对各方面的信息技术进行围绕因特网或信息高速公路的融合,以便产生新的增长点和开拓新的领域,不断地进行知识创新。

 技能训练

任务1:用 RJ45 头制作网络有线通信双绞线

【实验目的】

(1)通过 RJ45 水晶头制作网络连接线,进一步理解 EIA/TIA-568-B(简称 T568B)规范标准;

(2)熟练掌握网络连接线的制作方法。

【实验内容】

(1)按推荐 T568B 规范标准制作;

(2)摸索并掌握双绞线理序、整理的要领与技巧;

(3)用测试仪测试导通情况并记录,完成实验报告,总结成败经验。

【实验器材】

(1)按实验组提供(2 人一组):RJ45 头 2 个、双绞线 1.2m;

(2)RJ45 压线钳若干把、测试仪 1 套。

1.准备工具和材料(图 3-61)

(1)5 类(或超 5 类)双绞线;

(2)标准 RJ45 水晶头;

(3)网线钳;

(4)网线测试仪。

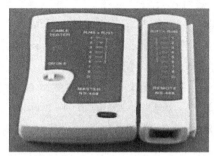

图 3-61 准备的工具和材料

2. 利用网线钳剥去双绞线线缆外皮

用双绞线网线钳把双绞线的一端剪齐,然后把剪齐的一端插入网线钳用于剥线的缺口中;顶住网线钳后面的挡位以后,稍微握紧网线钳慢慢旋转一圈,让刀口划开双绞线的保护胶皮并剥除外皮,如图 3-62 所示。

3. 理齐 4 对芯线

剥除外皮,看到双绞线的 4 对芯线后,可以看到每对芯线的颜色各不相同;把线缆依次排列好并理顺压直之后,应该细心检查一遍,之后利用压线钳的剪线刀口把线缆顶部裁剪整齐。需要注意的是,裁剪时应水平方向插入,否则线缆长度不一会影响到线缆与水晶头的正常接触。如图 3-63 所示。

4. 将 4 对芯线插入 RJ45 插头

将 RJ45 插头的弹簧卡朝下,然后将正确排列的双绞线插入 RJ45 插头中。插的时候一定要将各条芯线都插到底部。需要注意的是,要将水晶头有塑料弹簧片的一面向下,有针脚的一端向上,使有针脚的一端指向远离自己的方向,有方形孔的一端对着自己。由于 RJ45 插头是透明的,因此可以观察到每条芯线插入的位置。如图 3-64 所示。

双绞线在网络中的接线标准有以下几种:

图 3-62 剥去双绞线外皮

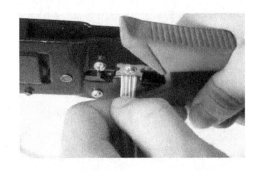

图 3-63　理齐芯线　　　　　　　　　　　图 3-64　插入水晶头

(1) 一一对应接法。双绞线的两端芯线要一一对应,即如果一端的第 1 脚为绿色,另一端的第 1 脚也必须为绿色的芯线,这样做出来的双绞线通常称之为"直连线"。但要注意的是,4 个芯线对通常不分开,即芯线对的两条芯线通常为相邻排列。这种网线一般用在集线器或交换机与计算机之间的连接。

(2) 1—3、2—6 交叉接法。虽然双绞线有 4 对 8 条芯线,但实际上在网络中只用到了其中的 4 条,即水晶头的第 1、第 2 和第 3、第 6 脚,它们分别起着收、发信号的作用。这种交叉网线的芯线排列规则是:网线一端的第 1 脚连另一端的第 3 脚,网线一端的第 2 脚连另一端的第 6 脚,其他脚一一对应即可。这种排列方式做出来的通常称之为"交叉线"。

(3) 100M 接法。这是一种最常用的网线制作规则。所谓 100M 接法,是指它能满足 100M 带宽的通信速率。它的接法虽然也是一一对应,但每一脚的颜色是固定的,具体是:第 1 脚——橙白,第 2 脚——橙色,第 3 脚——绿白,第 4 脚——蓝色,第 5 脚——蓝白,第 6 脚——绿色,第 7 脚——棕白,第 8 脚——棕色。

5. 利用网线钳进行压线

确认无误后,把水晶头插入压线钳的槽内压线,把水晶头插入后,用力握紧线钳,若力气不够的话,可以使用双手一起压,这样使得水晶头凸出在外面的针脚全部被压入水晶并头内,受力之后听到轻微的"啪"一声即可。压线之后,水晶头凸出在外面的针脚全部压入水晶并头内,而且水晶头下部的塑料扣位也压紧在网线的保护层之上。如图 3-65 所示。

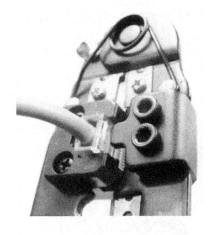

图 3-65　压线

6. 用网线测试仪对网线进行测试

把在 RJ45 两端的接口插入测试仪的两个接口之后,打开测试仪可以看到测试仪上的两组指示灯都在闪动。若测试的线缆为直通线缆,在测试仪上的 8 个指示灯应该依次为绿色闪过,证明了网线制作成功,可以顺利地完成数据的发送与接收。若测试的线缆为交叉线缆,其中一侧同样是依次由 1~8 闪动绿灯,而另外一侧则会根据 3、6、1、4、5、2、7、8 这样的顺序闪动绿灯。若出现任何一个灯为红灯或黄灯,都证明存在断路或者接触不良现象。

任务2:搭建采用WPA2加密方式的无线网络

1. 实训目的

掌握 WPA RSN 加密方式无线网络的概念与搭建方法。

2. 实训背景

小婷是一家企业的网络管理员,入职后,她发现公司内可搜到很多 SSID(Service Set Identifier),即服务集标识;SSID 技术可以将一个无线局域网分为几个需要不同身份验证的子网络,每一个子网络都需要独立的身份验证,只有通过身份验证的用户才可以进入相应的子网络,防止未被授权的用户进入本网络,直接连接就可接入无线网络,没有任何验证与加密手段。无线网络与有线网络相比,没有严格的物理范围,无线信号可以广播到公司大楼外。如此收到信号的人随意入公司网络,公司网络安全性差,建议采用 WPA2 加密对无线网加密及接入控制,只有输入正确的密码才能接入,且所传数据也应加密。

3. 实训需求分析

(1)防止非法用户连接,防止无线信号被窃听;

(2)共享密码接入认证,数据加密,防止非法窃听。

4. 实训无线网络拓扑结构(图3-66)

图3-66　无线网络拓扑

5. 实验设备

RG-WG54U,无线网卡1个;

RG-AP220E 无线接入点,1台;

PC 机,1台;

RG-S3760E 交换机,1台;

RG-WS5302 万兆以太网交换机,1台;

RG-E-130 服务器,1台。

6. 软件版本

无线交换机:System software version ：RGOS 10.4(1T7)，Release(110351)
无线 AP：System software version:RGOS 10.4(1T7)，Release(110351)
三层交换机:System software version:RGOS 10.4(2) Release(75955)
STA:Windows 7

7. 实验原理

RSN(Robust Secure Network,强健安全网络),即通常所说的 WPA2 安全模式,是 WPA 的第二个版本。它是在 IEEE802.11i 标准正式发布之后,由 WiFi 商业联盟制定的。RSN 支持 AES 高级加密算法,理论上提供了比 WPA 更优的安全性。同 WPA 类似,现有的 RSN 安全技术也可同多种认证、加密方法结合,打造一个更加安全的无线局域网。同 WPA 不同的是,在安全能力通告协商过程中,WPA 采用的是 WiFi 扩展的 IE(Information Element,信息元素)标识安全配置信息,而 RSN 采用的是标准的 RSNIE。

8. 实训方法与手段

配置好 WPA2 加密的无线服务,STA1(在 WLAN 中一般为客户端,可以是装有无线网卡的计算机,也可以是有 WiFi 模块的智能手机。STA 可以是移动的,也可以是固定的,是无线局域网的最基本组成单元)使用正确的 WPA2 密码可接入网络,STA2 输入错误 WPA2 密码不能接入。如图 3-67 所示。

图 3-67　无线网络加密模式

第一步:基本拓扑连接。

根据图 3-67 的拓扑图,将设备连接起来,并注意设备状态灯是否正常。

第二步:交换机配置。

将配置线一端连交换机,另一端连电脑 com 口,然后打开"超级终端"软件图,如图 3-68 所示。

图 3-68　配置交换机

Ruijie(config)#hostname RG-3760E
#为交换机命名
RG-3760E(config)#VLAN 10
#创建VLAN 10
RG-3760E (config)#VLAN 20
#创建VLAN 20
RG-3760E (config)#VLAN 100
#创建VLAN100
RG-3760E (config)#service DHCP
#启用DHCP服务
RG-3760E(config)#IP dhcp pool ap-pool
#创建地址池,为AP分配IP地址
RG-3760E (dhcp-config)#option 138 IP 9.9.9.9
#配置DHCP138选项,地址为AC的环回接口地址
RG-3760E (dhcp-config)#network 192.168.10.0 255.255.255.0
#指定地址池
RG-3760E (dhcp-config)#default-router 192.168.10.254
#指定默认网关
RG-3760E (config)#IP dhcp pool VLAN100
#创建地址池,为用户分配IP地址
RG-3760E (dhcp-config)#domain-name 202.106.0.20
#指定DNS服务器
RG-3760E (dhcp-config)#network 192.168.100.0 255.255.255.0
#指定地址池
RG-3760E (dhcp-config)#default-router 192.168.100.254
#指定默认网关
RG-3760E (config)#interface VLAN 10
RG-3760E (config-VLAN 10)#IP address 192.168.10.254 255.255.255.0
#配置VLAN10地址
RG-3760E (config)#interface VLAN 20
RG-3760E (config-VLAN 20)#IP address 192.168.11.2 255.255.255.0
#配置VLAN20地址
RG-3760E (config)#interface VLAN 100
RG-3760E (config-VLAN 100)#IP address 192.168.100.254 255.255.255.0
#配置VLAN100地址
RG-3760E (config)#interface Gigabit Ethernet 0/25
RG-3760E (config-if- Gigabit Ethernet 0/25)#switchport access vlan 10
#将接口加入到VLAN10
RG-3760E (config)#interface GigabitEthernet 0/26
RG-3760E (config-if- GigabitEthernet 0/26)#switchport mode trunk

#将接口设置为 trunk 模式
RG-3760E(config)#IP route 9.9.9.9 255.255.255.255 192.168.11.1
#配置静态路由
第三步:无线交换机配置。
Ruijie(config)#hostname AC
#命名无线交换机
AC(config)#VLAN 10
#创建 VLAN10
AC(config)#VLAN 20
#创建 VLAN20
AC(config)#VLAN 100
#创建 VLAN100
AC(config)#WLAN-config 1 <NULL> RUIJIE
#创建 WLAN,SSID 为 RUIJIE
AC(config-WLAN)#enable-broad-ssid
#允许广播
AC(config)#ap-group default
#提供 WLAN 服务
AC(config-ap-group)#interface-mapping 1 100
#配置 AP 提供 WLAN1 接入服务,配置用户的 VLAN 为 100
AC(config)#ap-config 001a.a979.40e8
#登录 AP
AC(config-AP)#ap-name AP-1
#命名 AP
AC(config)#interface GigabitEthernet 0/1
AC(config-if-GigabitEthernet 0/1)switchport mode trunk
#定义接口为 trunk 模式
AC(config)#interface Loopback 0
AC(config-if- Loopback 0)#ip address 9.9.9.9 255.255.255.255
#为环回接口配置 IP 地址
AC(config)#interface VLAN 10
#激活 VLAN10 接口
AC(config)#interface VLAN 20
AC(config-vlan 20)#ip address 192.168.11.1 255.255.255.252
#配置 VLAN20 接口 IP 地址
AC(config)#interface VLAN 100
#激活 VLAN10 接口
AC(config)#ip route 0.0.0.0 0.0.0.0 192.168.11.2
#配置默认路由
第四步:配置 WPA2 加密。

AC(config)#wlansec 1
AC(wlansec)#security rsn enable
AC(wlansec)#security rsn ciphers aes enable
AC(wlansec)#security rsn akm psk enable
AC(wlansec)#security rsn akm psk set-key ascii 0123456789

第五步:连接测试。

在 STA 上打开无线功能,这时会扫描到"RUIJIE"这个无线网络,如图 3-69 所示。

选择此无线网络,点击右键"属性",如图 3-70 所示。

图 3-69　无线网络连接　　　　图 3-70　无线网络属性

打开对话框,选"安全",如图 3-71 所示。

选择此无线网络,点击连接与连接成功图示,如图 3-72 所示。

打开命令窗口,使用 Ipconfig 命令查看其获取的 IP 地址,如图 3-73 所示。

图 3-72　无线网络连接

图 3-71　无线网络属性"安全"界面　　　　图 3-73　无线网络 IP

再使用 Ping 命令测试其与网关的连通性,如图 3-74 所示。

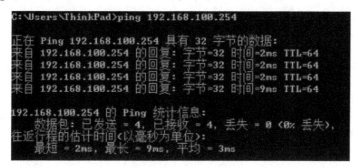

图 3-74　Ping 命令测试

1. 什么是计算机网络,它有哪些类型?
2. 计算机网络硬件都有哪些?
3. 计算机网络的逻辑组成包括哪几个部分?各个部分由哪些设备组成?
4. 在道路交通信息传输中,我们能运用哪些方式进行通信?
5. 协议功能包含哪些?网络通信的七层协议分别是什么?分别有什么作用?
6. 同轴电缆有哪些组成部分?我们是如何将同轴电缆进行分类的?
7. 双绞线有哪些种类?最常用的双绞线接口是什么?如何定义双绞线接口各个线的用途?
8. 光纤和光缆有什么不同?FC/APC接口代表了什么含义?
9. 光纤施工应注意哪些问题?
10. 无线通信和无线电通信有什么区别?
11. 最常用的无线通信技术有哪些?它们是根据什么分类的?
12. WiFi和蓝牙技术,是属于无线电通信还是微波通信?
13. 什么是图像滤波技术?
14. MPEG的作用是什么?
15. 什么是信息融合?

第四章 交通信息数据库存储与显示技术

1. 理解存储的基本概念；
2. 理解交通数据存储的重要性及其作用；
3. 了解常用数据存储技术及其特征；
4. 了解数据保护技术；
5. 理解交通信息发布技术。

信息是智能交通系统中重要的元素，随着大数据时代的到来，交通数据采集的范围、广度和深度急剧增加，随着智能交通系统建设规模的不断扩大，正在形成以微波、线圈、GPS、车牌等交通流检测数据，交通监控视频数据，以及系统数据和服务数据等为主体的海量交通数据。对智能交通系统中需要存储的数据和应用的复杂程度在不断提高，且交通数据需要长时间持续地保存到存储系统中，并要求随时可以调用，对存储系统的可靠性和性能等方面都提出了新的要求。在未来的复杂系统中，数据将呈现爆炸性的海量增长，提供对海量数据的快速存储及检索技术，显得尤为重要。存储系统正在成为智能交通系统未来发展的决定性因素。

在智能交通行业,数据分析的价值逐日凸显,比如交通流数据分析、城市轨道交通高峰时期客流数据分析等。下图是我国百度春运迁徙地图,通过解读可发现,2014年1月26日上午10点,在过去8小时内最热的迁入城市前三名是北京、重庆和赣州。无论重庆还是赣州,都是劳务输出的重点地区,而迁入北京的大部分是廊坊、天津、葫芦岛等地的人,他们只是将北京作为一个交通中转站而已。该图即利用大数据可视化技术,展示交通活动运行规律,因此,显示技术的目标是数据可视化,可视化的目标是标准化和提供可以自查询的工具。交通系统需要数据可视化工具,而不是数据科学家。

第一节 交通信息数据存储技术

一、概述

要对ITS数据进行存储,必须了解ITS数据所包含的数据类型及其内涵。随着国内城市交通管理基础设施的迅速发展,功能不断完善的各类交通检测器和电子信息化采集技术为交通管理领域提供了丰富的ITS数据源,为交通规划、信号控制、建模参数标定、交通诱导等交通应用的开展打下了良好的数据基础。按照数据存储使用用途,ITS数据分类如图4-1所示。

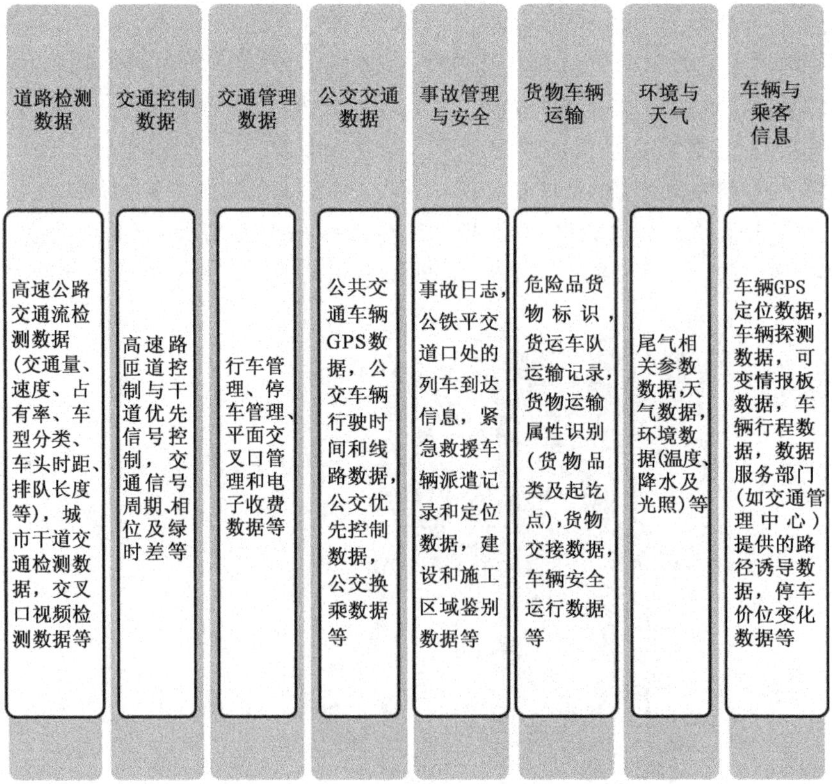

道路检测数据	交通控制数据	交通管理数据	公交交通数据	事故管理与安全	货物车辆运输	环境与天气	车辆与乘客信息
高速公路交通流检测数据(交通量、速度、占有率、车型分类、车头时距、排队长度等),城市干道交通检测数据,交叉口视频检测数据等	高速路匝道控制与干道优先信号控制,交通信号周期、相位及绿时差等	行车管理、停车管理、平面交叉口管理和电子收费数据等	公共交通车辆GPS数据,公交车辆行驶时间和线路数据,公交优先控制数据,公交换乘数据等	事故日志,公铁平交道口处的列车到达信息,紧急救援车辆派遣记录和定位数据,建设和施工区域鉴别数据等	危险品货物标识,货运车队运输记录,货物运输属性识别(货物品类及起讫点),货物交接数据,车辆安全运行数据等	尾气相关参数数据,天气数据,环境数据(温度、降水及光照)等	车辆GPS定位数据,车辆探测数据,可变情报板数据,车辆行程数据,数据服务部门(如交通管理中心)提供的路径诱导数据,停车价位变化数据等

图4-1 ITS数据分类

总体而言,交通数据几乎具有大数据所有特征:
(1)数据体量巨大,一周数据已达 PB 级。
(2)非格式化数据居多,如交通量、公交乘客分布、交通事件、视频、图片、地理位置等。
(3)价值密度低,管理和商业价值高。比如视频数据,在连续不间断的监控过程中,可能有用的数据只有 1~2s,但查找图像数据特征的处理速度快,基本已经符合 1s 定律。

智能交通系统涉及交通数据的采集、存储、处理、分析和显示等一系列的技术与工作。在整个系统中,所有的工作都离不开交通数据,也即交通数据是智能交通系统的核心内容。由此可见,交通数据作为一种信息,它不能孤立地存在,必须依附于特定的介质,这就涉及交通数据的存储问题。

在智能交通系统中,由人工或采集装置如 GPS、RFID、传感器、摄像头、视频监控器采集到的各类多媒体交通数据信息,如图形、图像、声音、视频、文字、数字等交通流检测数据,交通监控视频数据,以及系统数据和服务数据等为主体的交通数据,需要通过网络传输技术,将采集到的交通数据传输汇总到中央处理器中进行存储管理,为后续的交通数据分析、处理、决策、发布、显示做好数据准备。提供快速持久化的数据存储并进行有效的管理,同时为后续的数据分析、处理提供快速、安全的检索、存储的数据存储管理技术是实现智能交通系统的前提。

智能交通系统中的各个子系统必须各司其职,才能使庞大的智能交通系统作为一个整体有效地协作运行。交通信息采集与存储是其中重要的子系统之一,它是整个"大厦"的基石,承载着上层所有的重量,目的是为其他部分不断地输送数据资料,所以,其中的重要性不言而喻。存储系统是智能交通系统的重要组成部分,为各类交通数据提供集中存储和管理环境,为应用系统提供数据访问支撑。

综上,数据存储在智能交通系统中占有重要地位,且随着信息化建设的进行、交通数据的不断增长,出现了各种问题:

首先要解决怎么存储交通数据的问题,那么就需要大容量的存储设备,现在最大的 ATA 硬盘也不过 400G,可是一般的应用都到 TB 级,那么什么技术能解决这个问题呢?

这么多的重要数据存放在一起,不得丢失。那么怎么解决数据安全问题?

数据分为重要的、不重要的,存储费用昂贵,我们怎么解决数据的组织存放问题呢?

这些都需要我们去了解存储技术。

三 存储技术基础

1. 存储相关概念

由人工或采集装置采集到的交通数据必须存储起来,以便在进一步处理时可以进行访问。什么是数据存储?数据存储是一个很广泛的概念,简单来说,数据存储作为信息的载体,是信息数据生存的地方,用来进行信息记录。

在一个计算环境下,用来存储数据的设备被称为存储设备(Storage Device,或简称 Storage)。存储设备的类型取决于数据类型以及数据创建和使用的频率。像手机或数码相机中的内存、DVD、CD-ROM 和个人电脑中的硬盘等都是存储设备的实例。

说到存储设备,实际上它的范围非常的广,小到计算机系统中的几百 kB 的 ROM 芯片,大到上百 TB 的磁盘阵列系统,都可以用来保存数据,又都可以称为存储,可以说存储无处不在、无处不有。

通常,计算机中的各种数据可以驻留在不同的存储设备上,按照存储设备和存储技术的不同可分类如下:

(1)利用电能方式存储信息的设备(如各式存储器 RAM、ROM 等)

RAM 即随机存取存储器(Random Access Memory,RAM),又称随机存储器,是与 CPU 直接交换数据的内部存储器,也叫主存,如图 4-2 所示;ROM 即只读存储器(Read Only Memory,ROM),这样的存储器只能读,不能像 RAM 一样可以随时读和写。它的特点是一旦存储资料就无法再变更修改或删除,当然存储器在突然断电的时候也不会丢失数据。此类存储数据多用来存放固件,比如手机、MP3、MP4、数码相机等一些电子产品的相应的自带程序代码,这种情况下用户可以通过刷机方式读写 ROM。

图 4-2 RAM(随机存储器)

(2)利用磁能方式存储信息的设备

如硬盘、软盘、磁带、磁芯存储器、磁泡存储器(磁泡存储器在 20 世纪 70 年代出现,但在 80 年代硬盘价格急剧下降的情况下未能获得商业上的成功)、U 盘等,如图 4-3 所示。

a)硬盘　　　　　　　b)软盘

c)磁带　　　　　　　d)U盘

图 4-3　利用磁能方式存储信息的设备

(3)利用光学方式存储信息的设备

如光盘,早先的光盘主要用于电影行业,第一款光盘于 1987 年进入市场,直径为 30cm,每一面可以记录 60min 的音频或视频。如今,光盘技术已经突飞猛进,存储密度不断提高,已经出现了 CD、DVD、蓝光技术,如图 4-4 所示。

(4)利用磁光方式存储信息的设备

如 MO 磁光盘,如图 4-5 所示。

(5)利用其他物理如纸卡、纸带等存储信息的设备

如打孔卡、打孔带、绳结等,如图 4-6 所示。

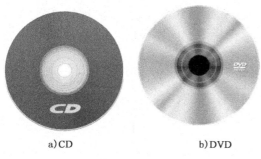

a) CD   b) DVD

图 4-4 利用光学方式存储信息的设备

a) 打孔卡

图 4-5 MO 磁光盘

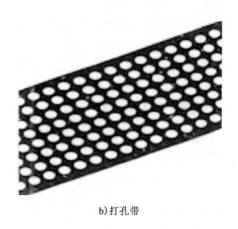

b) 打孔带

图 4-6 其他存储设备

(6)网络存储系统

随着存储技术的发展和 IT 系统需求的不断升级,出现了利用高速网络进行大数据量存储信息的系统。这也是下一章将要叙述的重点内容。

2. 数据网络存储主要技术

在计算机系统中,存储分为外部存储和内部存储,这里我们谈存储指的是计算机系统中的外部存储,如果再把概念收缩一下,一般来讲,我们谈存储是指存储系统,并不是简单谈硬盘、软盘等。

存储系统是信息技术发展的结果。早先的存储形式是存储设备(通常是磁盘)与应用服务器的其他硬件直接安装于同一个机箱之内,并且该存储设备是为本台应用服务器独占使用的。

随着服务器数量的增多,磁盘数量也在增多,且分散在不同的服务器上,查看每一个磁盘的运行状况都需要到不同的应用服务器上去查看,更换磁盘也需要拆开服务器,并中断应用。于是,一种希望将磁盘从服务器中脱离出来,集中到一起管理的需求出现了。

由此,数据网络存储方案应运而生,它是指通过网络存储设备,包括专用数据交换设备、磁盘阵列或磁带库等存储介质以及专用的存储软件,利用原有的网络或构建一个存储专用网络,为用户提供统一的信息存取和共享服务。

数据网络存储是当前数据存储的主流方式,网络存储的一个特点就是数据集中存储和管理,在一个或多个大容量介质中通过有效的管理软件,进行数据存储,使得这些数据可以在一定条件下实现共享,消除了"数据孤岛"现象。同时,网络存储可以方便大型数据仓库的建设,使得数据分析、数据挖掘等技术的应用更加灵活,对数据的管理更加简单、便捷。网络存储的出现满足了人们对交通数据大容量存储、数据有限制共享、数据挖掘和信息充分利用、数据可靠性、数据备份与安全性、数据管理的简单化和统一化的要求。同时,网络存储还具有很强的可扩展性,可以提供大数据量信息的高速传输。

按照存储与主机连接方式,数据网络存储可大致分为三种:DAS(直接附加存储)、NAS(网络附加存储)、SAN(存储区域网络)。下面详细介绍其各自的实现原理和特点,其中针对存储与主机连接所使用到的相关协议请参考相关存储书籍。

1) DAS 直接附加存储

直接附加存储(Direct Attached Storage,DSA),是指将存储设备通过 SCSI 线缆或光纤通道直接连接到服务器上。目前使用最多的光纤线直连存储如图 4-7 所示。图中,一个 SCSI 环路或称为 SCSI 通道最多可以挂载 16 台设备;FCS 可以在仲裁环的方式下支持 126 个设备。

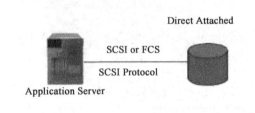

图 4-7　光纤线直连存储

DAS 方式实现了机内存储到存储子系统的跨越,但缺点依然很多,主要是:

(1) 扩展性差——服务器与存储设备直接连接的方式导致出现新的应用需求时,只能为新增的服务器单独配置存储设备,造成重复投资。

(2) 资源利用率低——DAS 方式的存储,长期来看,其存储空间无法得到充分利用,存在浪费。不同的应用服务器面对的存储数据量是不一致的,同时业务发展的状况也决定着存储数据量的变化。因此,出现了部分应用对应的存储空间不够用,另一些却有大量的存储空间闲置的情况。

(3) 可管理性差——DAS 方式数据依然是分散的,不同的应用各有一套存储设备。管理分散,无法集中。

(4) 异构化严重——DAS 方式使得企业在不同阶段采购了不同厂商不同型号的存储设备,设备之间异构化现象严重,导致维护成本居高不下。

由于以上诸多缺点,在大型数据中心,DAS 结构相对较少,更多时采用 SAN 架构来实现主机与存储互联。

2) SAN 存储区域网络

存储区域网络(Storage Area Network,SAN),是一种通过网络方式连接存储设备和应用服务器的存储结构,这个网络专用于主机和存储设备之间的访问。当有数据存取需求时,数据可以通过存储区域网络在服务器和后台存储设备之间高速传输。

目前常用的 SAN 结构根据协议和连机器的不同,主要可以分为两种:一种是 FC SAN,另一种是 IP SAN。主流的存储阵列由于同时提供光纤通道接口和普通网络接口,因此能够利用 FC SAN 和 IP SAN 结构与主机连接,如图 4-8 所示。

SAN 的发展历程较短,从 20 世纪 90 年代后期兴起,由于当时以太网的宽带有限,而 FC 协议在当时就可以支持 1Gbit/s 的宽带,因此早期的 SAN 存储系统多数由 FC 存储设备构成,导致很多用户误以为 SAN 就是光纤通道设备,其实 SAN 代表的是一种专用于存储的网络架构,与协议和设备类型无关。随着千兆以太网的普及和万兆以太网的实现,人们对于 SAN 的理解将更为全面。

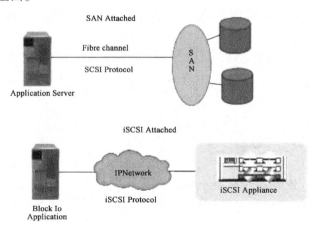

图 4-8　FC SAN 和 IP SAN 结构与主机连接

目前主流厂商的 FC SAN 已经能够实现 8Gbit/s 的宽带,而以 10Gbit/s 以太网为基础的 IP SAN 由于价格原因还没有广泛应用,IP SAN 目前采用更多的是 1Gbit/s 带宽实现,因此在数据中心,FC SAN 还是处于绝对垄断的地位。但从 IP SAN 迅猛发展趋势来看,我们有理由相信,未来 IP SAN 技术一定会成为 SAN 技术中有竞争力的技术之一。

SAN 架构有以下诸多优点:

(1) 利用 SAN 架构进行数据整合,多台服务器可以通过存储网络同时访问存储系统,不必为每台服务器单独购买存储设备,降低了存储设备异构化程度,减轻了维护工作量,降低了维护费用。

(2) SAN 能够实现数据集中,不同应用对应的服务器数据实现了物理上的集中,空间调整和数据复制等工作可以在一台设备上完成,大大提高了存储资源利用率。

(3) SAN 具有高扩展性,存储网络结构使得服务器可以方便地接入现有 SAN 环境,能较好地适应应用变化的需求。

可见,SAN 与 DAS 相比降低了总体拥有成本,实现了存储设备的整合和数据集中管理,大大降低了重复投资率和长期管理维护成本。但另一方面,SAN 由于不得不购买昂贵的交换设备,在小型存储环境中的相对成本较高。目前数据中心广泛采用 SAN 架构作为存储系统的基础架构。

3) NAS 网络附加存储

网络附加存储(Network Attached Storage,NAS)是一种文件共享服务。NAS 拥有自己的文件系统,通过 NFS 或 CIFS 协议对外提供文件访问服务,如图 4-9 所示。

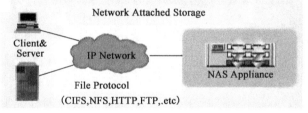

图 4-9　NAS 文件共享示意图

NAS 从结构上分为文件服务器和后端存储系统两大部分。文件服务器上装有专门的操作系统,通常是定制的 Unix、Linux 操作系统,或者是一个简化的 Windows 操作系统。这些操作系统为文件系统的管理和访问做了专门的优化。文件服务器(FS)利用 NFS 或 CIFS 充当远程文件系统,对外提供文件级的访问,因此 NAS 文件服务器也称为 NAS 网关。后端存储系统主要由磁盘阵列构成,通过数据存储的空间支持,另外,文件服务器的操作系统也有直接集成在磁盘阵列上的。因此,NAS 和 SAN 并不是两种竞争的技术,二者通常相互补充,以提供对不同类型数据的访问。SAN 针对海量的面向数据块的数据传输,而 NAS 则提供文件级的数据访问和共享服务。越来越多的数据中心采用 SAN + NAS 的方式实现数据整合、高性能访问以及文件共享服务。NAS 有以下优点:

①NAS 可以即插即用,通过多 NAS 网关设计实现高可用架构,可以提供几乎不间断的文件访问服务。

②NAS 通过 TCP/IP 网络连接到应用服务器,因此可以基于已有的企业网络方便连接。

③专用的操作系统支持不同的文件系统,提供不同操作系统的文件共享。

④经过优化的文件系统提高了文件的访问效率,同时也支持多种网络协议。即使应用服务器不再工作了,其他服务器依然可以读出 NAS 上的数据。

NAS 访问需要经过文件系统格式转换,所以不适合块级的应用,尤其是要求使用裸设备的数据库系统应用。

存储虚拟化和云存储是未来存储的发展方向。存储虚拟化是为存储用户提供统一的虚拟存储池;云存储将大量各种不同类型的存储设备通过应用软件集合起来协同工作,共同对外提供数据存储和业务访问功能,是更高层次的数据存储和管理方式。

(1)存储虚拟化

虚拟存储化是具体存储设备或存储系统的抽象。存储虚拟化即把分散的、不同品牌或不同级别的存储产品统一到一个或几个大的存储池中,用户看见的不再是孤立的、分散的系统,而是一个统一的整体。用户管理的也是一个整体存储系统,而不是一个一个的具体的系统。存储虚拟化能够方便用户对存储资源的使用,减小存储系统管理开销,优化存储系统性能,提高存储资源利用效率。当期,基于网络的存储虚拟化的主流是 SAN 的虚拟化。

在虚拟存储环境下,存储将不依赖于地理位置和互联体系结构,变得可视、具有弹性、可移动而且安全。用户将不必担心使用的是何种设备,他们所需要关心的将仅仅是使用空间的大小,而这也仅仅是管理存储空间的分配,而不是具体的某一物理设备。目前倡导虚拟存储的厂商众多,传统厂商以 HDS、HP、SUN 为代表,纯软件厂商以 FalconStor、StoreAge、Datacore 等为代表。

(2)云存储

云存储是指通过集群应用、网格技术或分布式文件系统等功能,将网络中大量各种不同类型的存储设备通过应用软件集合起来协同工作,共同对外提供数据存储和业务访问功能的一个系统。云存储的核心是应用软件与存储设备相结合,通过应用软件来实现存储设备向存储服务的转变。简单来说,云存储就是将储存资源放到云上供人存取的一种新兴方案,如图 4-10 所示。云存储

图 4-10 云状的网络存储结构

的概念一经提出,就得到了众多厂商的关注和支持。云存储作为一项新的存储技术,有望把管理及保护数据的负担转移给云存储提供商,有效降低大规模存储系统的总体拥有成本。但云存储服务进入实用化还有不少研究开发工作要做。

3. 数据保护技术

数据保护,就是对当前位置上的数据进行备份,以防突如其来的磁盘损坏,或者其他各种原因导致的数据不可被访问,或者部分数据损坏,影响到业务层。备份后的数据,可以在数据损毁后恢复到生产磁盘上,从而最大限度地降低损失,保护数据的安全。下面简单介绍几种常用的数据保护技术。

1) RAID 技术

RAID(廉价磁盘冗余阵列,Redundant Array of Inexpensive Disks),是为解决大容量的存储以及数据安全问题出现的技术,该技术是由美国加州大学伯克利分校 D. A. Patterson 教授在 1988 年提出的,作为高性能、高可靠的存储技术,目前已经得到了广泛的应用。最早出现 RAID 是因为数据的不断增长需要大容量的存储,而当时单个的硬盘存储容量远远不够,就需要将多个硬盘绑定成为一个更大容量的硬盘,RAID 由此出现。不过 RAID 还有更多功能,有些能够解决数据访问速度的问题,有些能够实现数据保护等。

RAID 技术经过不断的发展,现在已拥有从 RAID 0 到 5 等不同明确标准级别的 RAID 级别,另外还有 6、7、10(RAID1 与 RAID 0 的组合)、01(RAID 0 与 RAID1 的组合)等。不同的 RAID 级别代表着不同的存储性能、数据安全性和存储成本。下面我们主要了解一下常用 RAID 的形式到底有哪些。

RAID0:RAID0 也称为条带化(Stripe),见图 4-11,将数据按一定的大小顺序写进阵列的磁盘里,RAID0 可以并行地执行读写,可以充分利用总线的带宽。理论上讲,一个由 N 个磁盘组成的 RAID0 系统,它的读写性能将是单个磁盘读取性能的 N 倍,且磁盘空间的存储效率最大(100%)。RAID 0 有一个明显的缺点:不提供数据冗余保护,一旦数据损坏,将无法恢复。RAID0 应用于对读取性能要求较高但所存储的数据为非重要数据的情况。

RAID1:数据条带化并镜像,如图 4-12 所示,它将数据完全一致地分别写到工作磁盘和镜像磁盘,因此它的磁盘空间利用率为 50%,在数据写入时,时间会受到影响,但是读数据时没有任何影响。其特点是数据镜像有数据保护,但是容量浪费很大。RAID1 应用于对数据保护极为重视的应用。

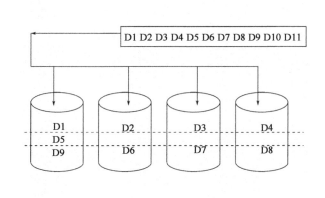

图 4-11　RAID0 磁盘结构

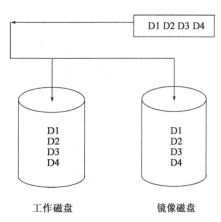

图 4-12　RAID1 磁盘结构

RAID2：RAID2 称为纠错海明码磁盘阵列，阵列中序号为 2N 的磁盘(第 1、2、4、6…)作为校验盘，其余的磁盘用于存放数据，磁盘数目越多，校验盘所占比率越小。RAID2 在大数据存储的情况下性能很高。RAID2 的实际应用很少。

RAID3：RAID3(图 4-13)采用一个硬盘作为校验盘，其余磁盘作为数据盘，数据按位或直接的方式交叉地存取到各个数据盘中。不同磁盘上同一带区的数据作异或校验，并把校验值写入校验盘中。RAID3 系统在完整性的情况下读取时没有任何性能的影响，读性能与 RAID 0 一致，却提供了数据容错能力，但是在写时性能大为下降，因为每一次写操作，即使是改动某个数据盘上的一个数据块，也必须根据所有同一带区的数据来重新计算校验值并写入校验盘中，一个写操作包含了写入数据块、读取同一带区的数据块、计算校验值、写入校验值等操作，系统操作大为增加。

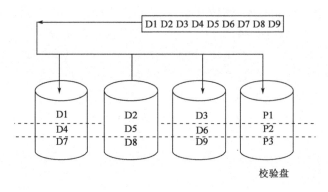

图 4-13　RAID3 磁盘结构

当 RAID3 中有数据盘出现损坏时，不会影响用户读取数据，如果读取的数据块正好在损坏的磁盘上，则系统需要读取所有同一带区的数据块，然后根据校验值重新构建数据，系统性能会受到影响。

RAID4：RAID4 与 RAID3 基本一致，区别在于条带化的方式不一样，RAID4 按照块的方式存放数据，所以在写操作时只涉及两块磁盘，即数据盘和校验盘，提高了系统的 I/O 性能。但面对随机分散的写操作，单一的校验盘往往成为性能瓶颈。

RAID5：RAID5(图 4-14)与 RAID3 的机制相似，但是数据校验的信息被均匀地分散到阵列的各个磁盘上，这样就不存在并发写操作时的校验盘性能瓶颈。阵列的磁盘上既有数据，也有数据校验信息，数据块和对应的校验信息会储存于不同的磁盘上，当一个数据盘损坏时，系统可以根据同一带区的其他数据块和对应的校验信息来重构损坏的数据。

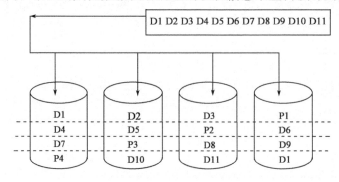

图 4-14　RAID5 磁盘结构

RAID6：RAID6 提供两级冗余，即阵列中的两个驱动器运行失败时，阵列仍然能够继续工作。一般而言，RAID6 的实现代价最高，因为 RAID6 不仅要支持数据的恢复，又要支持校验的恢复，这使 RAID6 控制器比其他级 RAID 更复杂且更昂贵。

RAID7：RAID7 的全程是最优化的异步 I/O 效率和高数据传输率。它与以前我们见到的 RAID 级别具有明显的区别。RAID7 完全可以理解为一个独立存储计算机，它自身带有操作系统和管理工具，完全可以独立运行。

RAID10：RAID10（图 4-15）是 RAID1 和 RAID0 的结合，也称为 RAID(0+1)，它先做镜像然后做条带化，既提高了系统的读写性能，又提供了数据冗余保护。RAID10 的磁盘空间利用率和 RAID1 是一样的，为 50%。RAID10 适用于既有大量的数据需要存储，又对数据安全性有严格要求的领域，比如金融，证券等。

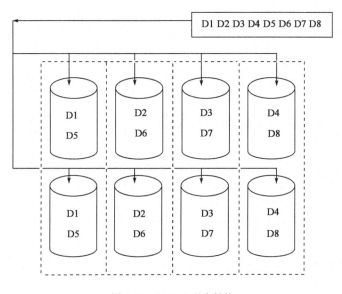

图 4-15　RAID10 磁盘结构

RAID01：RAID01（图 4-16）也是 RAID0 和 RAID1 的结合，但它是对条带化后的数据进行镜像。与 RAID10 不同，RAID01 一个磁盘的丢失等同于整个镜像条带的丢失，所以一旦镜像盘失败，则存储系统成为一个 RAID 0 系统（即只有条带化）。RAID01 的实际应用非常少。

2）数据备份

数据备份（Backup）一般是指利用备份软件（如 Veritas 的 NetBackup、CA 的 BrightStor 等）把数据从磁盘备份到磁带进行离线保存（最新的备份技术也支持以磁盘到磁盘的备份，也就是把磁盘作为备份数据的存放介质，以加快数据的备份和恢复速度）。备份数据的格式是磁带格式，不能被数据处理系统直接访问。在源数据被破坏或丢失时，备份数据必须由备份软件恢复成可用数据，才可让数据处理系统访问。备份时，我们主要考虑以下几个因素：首先是备份目标数据的位置，其次是备份目标数据的容量，当然最关键的是考虑备份或恢复的窗口，以及大概要用多少时间能够完成备份或恢复操作。

3）数据复制

数据复制（Replication）是指利用复制软件（如 EMC 的 SRDF、H3C 同步异步镜像等）把数据从一个磁盘复制到另一个磁盘，生成一个数据副本。这个数据副本是数据处理系统直接可以访问的,不需要进行任何的数据恢复操作。

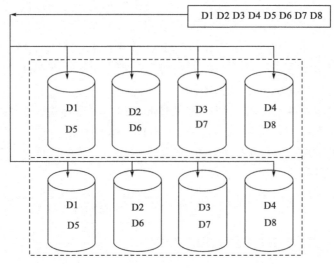

图 4-16　RAID01 磁盘结构

三　交通信息存储案例及其发展趋势

目前 ITS 系统根据应用服务领域的不同,大致包含视频监控系统、交通指挥与诱导系统、自动驾驶与导航系统、辅助驾驶系统、智能收费系统、交通违章管理系统等子系统,而其中视频监控系统为大多交通系统提供更为直观方便的数据,如采集交通流量、平均车速、车头间距、车辆类别等交通参数信息(详见第二章第三节),下面以视频监控系统为例说明交通数据存储方式。

视频监控系统的图像典型的存储方式有以下几种。

1. 磁带存储

早期的存储设备,通过磁带录像机,把重要的视频和音频信息录制到磁带上,但是需要定期更换磁带,磁带在保存等方面都需要专门的空间和环境,并且在查找所需要的录像资料方面需要仔细地查对核实,是一种已经淘汰的存储架构。

2. DAS 存储

DVR(硬盘录放机)出现后,实现了图像的数字化存储,DVR 很快替代了 VCR。轨道交通视频监控系统常用的 DVR 即是 DAS 存储架构的一种应用。服务器通过 SCSI(小型计算机系统接口)或光纤通道直连外置存储设备,存储设备直接连接到 DVR 上,实现对 DVR 存储容量的扩容。DVR 由于价格低廉,设备成熟,在轨道交通图像监控存储的发展史上扮演着非常重要的角色。

不论是 PC 式还是嵌入式硬盘录像机,都是通过内部添加多块硬盘来扩大存储容量的,如海康和大华的 16 路嵌入式硬盘录像机,内部可以添加 8 块 IDE 或 SATA 硬盘,可满足 16 路设备的数据存储需求。但是这种方式存在一个缺点,即如何实现数据的高可靠性。因为嵌入式硬盘录像机的电路都是专业系统,不能添加卡等设备,因此数据只能连续保存在硬盘上,当硬盘出现故障时,一般数据只能丢失。

3. NAS 存储

目前的监控设备都具有网络接口,并且数据可以在网络上得到很好的传输,目前网络的传输速度已经达到了千兆级,可以满足设备的传输,通过把各个硬盘录像机的数据从本地取出后通过网络传输到 NAS 设备端来实现数据的集中存储,通过 NAS 的数据保护机制来实现数据的冗余,并且数据容易扩充。

4. SAN 存储

随着交通视频监控系统逐渐转向数字化、网络化和大规模组网,SAN 的存储方式成为视频监控系统的选择。SAN 架构可分为 FC SAN 和 IP SAN 两种,其中 IP SAN 存储方案如图 4-17 所示。

以下案例为国内某市智能交通的存储项目,利用 IP SAN 存储技术设计存储方案。

该市公安交警部门内设 1 处 1 部 3 室 9 个支队和 36 个科室大队。该部门对全市上百个道路监控网站点进行合理有效的监督与管理,其应用容量为 440TB,拥有摄像头 500 个,视频格式采用 D1 格式,数据保存时间需要 30 天。对后端存储的可靠性和扩展性要求较高,需要搭建具有高性能、高稳定性和大容量的数据存储系统。

针对用户应用需求,本方案采用 7 台 SkySAN IP-SAN 双控主机柜和 30 台 SkySAN IP-SAN 双控扩展柜组成的双控高可用监控存储解决方案,拓扑图如图 4-17 所示。

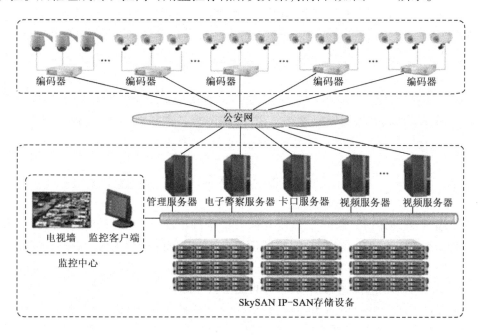

图 4-17 某市城市道路监控系统拓扑图

该方案的应用效果反馈如下:

(1)双控制安全保障。采用了 SkySAN IP-SAN 双控制器存储设备,双控制器互为冗余,且内部有 Cache 保护电池。整台设备采用无线缆设计,包括控制器、电源、风扇、硬盘、网络、OS、系统固件等部件均支持冗余,支持热插拔,无单点故障。

(2)大容量和高性能。单台主柜设备后端为 6 个千兆网口,完全可满足前端视频服务器的存储性能要求,支持多客户端并发回放录像,支持 SAS 扩展。

(3)低碳存储。应用绿色 MAID 技术,支持节能策略,降低消耗。

(4)高稳定性。采用双控制器设计,控制器切换无缝进行,支持 7×24 小时工作,设备运行稳定性高。

（5）高效维护管理。基于 Web 的管理界面，集成了性能监控、系统内部运行状态查看、系统日志搜索、故障快速定位、网络快速配置等功能，非常方便后期维护。

5. 云存储

随着视频监控系统规模的不断扩大，以及高清视频的大规模应用，对视频监控系统中需要存储的数据和应用的复杂程度在不断提高，且视频数据需要长时间持续地保存到存储系统中，并要求随时可以调用，对存储系统的可靠性和性能等方面都提出了新的要求。在未来的复杂系统中，数据将呈现爆炸性的海量增长，提供对海量数据的快速存储及检索技术，显得尤为重要。存储系统正在成为视频监控技术未来发展的决定性因素。

以北京市为例，6 万余辆出租车一天就会产生数亿条 GPS 数据，车牌识别、交通监控视频等数据量更大，与交通相关的数据量级已从 TB 级别跃升到 PB 级别，传统的交通存储方法已很难有效支撑这么庞大的数据体的存储与利用。面对百 PB 级的海量存储需求，传统的 SAN 或 NAS 在容量和性能的扩展上存在瓶颈，而云存储可以突破这些性能瓶颈，实现性能与容量的线性扩展，这对于追求高性能、高可用性的企业用户来说是一个新选择。

云存储是近年来在存储领域兴起的一种新技术，云存储，顾名思义，是将复杂的存储功能实现封闭在云端，通过一种简单的方式为用户提供优质的存储服务。具体过程是云存储通过软件将系统内大量不同类型的存储设备管理起来，运用虚拟化技术、集群化技术、离散存储技术、分布式数据库等对系统内的设备资源、存储容量资源进行专业化整合，为用户提供大容量、高性能的透明存储服务。

随着云存储技术的不断发展和完善，在云存储为交通行业定制开发的思想指导下，智能交通这一看似朦胧、飘渺的构想将逐渐丰满、现实。想必在科技日新月异的今天，我们很快就能感受到云存储给整个交通行业带来的蓬勃生机。

第二节　交通信息发布技术

交通信息发布技术，简单来讲，是从存储系统中调出所需的采集与处理后的交通信息。发布即告知，属数据可视化，将海量的数据拆解，让数据变得简单易懂。与交通发布相关的部门有两类，一类是以提高交通效率、安全、环境质量为目的的政府部门，如交通运输部；另一类是靠收取广告和终端用户费用来运营的民营服务商，比如高德地图、百度地图。发布的基本方式有两种：固定设备和移动终端，它们均依赖基础设施建设，固定设备如基础设施一侧的电话、服务器、接收机、天线等；移动设备终端包括车载电话设备、移动电话、笔记本等。以下以交警的智能交通管理系统控制的交通信息显示系统为例，了解交通信息发布过程。

该系统由交通监控管理中心、道路交通状况监视系统、交通信息传输网络、交通标志显示牌控制器以及交通标志显示牌组成。显示系统通过道路交通状况监视系统获得实时交通信息，经交通监控管理中心处理，为辖区内所有交通标志显示牌产生相应的实时交通标志信息，并通过交通信息传输网将交通标志信息传输给相应的交通标志显示牌控制器，由交通标志显示牌控制器通过无线或者有线网络接收此实时交通标志信息，并将此信息在交通标志显示器上显示出来，响应交通参与者的目标。

交通信息发布系统功能如图 4-18 所示。

采集实时交通信息，可通过以下途径：

(1) 通过带 GPS 功能的手机以及其他移动设备收集位置信息及移动速度信息，通过大量的数据得到某个路段的交通情况。

(2) 传感器：包括道路上埋设的环形线圈（仅适用于理想天气情况）。

(3) 路口摄像头：对拍摄的实时图片进行智能化提取和行为分析。此种方式可以作为一种辅助的测量方式，它可以实时切换到事故或者意外的发生地点，确保导航判断的准确性。

(4) 大多路况数据主要来自第二章中提到的浮动车数据处理及分析技术。出租车、长途汽车、物流车等，装有 GPS 的车辆都可作为浮动车。通过通信网络，把这些车的经纬度、车头方向、速度等信息传递到数据处理中心，计算出实时路况数据。当某网络内的车辆足够多时，以这种方式得到的结果也足够精准。其唯一的问题是时效性差，因为路况是随时都在变化的。按照目前的技术，数据传输延迟可控制在 3~5min。

(5) 另外，要做到更加准确地对实时交通路况进行预报和导航，还需要人工的参与，比如搜集官方网站上的交通管制通告，122 事故报警的人员通告，当地交通广播台播报的信息，互联网的信息等（图 4-19）。

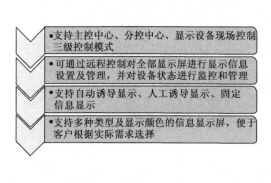

图 4-18 交通发布系统功能

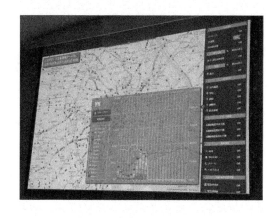

图 4-19 交通信息发布界面

交通信息发布主要有以下途径：
(1) 互联网发布（网站等）；
(2) 交通标志显示牌发布（LED 显示屏等）；
(3) 移动终端发布（手机等）；
(4) 媒体播报，如 FM 调频、微信。

 **LED 显示**

在 LED 显示（图 4-20）的众多应用领域中，交通信息的显示是其中的重要应用领域之一，特别是信息时代的到来，智能交通系统的发展，在为社会公众服务的交通领域，信息发布成为重要的服务内容，各类信息显示设备成为机场、火车站、码头、公交车站、高速公路、城市道路、停车场等面向公众发布信息的主要手段。其中，LED 显示以其高亮度、高可靠性等特点受到青睐。

智能化交通信息服务系统一般包括信息源、信息处理和信息发布显示等部分，其中的发布显示主要是利用各种多媒体显示设备，如 LED 显示屏、LCD 显示屏、CRT 显示屏、PDP 显示屏等。

现代信息显示技术的发展,形成了 CRT、LCD、PDP、LED、EL、DLP 等系列的信息显示产品。纵观各类显示产品的发展,14 英寸以下显示屏是 LCD 占主导地位,14～32 英寸显示屏是以 CRT 为主导,40～70 英寸显示屏甚至 100 英寸显示屏将是 PDP 的市场,100 英寸以上显示屏,无论是室内还是室外,LED 显示屏以绝对的优势成为主流产品。

图 4-20　LED 显示屏

在我国交通运输行业中,相对来说,机场航班动态信息显示系统在系统构成、显示终端等方面总体上比较领先;铁路旅客引导信息显示系统的起步比较早,显示手段传统上以 LED 和 CRT 为主,近年来发展迅速,系统与客运自动化系统联网,表现出优良的智能化水平;道路交通诱导系统正迅速兴起。LED 显示成为主要的信息显示手段,是道路交通诱导系统的主要发布载体,该系统是现代城市智能化交通管理系统中重要的交通信息服务系统,系统实时处理和分析交通动态状况,由控制中心的指挥决策者通过人工或自动的方式,对外发布和显示交通信息、道路状况等,减少堵塞程度,提高道路通行能力。

实践中,面向公众的交通诱导信息一般是在室外环境下发布,由于 LED 显示的高亮度特点,各种形式的 LED 显示成为交通诱导信息主要的发布载体。常见的交通诱导 LED 显示方式有交通诱导 LED 显示屏(可变情报板)、交通诱导路径显示牌、停车指示牌、可变标识标志等。

交通诱导信息室外 LED 显示,根据道路交通管理的要求和交通诱导信息发布显示的实际情况,在具体的使用功能上具有以下特点:高亮度,视角合理;显示颜色以红、绿、黄为主;显示亮度自动可调;全天候工作,环境条件复杂;远程控制,智能检测;安全性、实时性、准确性、可靠性高。

目前公路 LED 可变情报板等已成规范和标准化产品,新建道路有标准规范配套设施的要求[中华人民共和国公共安全行业标准《车载式道路交通信息显示屏》(GA/T　742—

2007)],现有的道路需要补充完善,该方面市场容量较大。

据研究统计,LED 用作汽车主制动灯时的响应时间比传统的白炽灯要快 80ns,在高速公路上行驶会增加 4~6m 的安全距离。由于 LED 良好的抗震性能、节电、绿色环保等特点,在汽车照明、灯饰等方面的应用也会有良好发展。目前国内外许多品牌的汽车制造商已经开始采用 LED 制动灯、仪表灯和照明灯。而且,随着物联网技术的深入人心,汽车驾驶系统也可连接城市的交通灯网络,让交通信息显示在汽车仪表盘上。该辅助系统能精确计算距离下一个红绿灯的距离及红绿灯切换时间,提示驾驶员采用适当车速行驶,从而避免遇上红灯或减速避免闯红灯现象,这一系统还可以使碳排放量降低 15%。该技术已被汽车厂商开发并运用(图 4-21)。

图 4-21 LED 车况显示屏

目前道路交通诱导 LED 显示标志在各个城市迅速增长,比如行车速度显示屏可为驾驶员提供更多实时交通信息。驾驶员可通过行车速度屏得知各条路线上的行车速度及行车时间,从而选定合适的路线。交通诱导 LED 显示屏目前仍为主流产品,大多简单、经济、实用。从全国范围内看,随着城市化进程和道路市政建设的发展,新建交通路口数量不断增加,目前使用的传统交通信号灯也在被 LED 信号灯替换。交通部门预测国内道路 LED 交通信号灯市场容量应该在几十亿元左右。另外,公路车道指示灯,机场、铁路、航运等领域的信号、标识类用灯,也存在着很大的市场潜力。

二 互联网站与 FM 调频

一般区域交通管理部门主导的公众出行门户网站(图 4-22),一般以交通业务数据为中心,包含长途客运、高速路况、航班信息、公路气象、列车信息、公交出行、交通事件等服务板块,用场景化、人性化、可视化手段整合海、陆、空、铁等各种交通数据资源,为公众出行提供权威、专业、全面、实时、便捷、实用的交通信息服务。

面对海量的信息,人眼无可争议地是获取信息最主要的器官,但仅通过人眼获取信息也有局限,如走路和开车时不便使用,长期盯着屏幕会损伤视力。因此,如果能充分利用耳朵来获取信息,则可充分利用时间,如很多驾驶员在车内安装蓝牙耳机。所以,接收调频 FM(图 4-23)也是一种交通信息"显示"技术,辅助交通信息透明化,且价格低廉。

图 4-22 网站发布交通信息

图 4-23 FM 发布交通信息

Windows 磁盘基本操作实验

1. 技能训练目的

熟悉 Windows 环境下磁盘相关操作,包括磁盘初始化、磁盘格式化、磁盘分区、磁盘日常管理维护等。

2. 技能训练设备

(1) Windows 7 笔记本电脑;

(2) 一块未经过初始化的硬盘。

3. 技能训练预备知识

存储基础知识、计算机基础知识。

4. 技能训练步骤

1) 了解 Windows 中自带的磁盘管理工具

由于本训练所涉及的操作都是在不使用第三方软件的情况下完成的,所以我们有必要简要介绍一下 Windows 中自带的磁盘管理功能,这个功能本身集成在 Windows NT 操作系统中,也就是说,目前最常用的 Windows 2000、Windows XP、Windows Vista 以及 Windows 7 中都包含这个功能。

首先我们需要了解如何进入磁盘管理工具,这个功能包含在计算机管理中,最常见的进入方法是右键点击桌面上的"我的电脑",选择"管理",进入计算机管理界面,在左边目录树的"存储"一栏下方,即可找到"磁盘管理"工具,如图 4-24 所示。

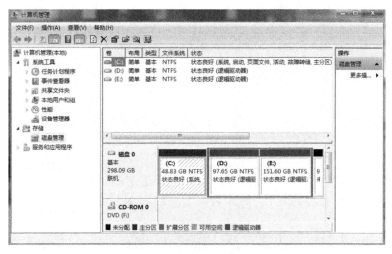

图 4-24　计算机管理中的磁盘管理

除此之外,我们还可以直接用命令调出该工具,如图 4-25 所示,在"开始"菜单中的"运行"中输入"diskmgmt.msc"并回车即可。

2) 硬盘初始化

在存储设备中,对一块新加入的硬盘,在使用前需要进行初始化处理。初始化方法如下:

安装完新硬盘进入系统后,选择打开磁盘管理工具,在进行短暂的扫描之后,系统会询问是否要对新硬盘进行初始化操作,选"是"即可。完成初始化操作后可以看到如图 4-26 所示的情况,磁盘 1,一块 10MB 的硬盘就是我们新安装的。

图 4-25　在运行菜单输入命令

图 4-26　磁盘管理

3) 硬盘分区

右键点击步骤 2) 中显示未分配的硬盘,选择新建简单卷,这个操作的意图是在空白硬盘上新建分区。之后我们会看到如图 4-27 所示界面。

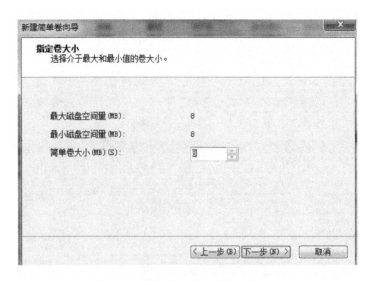

图 4-27　选择该硬盘第一个分区的大小

系统会提示要求输入第一个分区的大小,如果只想分一个区,那么直接点击下一步,否则请按照 MB 大小输入想要的分区,例如输入 8(大约 8M),之后点击下一步,直到出现如图 4-28 所示界面。

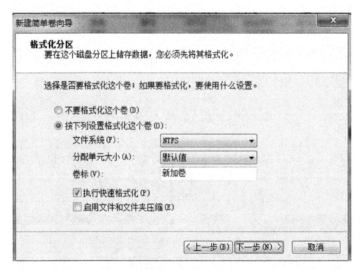

图 4-28　格式化界面

在这个界面下,我们可以选择对新硬盘做多项操作,不过一般情况下,如图 4-29 显示的设置即可,卷标名可以自己定义,勾选执行快速格式化的选项,之后点击"下一步",系统会自动对新分区进行格式化操作,操作完成后,这个分区就会出现在"我的电脑"中,并可以正常使用了。之前如果并没有选择只分一个区的话,剩下的区域会显示在磁盘管理界面中,依之前相同的方法可以将剩余空间全部分区,直到完成为止,这里不再详述。

4)磁盘日常管理维护

(1)磁盘清理

清理磁盘是为了清理掉一些临时文件和零碎的文件来释放硬盘空间,整理碎片可以提高存储设备的运行速度,对硬盘有一定的好处。当碎片过多时,从硬盘提取数据时会相对较

慢,对硬盘的工作量也会加大。磁盘清理方法如下:

用鼠标右键单击需要清理的分区,在弹出菜单中选择"属性",图4-29所示。

图4-29 选择"属性"

在弹出窗口的选项卡中选择"常规",并在常规选项中选择"磁盘清理",如图4-30所示。

选择"磁盘清理"能够清理磁盘上的无效文件,释放磁盘空间,如图4-31所示。

图4-30 选择"磁盘清理"

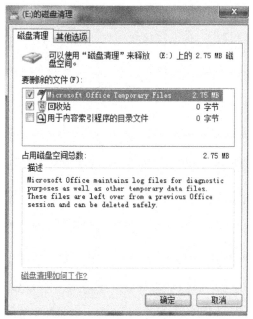

图4-31 使用"磁盘清理"来释放空间

点击"确定"开始执行"磁盘清理"。

(2)磁盘碎片整理

磁盘使用久了,磁盘空间会被分割得七零八落,到处都有数据,这种现象称为"碎片"现象。如果一个文件产生了碎片,表示它占用磁盘是不连续的,这样就需要到不同的地方去读取文件,增加了磁头运动,降低了磁盘的访问速度。使用"磁盘碎片整理程序"可以重新安排文件,使其连续起来,以加快访问速度,提高程序的运行速度。磁盘碎片整理方法如下:

依次点击并打开:"开始"→"所有程序"→"附件"→"系统工具"→"磁盘碎片整理程序"。为了最好地确定磁盘是否需要进行磁盘碎片整理,一般要对磁盘当前的状况进行分析,分析后,再决定是否要对磁盘进行碎片整理,若碎片不多,则无须进行磁盘整理。直接点击"磁盘碎片整理"按钮即可,系统将自动进行分析和整理。如图4-32所示。

图4-32 磁盘碎片整理

(3)磁盘坏道检测与自动修复

磁盘使用久了,有可能会出现"坏道"的问题,可以使用系统自带的工具对"坏道"进行修复,其原理是将物理"坏道"与正常磁道隔离开来,不再分配使用,以免使其他正常磁道遭到物理破坏,产生更多"坏道"。磁盘坏道检测与自动修复方法如下:

如图4-33所示,进入分区属性选项卡,在选项卡中进入"工具"菜单,在工具菜单中选择"开始检查"键。

在弹出的窗口中,选择"自动修复文件系统错误"和"扫描并尝试恢复坏扇区",然后点击"开始",开始进行磁盘坏道检测与自动修复,如图4-34所示。

5.注意事项

(1)推荐使用虚拟机来做本训练,或者将训练用机上的重要数据进行备份。

(2)训练前注意设备是否恢复到初始状态。

(3)对一个磁盘,磁盘初始化只可以进行一次。

(4)在移动磁盘时须轻拿轻放。从存储设备中取出磁盘时,磁盘中的磁片仍在高速旋转,注意轻拿轻放。

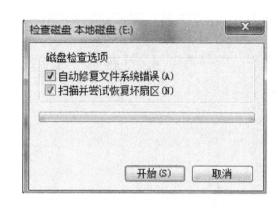

图 4-33 在工具菜单中选择"开始检查"　　　　图 4-34 磁盘坏道检测与自动修复

思考题

1. 什么是数据存储和数据存储设备?
2. 常用的网络数据存储技术都有哪些?其各自的特点是什么?
3. 常用数据存储技术的优缺点有哪些?
4. 谈谈数据保护技术及其各自的特点。
5. 谈谈对智能交通系统数据存储技术的未来发展方向的理解。
6. 实时动态交通信息采集途径有哪些?
7. 常见信息发布技术有哪些?请比较它们的适用条件。

第五章　智能交通信息分析基础

1. 理解交通调查的目的及内容；
2. 掌握交通调查分析常用的数理统计技术；
3. 了解数据挖掘技术在交通上的应用；
4. 了解模式识别技术在交通上的应用。

　　法国巴黎的一家新鲜面包递送公司向消费者许诺，在两个小时之内把新鲜的面包送到在巴黎范围之内的所有消费者手中，否则将成倍赔付消费者。因为交通拥堵或突发事件等各种各样的原因，早期这家公司所承诺的"两小时内送达"只能达到90%左右，赔付给公司徒增不少运营成本。后来，这家公司将市政交通、突发事件、快递员的车辆位置数据等信息实时采集和抽取到 HANA 平台上运行，当出现突发状况时及时调整，使准点送达率增加到接近99%，赔付成本直接下降到了原来的1/9。

　　将数据应用到交通中，可有效地帮助交通使用者或管理者对信息作出比较准确的判断，以便采取适当行动。传统的数据分析是指用适当的统计方法对收集来的大量第一手资料和第二手资料进行分析，以求最大化地开发数据资料的功能，发挥数据的作用；为了提取有用信息和形成结论而对数据加以详细研究和概括总结的过程，即帮助我们挖掘出数据中隐藏的信息，这种分析属于"向后分析"，分析的是已发生过的事情，以期为未来总结"历史"经验。而当代交通"大数据分析"属于"向前分析"，它具有预见性，即用当下大数据决策未来，

比如2013年微软根据影视大数据和特殊逻辑算法,预测出奥斯卡各奖项的获奖人员,结果仅有一个奖项未命中。交通大数据分析主要包括可视化分析、数据挖掘算法、预测性分析能力三项内容。

对交通采集与传输后的数据进行分析涉及诸多内容,本章仅介绍基础分析方法:统计分析、数据挖掘、模式识别。涉及统计学的主要指数理统计基础,其中交通调查实际上是利用先进的信息采集技术达到获取调查数据的目的。

第一节 数理统计及其交通应用

交通调查是了解交通运行规律的第一步,将调查数据收集、认识并选择合适的分析方法。正确认识数据需要应用概率与数理统计知识,本节将介绍交通调查基础作用及数理统计在交通中的应用案例。

行驶于道路上的车辆和行人,根据出行目的,呈现出复杂的交通现象,其流量、速度、密度不仅随社会和个人对交通需求而不同,也随道路、交通环境和驾驶员的特点而异。为了发现它们的特征,在道路系统的选定点和路线,对收集和掌握车辆或行人运行情况的实际数据所进行的调查分析工作,称为交通调查。

交通调查涉及人、车、路与环境等综合交通系统中的各个方面,主要有:

(1)交通流要素调查(图5-1),包括交通量、行车速度、交通流密度以及与其有关的车头间距、占有率等的调查。

(2)交通需求调查,包括土地利用、交通生成、分布与分配特性的调查。

(3)交通事故调查,包括对事故发生次数、性质、原因的调查。

(4)交通环境调查,包括交通对环境造成污染的诸方面调查,如噪声、废气、振动、电磁场干扰等的调查,有时还需调查交通对名胜古迹、景观、生态与居民心理等方面所产生的影响(图5-2)。

交通流特性参数的大小与变化规律受道路与交通环境的制约,而且这些条件经常变化,因此交通调查总是在某些条件下进行的,这些条件在调查中必须予以注明。对一些特定目的的调查,也可人为地创造特定的道路与交通条件。

交通调查与调查数据的分析处理方法也应视实测目的予以选择,最基本的方法即数理统计基础方法。

图 5-1　环形线圈调查车流量与车型

图 5-2　现场交通调查

一　数理统计基础

统计学作为一门研究"数据的收集、整理、分析"的学科,其目的是为了通过分类与测度取得的信息来理解和认识现实世界。在很长的历史阶段中,人类一直运用统计学及概率方法分析各种数据。交通信息的一个显著特征是它的空间性和随机性,因此对它的研究和分析需要建立在广泛统计的基础上,应用各类信息统计分析方法来探索信息的直观性和变化趋势的规律性。

1. 描述性统计

描述性统计是将交通信息采集中所得的数据加以整理、归类、简化或绘制成图表,以此描述和归纳数据的特征及变量之间关系的一种最基本的统计方法。描述统计主要涉及数据的集中趋势、离散程度和相关强度,最常用的指标有平均数 $\bar{x}$、标准差 σ_x、相关系数 r 等。

1) 平均数

平均数是用来描述数据分布集中趋势的一个统计量,常用符号 $\bar{x}$ 来表示。它是一组观测值的总和除以观测值的个数所得的商,其计算公式为:

$$\bar{x} = \frac{\sum x}{n} \tag{5-1}$$

式中:$\bar{x}$——平均数;

x——具体的观测值;

n——观测值的个数。

2) 方差和标准差

方差和标准差是描述一组数据的差异情况和离散程度的统计量。方差或标准差越小,表明数据的离散程度越小,数据分布越集中;反之,方差或标准差越大,表明数据离散程度越大,数据分布越参差不齐。

方差指观测值与均值之差的平方和的算术平均数,常用符号 σ_x^2 来表示,其计算公式为:

$$\sigma_x^2 = \frac{\sum (x - \bar{x})^2}{n} \tag{5-2}$$

式中:σ_x^2——方差;

$\bar{x}$——平均数;

x——具体的观测值;

n——观测值的个数。

标准差等于方差的算术平方根,常用符号 σ_x 来表示,其计算公式为:

$$\sigma_x = \sqrt{\sigma_x^2} = \sqrt{\frac{\sum(x-\bar{x})^2}{n}} \tag{5-3}$$

式中: σ_x——标准差;

σ_x^2——方差;

$\bar{x}$——平均数;

x——具体的观测值;

n——观测值个数。

3) 相关系数

相关变量之间的相互关系和联系程度,其大小常用相关系数来表示。相关系数取值介于 -1.00~1.00 之间,其值的正负及大小反映了变量之间变化的方向和关系的紧密程度。按相关系数的正负符号来分,相关分为正相关、负相关和零相关。

正相关表示一变量发生变化时,另一变量也发生同方向的变化;负相关表示一变量发生变化时,另一变量也发生反方向的变化;零相关表示变量之间线性关系上相互独立,彼此没有关系,一变量变化并不一定引起另一变量的相应变化。相关系数绝对值的大小表示变量关系的密切程度,绝对值越接近于 1,表示两变量的关系越密切;绝对值越接近于 0,表示两变量的关系越疏远。按绝对值的大小,相关可分为高度相关、中度相关和低度相关。绝对值在 0.7 及以上的,称为高度相关;在 0.3~0.7 之间的,称为中度相关;在 0.3 以下的,称为低度相关。

计算相关系数的方法很多,对于不同的数据类型,应采用不同的相关计算方法。最常用的相关是积差相关。

当两个变量是连续的、成对的且变量的总体接近正态分布时,变量的关系常用积差相关来表示,其符号为 r,计算公式为:

$$r = \frac{\sum xy - \frac{\sum x \sum y}{n}}{\sqrt{\sum x^2 - \frac{(\sum x)^2}{n}}\sqrt{\sum y^2 - \frac{(\sum y)^2}{n}}} \tag{5-4}$$

式中: r——积差相关系数;

xy——x 与 y 的积;

n——变量 x 和变量 y 的成对数目。

2. 非参数方法

近年来,统计学中发展了一些不需对总体分布作限制性假定的有用技术,这些方法称为非参数检验、自由分布检验,或称无分布检验。由于不涉及总体参数或不依赖于对总体分布的限制性假定,因而被称为非参数统计方法。非参数统计与传统的参数统计相比要求的假定条件比较少,因而它的适用范围比较广泛。

在非参数统计中,应用最广泛的方法之一是利用 χ^2 分布进行独立性、一致性和吻合性的检验。数学上可将这一分布表示为:

$$f(u) = \frac{1}{\left(\frac{n}{2}-1\right)! \, 2^{\frac{n}{2}}} u^{\frac{n}{2}-1} e^{-\frac{u}{2}} \quad (u>0) \tag{5-5}$$

其中,$u = \sum_{i=1}^{n} \left(\frac{x_i - \mu_i}{\sigma_i}\right)^2$,$e \approx 2.71828$;

n 称为自由度。所有 x_i 彼此独立,其均服从平均值为 μ_i、标准差为 σ_i 的正态分布。μ 和 σ 的下标 i 表示每个观察值可能取自不同的总体。当从同一总体抽取所有观察值时,μ 和 σ 的下标 i 可取消。这一分布的平均值和方差分别为 n 和 $2n$。分布本身通常用希腊字母 χ^2 来表示。χ^2 分布是一种抽样分布。当对正态随机变量 x 随机重复地抽取 n 个数值,将每一个 χ 值变换成标准正态变量,并对这 n 个新的变量分别取平方再求和之后,便得到一个服从 χ^2 分布的变量,即:

$$u = \sum z^2 \sum_{i=1}^{n} \frac{x_i - \mu}{\sigma} \tag{5-6}$$

如果将 μ 的各种不同数值连同相应的相对出现的频数列出,得到 $u = \sum z^2$ 的抽样分布,这就是自由度为 n 的 χ^2 分布。

在实践中,经常要对一些观察值出现的实际频数与理论频数进行比较,以了解实际发生的结果与理论值之间是否一致。设观察频数为 f_0,则可定义 χ^2 统计量:

$$\chi^2 = \sum \frac{(f_0 - f_i)^2}{f_i} \tag{5-7}$$

1)χ^2 的独立性检验

在研究问题时,经常会遇到求两个变量之间是否有联系的问题。其检验方法是将研究的对象按两个变量分别进行分类,编制一张交错分类的表,通常叫做列联表。χ^2 检验有两个步骤:

(1)根据独立性的假设计算期望频数 f_i;

(2)将观测频数 f_0 与期望频数进行比较。

在利用 χ^2 检验时,应注意:要求实验的频数比较多,每一格期望的理论频数不能太小。

2)χ^2 的一致性检验

一致性检验与独立性检验的差异主要体现在以下两方面。一是在独立性检验时,是从研究的总体中抽取一定容量的样本,然后,根据样本的观察值进行双向分类;一致性检验则是从比较的总体中分别抽取独立的随机样本,然后把抽到的单位划分成两类中的一个类别。二是对理论频数的计算,在独立性检验时,假设按两个单独概率的乘积;而在一致性检验时,假定比较的几个总体中具有某种特征的单位数的比例相同,当假设成立时,各类的期望频数应根据样本总数的比例来计算。

分类也可推广到两类以上,若是 r 个总体,每个总体分成 s 类,就形成 $r \times s$ 列联表。

3)χ^2 的吻合性检验

在实际工作中,有时需要对变量是否遵从某一理论分布进行检验,χ^2 分布用于这方面的检验称为吻合性检验,或称拟合优度检验。

这类检验要求所抽取的样本是随机样本,变量的计量水准至少是列名的。若被检验的总体的真实的分布函数为 $F(x)$,但它是未知的,则只能从这一分布中抽取一个随机样本,要求通过对这一样本的检验来认识这一总体的分布是否与规定的理论分布 $F^*(x)$ 相一致。因

此,其假设可陈述为:

$$H_0: F(x) = F^*(x) \tag{5-8}$$
$$H_1: F(x) \neq F^*(x) \tag{5-9}$$

检验统计量 χ^2 的计算方法与前面相同,其理论频数 $f_i = np_i$,其中 p_i 为按理论分布计算的概率。

三 数理统计在交通中的应用

交通调查是使用客观的手段测定道路交通量以及与其有关的现象,获得调查数据并进行分析,掌握交通流运行的特点、变化规律及存在的问题,为交通运行设置与管理措施等的制订提供科学决策依据。下面以交通量调查、行车速度调查、交通延误调查为例说明数理统计技术在交通调查分析中的应用。

1. 交通量调查(多元回归)

交通量是指在指定时间内通过道路某些地点或某断面的车辆、行人数量,通常指机动车交通量,它是随时变化的,常以平均交通量、高峰小时交通量和设计小时交通量、出行生成量作为代表性交通量。交通量调查的目的在于通过长期连续的观测或短期间隙和临时观测,搜集交通量资料,了解交通量在时间、空间上的变化和分布规律,为交通规划、道路建设、交通控制与管理、工程经济分析等提供必要的数据。

【例 5-1】 经调查,某城市整理得到各分区产生的出行与该分区拥有小汽车数有关,统计数据见表 5-1,试用回归分析法建立分区出行生成与汽车保有量之间的定量关系。

统 计 表   表5-1

小区编号	1	2	3	4	5	6	7	8
汽车保有量	200	50	500	100	100	400	300	400
出行生成量	500	300	1 300	200	400	1 200	900	1 000

解:设分区生成 y 与分区汽车保有量之间的关系为线性,$y = a + bx$,根据最小二乘法求出回归系数 $a = 89.857$,$b = 2.478$,则回归方程为 $y = 89.857 + 2.478x$(图 5-3)。

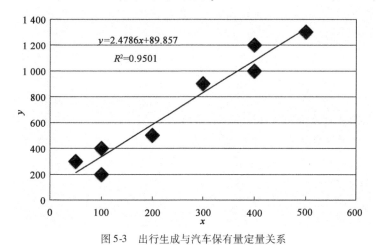

图 5-3 出行生成与汽车保有量定量关系

2. 行车速度调查(平均值)

行车速度指车辆在单位时间内移动的距离。行车速度也是描述交通流特性的参数之一。它是计算道路技术标准中各项指标的主要依据,也是道路服务水平的尺度之一。

如乘某路公共汽车从 A 出发到 B,中途经过两个交叉口(I_1 和 I_2)和两个停靠站(S_1 和 S_2),单向行驶 3 次,用秒表计时,得到表 5-2 所示结果。

汽车停车、行驶情况 表 5-2

地点	停车时间 t_1(min)			行驶时间 t_2(min)			距离 L(m)
A	1.03	0.95	0.86				
I_1	0.51	0.87	0.77	0.20	0.27	0.21	100
S_1	0.47	0.63	0.84	2.93	3.15	3.21	1 650
I_2	3.21	4.37	2.87	0.27	0.38	0.29	150
S_2	0.66	0.54	0.9	0.65	0.72	0.55	400
B	0	0	0	0.91	0.86	1.35	500
合计	4.85	6.41	5.27	4.96	5.38	5.61	2 800

求平均行驶车速和平均区间车速。

解:行程时间不应包括在起点站 A 的等候时间,应将其剔除,停车时间按列求和,分析如下:

$$平均行驶时间 = \frac{1}{3} \times (4.96 + 5.38 + 5.61) = 5.31(\min)$$

$$平均停车时间 = \frac{1}{3} \times (4.85 + 6.41 + 5.27) = 5.51(\min)$$

$$平均行程时间 = 平均行驶时间 + 平均停车时间 = 5.31 + 5.51 = 10.82(\min)$$

$$平均行驶车速 = \frac{总距离}{平均行驶时间} = \frac{2\,800\text{m}}{5.31\min} = 31.6(\text{km/h})$$

$$平均区间车速 = \frac{总距离}{平均行程时间} = \frac{2\,800\text{m}}{10.82\min} = 15.5(\text{km/h})$$

3. 交通延误调查

交通延误是指车辆在行驶中,由于受到驾驶员无法控制的或意外的其他车辆的干扰或交通控制设施等的阻碍所损失的时间。如由于交通密度大、行人稠密、车辆转弯和路旁停车等影响所损失的时间都属于交通延误。它是评价车流密度和道路设施的重要指标之一。因形成的原因不同,可分为多种类型,如固定延误、停车延误、行驶延误、排队延误、引道延误等。

比如测量某十字形交叉口延误情况,采用点样本法观测在连续的时间间隔内交叉口入口引道上停车的车辆数,进而得到车辆在交叉口入口引道上的排队时间。为保证所要求的调查精度,调查需有足够样本数,一般用概率统计学中二项分布先来确定样本容量。

样本容量 N 是指包括停驶车辆和不停驶车辆在内的入口引道车辆数总和。同时,一般在交叉口引道上观测 100 辆车便可估计出适当的 p 值。任何情况下,N 不应小于 50。

$$N = \frac{(1-p)\chi^2}{pd^2} \tag{5-10}$$

式中:N——最小样本数;

χ^2——在所要求置信度下的 χ^2 值;

p——在交叉口入口引道上的停驶车辆百分率(%);

d——停驶车辆百分率估计值的允许误差。

某交叉口利用点样本法确定入口延误,如表 5-3 所示。

某交叉口延误调查表   表 5-3

开始时间	在下列时间内停在入口的车辆数				入口交通量	
	+0s	+15s	+30s	+45s	停驶数	不停数
9:00	2	1	6	0	9	8
9:01	4	0	3	2	8	9
9:02	3	2	1	0	10	12
9:03	3	4	0	5	11	7
9:04	1	3	1	1	5	10
9:05	0	2	3	6	7	13
...	...	...	...	...	...	...
小计	49	38	43	31	143	159
合计	161				302	

此时,求解延误的相应公式,求得总延误、每一停驶车辆平均(停车)延误、每一入口车辆平均(停车)延误、停驶车辆百分比等参数(公式略),可直接求得如下结果:

$$总延误 = 161 \times 15 = 2\,415(s)$$

$$每一停驶车辆的平均(停车)延误 = 2\,415/143 = 169(s)$$

$$停驶车辆百分比 = 143/302 \times 100\% = 47.4\%$$

$$每一入口车辆的平均(停车)延误 = 2\,415/302 = 80(s)$$

第二节　数据挖掘技术及应用

一　数据挖掘技术基础

随着计算机技术的发展、数据库的出现,各种信息呈几何级数增长,传统的统计学方法几乎无能为力,一方面规模庞大、纷繁复杂的数据体系让使用者漫无头绪、无从下手;另一方面,在这些大量数据的背后隐藏着很多具有决策意义的有价值的信息,导致了数据丰富但信息贫乏的现象。1989 年 8 月,在美国底特律市召开的第十一届国际联合人工智能学术会议上,数据挖掘技术被首次提出。

简单地说,数据挖掘是从大量数据中提取或挖掘知识。从本质上来说,数据挖掘是智能信息处理的一种过程或技术,它在对大量数据实例全面而深刻认识的基础上,通过计算、归纳和推理等环节,从中抽取普遍的、一般和本质的现象或特征。

数据挖掘所涉及的学科领域和方法很多,主要的任务简单来说就是从海量的信息或数据中挖掘出有用的信息,数据挖掘技术的主要功能有:

(1)数据总结。即对数据进行浓缩,给出它的紧凑描述,继承于数据分析中的统计分析,绘制直方图、饼状图、趋势图等。

(2)分类。对分析对象的属性分门别类、加以定义、建立类组,关键是确定分类的标准或规则,如交通部门根据出行者特性将出行分为商务出行、通勤出行、休闲出行等,以便采用不同的交通管理方案。

(3)聚类。把整个数据库分成不同的群组,使得群与群之间差别很明显,而同一个群之间的数据尽量相似,将所有记录依据彼此的相似程度加以归类,如通过聚类分析可将出行特性相似的群体,如年龄特性相似,在此基础上制订不同的应对方案。

(4)关联分析。寻找数据中隐藏的关联网,若两个或多个变量的取值之间存在某种规律性,称之为关联,可简单分为简单关联、时序关联、因果关联等,如上节交通量调查涉及的多元回归。

(5)趋势分析。把握分析对象发展的规律,对未来的趋势作出分析和预测,如对未来交通运行情况的判断。

(6)偏差的检测。对差异和极端特例的描述,用于揭示事物偏离常规的异常现象。

由于数据分析及挖掘的广泛应用,目前出现了一些较成熟的数据分析及挖掘工具。比较成熟的数据分析工具很多,例如 SAS 公司的 Enterprise Miner、IBM 公司的 Intelligent Miner、SPSS 公司的 Clementine、SGI 公司的 Miner Set 等。世界上比较有影响的通用数据挖掘系统有:SAS 公司的 Enterprise Miner、IBM 公司的 Quest、SGI 公司的 SetMiner、SPSS 公司的 Clementime、Sybase 公司的 Warehouse Studio、RuleQuest Research 公司的 See5,以及由加拿大 Simon Frase 大学"智能数据库系统研究实验室"与 DBMiner Technology 公司共同开发的产品 ODBMiner。

数据挖掘是一个需要经过反复多次处理的过程。数据挖掘的体系框架为数据挖掘提供了宏观指导和工程方法,合理的体系框架将各个处理阶段有机地结合在一起,指导人们更好地开发及使用数据挖掘系统,为此,建立了图 5-4 所示的数据挖掘体系框架。其中,选择数据为数据准备阶段,准备阶段做得好,数据质量高,数据挖掘更加快捷,得到的知识和信息更有效;数据预处理主要包括数据清洗、数据转换、数据归并和数据集成等形式,可以保证数据的质量,利于进行挖掘;根据要实现的目标,进行算法设计和实现,建立模型,并继续分析,获取所需的知识与信息,最终实现数据挖掘的目的。

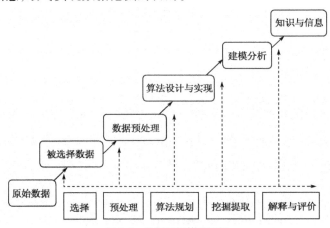

图 5-4 数据挖掘体系框架

数据挖掘与知识发现处理过程的共同点是都要经过准备、预处理、算法设计、数据挖掘和后处理等共同的阶段。处理的流程如图 5-5 所示。

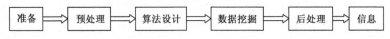

图 5-5 数据挖掘处理流程

(1)准备阶段主要指了解相关领域的有关情况,熟悉背景知识,理清交通用户要求,根据要求从数据库中提取相关的数据。

(2)数据预处理主要是指对前一阶段产生的数据进行再加工,检查数据的完整性及数据的一致性,对其中的噪声数据进行处理,对丢失的数据进行填补。

(3)算法设计就是要根据目标选择合适的算法。

(4)数据挖掘时运用选定算法,从数据中提取出用户所需要的知识,这些知识可用一种特定的方式表示或使用一些常用的方式表示。

(5)在后处理阶段,主要是使用统计度量或假设检验,删除虚假的数据挖掘结果,根据需要对知识发现过程中的某些处理阶段进行优化,直到满足要求,获得所需信息。

数据挖掘技术包含很多算法,常用的主流算法有决策树、遗传算法、贝叶斯网络方法、粗糙集、神经网络等。在智能交通信息处理过程中,需要结合使用多种算法。近年来数据挖掘技术在国外被广泛运用于交通运输、零售业、银行金融、电信等领域。

每种算法都有其自身的功能和优势,其中决策树的优点是可理解性,很直观,主要用于分类和归纳挖掘,但在数据量较大和数据复杂的情况下,该算法则显得力不从心;遗传算法擅长于数据聚类,在组合优化问题上具有独特的优势;粗糙集在数据挖掘中具有重要的作用,常用于处理含糊性和不确定性的问题,以及特征归纳和相关分析,运用粗糙集进行数据预处理可以提高知识发现的效率;神经网络能够对复杂问题进行预测,它在商业界得到了广泛的应用,对于信贷客户识别、股票预测和证券市场分析等方面效果较好;而贝叶斯网络具有分类、聚类、因果分析等功能,易于理解,预测效果较好,面对大规模数据时可显示出它独特的优势。

三 数据挖掘技术在交通中的应用

交通是关系到人们日常生活的一件大事。随着城市规模不断扩大,城市交通问题也越来越突出。目前,利用 ITS 是解决交通问题的一种途径,ITS 的一个重要研究领域就是交通流的控制与诱导。然而,城市交通控制系统是一种对象不确定的、对控制的实时性要求高、结构十分复杂的巨大系统,由此决定了系统挖掘数据的难度,而控制的实时性要求在交通流状态迅速变化的条件下尽快求出最优或次优的控制变量,传统的控制方法已无法解决这些难题。

对动、静态海量交通数据的挖掘分析是 ITS 信息处理分析的核心内容,交通数据的深层价值有待进一步的挖掘和开发。据调查,韩国 3G 手机的服务中,有 50% 以上的服务与交通有关,包括实时道路交通信息、地铁和公交信息、火车和飞机班次动态信息、换乘信息、与汽车服务有关的信息等。以智能终端为服务窗口的、以云计算和大数据分析技术为支撑的智能交通信息服务正在逐步成为主流,利用数据挖掘技术可对交通流量的原始数据进行重新组织,使这些数据不但能够为智能交通系统中的控制系统服务,也能为决策系统和诱导系统等提供数据。

作为 ITS 核心资源,待挖掘的交通信息具有如下特征:

(1)交通信息来源广泛、种类繁多、表现形式多样、信息量巨大。针对传统的基于统计学的经典分析方法难以处理非数值型或非结构化的数据,传统的基于数据库的决策支持系统难以支持日益膨胀的海量信息分析的现状。

(2)信息具有很强的时空相关性。如车流量数据,只有在与一定的时刻及路口相关时才有意义,否则难以被理解与利用。

(3)信息具有明显的主题相关性。如交通流信息、交通信号控制信息等。

(4)信息具有生命特征。智能交通系统的信息具有生命周期,经历从采集、融合、加工、应用到最后被扬弃的过程。

可见,交通系统存在动态性、不确定性、时空相关性、主题相关性和生命特性等信息特征,经典的数学公式与传统的建模方法已不能满足现实世界的交通信息分析要求,因此,亟需采用新一代的数据融合、决策支持和分析手段,综合知识工程、人工智能、数据挖掘技术等方面的研究成果进行智能分析,才能充分发掘各应用系统的潜力,为动态交通管理提供科学准确的决策依据,使智能交通应用的深度和广度更上一个台阶。大数据分析为智能交通发展带来的新机遇,一方面交通大数据分析将为交通管理、决策、规划和运营、服务以及主动安全防范带来更加有效的支持;另一方面,基于交通大数据的分析为公共安全和社会管理提供新的理念、模式和手段。

交通问题是典型的不确定性问题,可用新的数据挖掘技术来代替传统的数据分析和解释方法来应对。对数据挖掘在 ITS 中某些具体应用问题的分析如下。

1. 数据净化处理问题

在检测器自动采集的数据和人工输入的数据中都可能出现错误数据,这是因为:一方面车辆检测器中有一定的误差,而且可能出现故障;另一方面,由于种种原因(如人工输入)可能出错,因此,有必要从大量数据中把错误和异常的数据,以及没有用的信息剔除,这就是所谓的数据净化问题。数据净化是典型的数据分类问题,即把数据分为有用数据和无用数据,更细化一点,再把无用数据分为错误数据、异常数据。分类是数据挖掘最基本的、应用最广的用途,因为所有海量数据都有数据净化问题。很多车辆检测器和视频监视器长时间日复一日地自动采集信息,各个子系统的操作人员长期地输入数据,对于这些海量数据必须应用数据挖掘技术加以净化。分类数据挖掘的方法有:人工神经网络、决策树、遗传算法等。

2. 交通流参数的预测问题

为实现有效的交通控制(限速、路线诱导等),需要每隔 5min 预测 1 次交通流动态参数。根据实际检测得到的交通流数据(车流量、车速、占有率或车流密度等)预测下一个控制周期(下一个 5min)的交通流动态参数,需要寻求交通流数据与预测值之间的对应关系。然而,交通流本身是一个典型的非平稳随机过程,短时(5min)的交通流参数预测问题是一个不确定性很强的弱结构化问题,一般不能用简单的解析数学式子描述交通流参数预测值与已知交通流检测数据之间的关系,只能从检测器不断地采集的大量实测数据中挖掘出它们之间的关系,用知识来表达这种关系,形成相应的知识库。一般可使用小波分析、状态空间重构以及各种人工智能的数据挖掘方法,将交通流参数的预测值发送到相应子系统(交通管理子系统、交通运营决策子系统、紧急事件处理子系统、公众信息发布子系统等),供这些子系统决策使用。图5-6 是交通流现状数据采集分析预测后的结果。

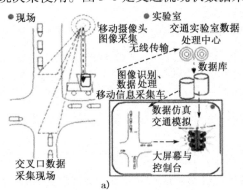
a)

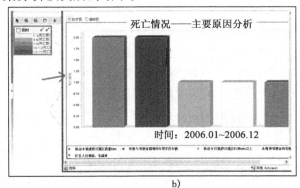
b)

图 5-6 交通数据现状采集与预测

第三节 模式识别技术及应用

一 模式识别技术基础

模式识别(Pattern Recognition)是对感知信号(图像、视频、声音等)进行分析,对其中的物体对象或行为进行判别和解释的过程。其中对于模式的定义,广义地说,存在于时间和空间中可观察的物体,如果我们可以区别它们是否相同或是否相似,都可以称之为模式。模式所指的不是事物本身,而是从事物获得的信息,因此,模式往往表现为具有时间和空间分布的信息。

模式识别能力普遍存在于人和动物的认知系统中,是人和动物获取外部环境知识,并与环境进行交互的重要基础。现代模式识别是在 20 世纪 40 年代电子计算机发明以后逐渐发展起来的。现在所说的模式识别一般是指用机器实现模式识别过程,是人工智能领域的一个重要分支。研究计算机模式识别的目的是让机器具备人的感知和认知能力,利用计算机对物理对象进行分类,在错误概率最小的条件下,使识别的结果尽量与客观物体相符合,代替人完成繁重的信息处理工作。当我们把计算机的模式识别能力与人的模式识别(视觉、听觉感知)能力相比时,就会发现现有的模式识别方法与人的感知过程有很大区别,在性能上也相差很远,很多对人来说轻而易举的事情对计算机来说却很难做到。这是由于目前我们对人的感知过程的机理和大脑处理过程还不是很了解,即使已经了解的部分也不容易在计算机上或硬件上模拟。进一步研究人的感知机理并借鉴该机理设计新的模式识别计算模型和方法是将来的一个重要研究方向。模式识别目前广泛应用于生物学、天文学、经济学、医学、工程、军事、安全等领域。

模式识别过程包括以下步骤:数据获取、预处理、模式分割、特征提取、模式分类和上下文后处理(图 5-7)。

图 5-7　模式识别过程

模式识别系统中预处理、特征提取和后处理的方法依赖于应用领域的知识。广义的特征提取包括特征生成、特征选择和特征变化。模式分类是模式识别的核心研究内容和主要任务,即将某个模式分到某个类别中。在这个过程中,首先需要建立样本库,然后根据样本库建立判别函数,这一过程由机器来实现,称为学习过程。接着对一个位置的新对象分析它的特征,并根据判别函数决定它的类别。

二 模式识别技术在交通中的应用

车牌和车型识别是计算机视觉和模式识别技术在智能交通领域的重要应用,是实现交通管理智能化的重要环节。基于车牌和车型识别技术的智能交通系统,其实际工作原理就是通过数字图像处理等技术手段从车辆照片中识别出车牌号码,再将识别出的车牌与车辆照片输送至中心服务器,通过中心服务器对收集到的数据进行科学有效的存储,为交通管理工作提供有用的信息。

以下示例是基于模式识别的图像处理技术在车牌和车型识别系统中的应用。

1. 车牌识别

车牌识别是现代智能交通系统的重要组成部分之一,应用十分广泛。它是以数字图像处理、模式识别、计算机视觉等技术为基础,将系统输入的数字图像通过一系列处理,准确地识别出汽车车牌所在的区域,并进一步精细定位以识别出车牌上的字符。一个完整的车牌识别系统应包括车辆检测、图像采集、车牌识别等几部分。当车辆检测部分检测到车辆到达时触发图像采集单元,采集当前的视频图像。车牌识别单元对图像进行处理,定位出车牌位置,再将车牌中的字符分割出来进行识别,然后组成车牌号码输出。车牌识别系统通常经过以下步骤完成识别输出的工作(图5-8)。

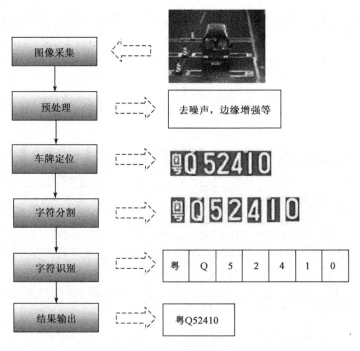

图 5-8 车牌识别流程

(1)车辆检测:可以采用埋地线圈检测、红外检测、雷达检测、视频检测等多种方式感知车辆的经过,并触发检测器采集并抓拍图像。

(2)通过预处理:去噪声、边缘增强、对比度调整等,增强识别目标。

(3)车牌定位:在经过图像预处理之后的灰度图像上进行行列扫描,确定车牌区域。

(4)字符分割:在图像中定位出车牌区域后,通过灰度化、二值化等处理,精确定位字符区域,然后根据字符尺寸特征进行字符分割。

(5)字符识别:对分割后的字符进行缩放、特征提取,与字符数据库模板中的标准字符表达形式进行匹配判别。

(6)结果输出:将车牌识别的结果输出。

还有一类车牌识别方式是将电子标签应用在车辆上(图5-9),取代现在所使用的铁制号码车牌,将电子标签埋入塑料或其他非金属材料中,利用它可擦写的特点,在车辆挂牌的同时写入车主的资料,每次读取时,只需以天线感应就能读取资料,方便于车辆的管理及追踪。并且在车辆失窃时可以配合公安交管系统,侦查可疑车辆,并能快速地查询车主的资料。

将电子标签运用在车牌管理中,可增加车牌真伪识别的功能,并有利于形成完整的汽车管理制度,以便加快人员的查核速度,并能有效降低因人为疏忽而造成的任何损失。

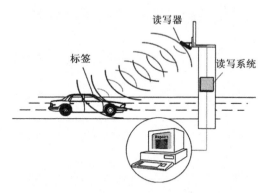

图5-9 车牌防伪识别与管理

车牌识别系统在现代交通中应用广泛,可辅助实现停车场收费管理、交通流量控制指标测量、车辆定位、汽车防盗、高速公路超速自动化监管、闯红灯电子警察、公路收费站等功能。对于维护交通安全和城市治安,防止交通堵塞,实现交通自动化管理有着重要应用价值。

2. 车型识别

车型识别对现代智能交通系统的发展具有重要意义,是为适应快速发展的交通需求应运而生的,无论在交通监控领域,还是在道桥、高速公路以及停车场的全自动收费领域,都有着重要和广泛的应用。一个完整的车型识别系统包括车辆检测、图像采集、车型识别等几部分。当车辆检测部分检测到车辆到达时,触发图像采集单元采集当前的视频图像;车型识别单元对图像进行处理,将车辆和背景分离开来,定位出目标车辆,再提取车辆特征并进行分类,然后输出车型。车型识别系统通常的识别过程如下。

(1)车辆检测:可采用埋地线圈检测、红外检测、雷达检测、视频检测等多种方式感知车辆的经过,并触发图像采集单元进行抓拍(图5-10)。

(2)预处理:通过去噪声、边缘增强、对比度调整等,增强识别目标,并进行图像分割(图5-11)。

图5-10 采集车型图像

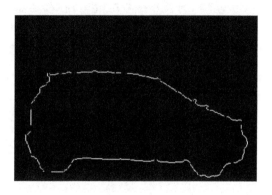

图5-11 剔除背景,分割图像

(3)特征提取和选择:对单个车辆的信息进行如车辆的外形(长、宽、高等)、车辆面积、车辆的轴重及总重、车辆的轴距、车辆的轮距等特征选择。从技术角度讲,所能提取的特征信息越多、越精确就越能准确详细地进行车型分类;但从实用的角度来说,特征信息过多则会影响到车辆识别的速度,有些多余信息甚至会影响识别的准确度,因此可通过测量某些特征来减少信息量,同时尽量使得所选取的特征具有可区分性、可靠性、独立性等(图5-12)。

(4)分类决策:把特征送入决策分类器,完成车型的识别分类。

(5)结果输出:将车型识别的结果输出(图5-13)。

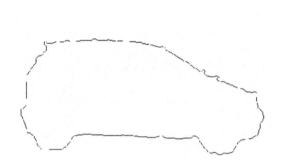
图5-12 图形特征提取

图5-13 判断车型并输出结果

任务:某交叉路口交通流量调查及统计分析

1. 训练目的

(1)了解目前该交叉口交通流的规模和水平;

(2)学会利用统计分析方法描述交叉口交通运营现状;

(3)道路建设规划工作准备资料。

2. 内容及要求

1)客流调查

(1)将机动车细分为大型车、中型车、小型车。

(2)调查时间为9:15~10:00、10:00~11:00、11:00~11:15 三个时段。

以每5min为一时间段,分为24个时段进行调查,最后进行汇总,见表5-4、表5-5。

注意高峰时段和一般时段车辆、人流密度等的变化情况。

交通量调查表(参考) 表5-4

调查路段名称: 车辆行驶方向: 调查人:
调查时间: 年 月 日 调查路段: 天气:

时 间		车 型									分时段
		小客车	中客车	大客车	小货车	中货车	大客车	摩托车	农用车	非机动车	
		3.5~7.5m	≤10m	10~12m	1.8~6t	6~14t	>4t	不计	不计	不计	
9:15~10:00	15~20	6			1	1		2			10
	20~25	1	1					2			4

续上表

时间		车型									分时段
		小客车	中客车	大客车	小货车	中货车	大客车	摩托车	农用车	非机动车	
		3.5~7.5m	≤10m	10~12m	1.8~6t	6~14t	>4t	不计	不计	不计	
9:15~10:00	25~30	4			1			5			10
	30~35	6			2	1	1	4			14
	35~40	4	1		1			1			7
	40~45	8			1			2	1		12
	45~50	4	1					4	1		10
	50~55	10			3			3		1	17
	55~60	3	1					2			6
10:00~11:00	00~05	8			1			1	1		11
	05~10	3			1		1	2			7
	10~15	4						3			7
	15~20	1	1		2	1		5			10
	20~25	3			1	1		4			9
	25~30	8	2		1	1		1			13
	30~35	12						1			13
	35~40	1						3			4
	40~45	6			2			5	2	1	16
10:00~11:00	45~50	5								1	6
	50~55	3			1			2			6
	55~60	5	1					3		2	11
11:00~11:15	00~05	4		1	1						6
	05~10	6	1		1	2		2			12
	10~15	5			1	2		1	1		10
分车型		120	9	1	21	9	2	58	5	6	231
交通组成(车型比例)		0.519481	0.038961	0.004329	0.090909	0.038961	0.008658	0.251082	0.021645	0.025974	1
方向		自东向西									
总计		231									

分时段交通量表格(参考)   表 5-5

时间		由东向西	由西向东
9:15~10:00	15~20	10	12
	20~25	4	9
	25~30	10	13
	30~35	14	14
	35~40	7	9
	40~45	12	19

续上表

时　　间		由东向西	由西向东
9:15~10:00	45~50	10	14
	50~55	17	12
	55~60	6	16
10:00~11:00	00~05	11	9
	05~10	7	13
	10~15	7	12
	15~20	10	11
	20~25	9	14
	25~30	13	9
	30~35	13	12
	35~40	4	17
	40~45	16	24
	45~50	6	13
	50~55	6	7
	55~60	11	8
11:00~11:15	00~05	6	11
	05~10	12	11
	10~15	10	11

2)调查时段内红灯时段车辆排队长度(表5-6)。

调查时段内红灯时段车辆排队长度(m)　　　　表5-6

第N个红灯时段	机　动　车		非　机　动　车	
	平均排队长度	最大排队长度	平均排队长度	最大排队长度
1	38	65	4.8	14.4
2	42	72	5.6	16.7
3	27	59	3.0	11.9
4	10	23	0.4	1.2
5	20(21)	41(43)	6.4(6.5)	12.5(12.8)
6	17	38	6.0	11.3
…	…	…	…	…
N	24	61	7.5	14.2

3)调查工具及备品

(1)应准备计时器(手表)、卷尺等,还要准备记录用的图表(按调查内容自制调查表格)、记录本、文具盒、小刀、铅笔、纸张等。

(2)调查时,建议使用铅笔,当出现错误时,不应涂擦,只需在错误的地方画一横线,并把正确的内容标注在其上方即可。

4)分组

选择4个路口,在每个路口安排一个组,每小组4人,分组统计和记录路口某一方向驶来或驶去的各型车辆的数目和人流量。

3. 成果(以下仅示意成果参考图表)

(1) 根据汇总结果绘制路网车流图。方法是把每个路口的统计结果填入方向箭头内,得到某一路口的车流方向图,如图5-14～图5-16所示。

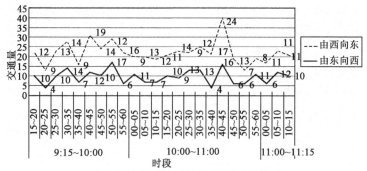

图5-14　折算前分时段交通量对比折线图

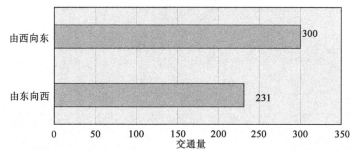

图5-15　折算前分方向交通总量对比柱形图

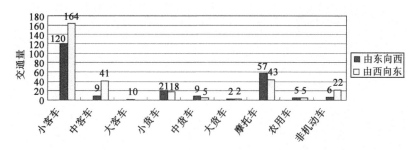

图5-16　折算前分车型交通量对比柱形图

(2) 再填绘调查区域内路口的车流方向图,便得到车流量图,如图5-17所示。

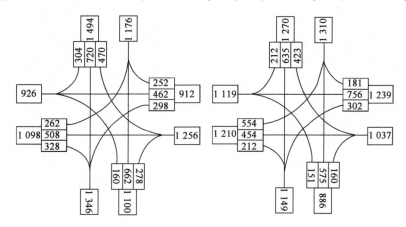

图5-17　车流量图

思考题

1. 什么是数据存储和数据存储设备?
2. 常用的网络数据存储技术都有哪些?其各自特点是什么?
3. 常用数据存储技术的优缺点各有哪些?
4. 谈谈数据保护技术及其各自的特点。
5. 谈谈对智能交通系统数据存储技术的未来发展方向的理解。
6. 实时动态交通信息采集途径有哪些?
7. 常见信息发布技术有哪些?比较他们的适用条件。

第六章　交通信息采集与处理案例分析

1. 了解公交一卡通在实际中的应用；
2. 理解出行车辆动态交通信息采集在实际中的应用；
3. 了解城市停车诱导系统的应用；
4. 理解智能公交车站在城市中的应用。

随着传感器技术、通信技术、GIS 技术、3S 技术（遥感技术、地理信息系统、全球定位系统三种技术）和计算机技术的发展，交通信息采集经历了从人工采集到单一的磁性检测器（如环形线圈）交通信息采集再到多源的多种采集方式组合的交通信息采集的历史发展过程。同时，随着国内外对交通信息处理研究的逐步深入，统计分析技术、人工智能技术、数据融合技术等逐步被应用于交通信息处理中，使得交通信息的处理得到不断的发展和革新，更深贴近 ITS 各子系统管理者、用户的需求。

道路基础设施建设并形成一定的规模后，需要公平、合理、高效地对其进行资源的合理配置，满足出行者和交通管理部门的要求，ITS 给予了一个完善的交通信息和服务体系。本章主要阐述 ITS 能够对当今交通运输管理方面产生的实际影响，尽可能选取道路交通信息采集与处理的综合应用案例，再次梳理认识 ITS 系统及其在实践中的应用，拓展学习视野。

第一节　出行者交通信息采集案例

一　背景

2012年12月发布《国务院关于城市优先发展公共交通的指导意见》,要求全面推广普及城市公共交通"一卡通",加快其在城市不同交通方式中的应用,加快完善标准体系,逐步实现跨市域公共交通"一卡通"的互联互通。交通运输部发布的《2013年交通运输工作要点》和《2013年交通运输部信息化工作要点》中明确提出"稳步并加快开展城市公交电子支付信息系统建设","研究试点启动跨市域城市公共交通电子支付系统应用工程方案"。

目前全国约有440余个城市在城市公共交通领域建立了不同规模的IC卡应用系统,发卡量超过3亿张,90%的城市实现了一卡多用,主要应用领域包括公交、地铁、轻轨、出租、轮渡等公共交通领域,有的扩展至路桥隧、自行车租赁、停车场、加油站、商场、超市、便利店等。

二　目标

基于以上背景,各地方政府按照"整合资源,一卡多用,统一规划,统一部署"的原则进行市政规划和建设,"交通一卡通"系统是整个宏伟蓝图中的一部分,将结算中心、结算银行、终端应用、制卡中心系统地整合起来,其目标是改善整个城市的交通服务环境,降低运营成本,防范各种风险,为市民提供更方便、周到及更加人性化的服务;实现城市公共交通互联互通,促进交通智能化及综合运输体系的发展,形成基于产业价值链的一卡通跨区域多行业业务模式,互联互通应用系统框架体系,互联互通建设机制、模式和保障体系等,为全面推广普及跨市域城市公共交通电子支付系统奠定基础。

三　公交一卡通系统

以上海为例,城市公共交通一卡通系统以中央清算系统为中心,连接公交、地铁、轮渡、轻轨、出租等分系统,形成一个覆盖全市的基于卡业务的计算机网络系统(图6-1)。整个系统的设计结构分为五个层面:

第一层为中央清算系统;

第二层为公交、地铁、轮渡、轻轨、出租的分系统结算中心或营运公司结算中心;

第三层为各分系统的基层站点(数据采集点)应用系统;
第四层为所有的POS机具(IC卡读写机具);
第五层为消费媒体,即公共交通非接触式IC卡。

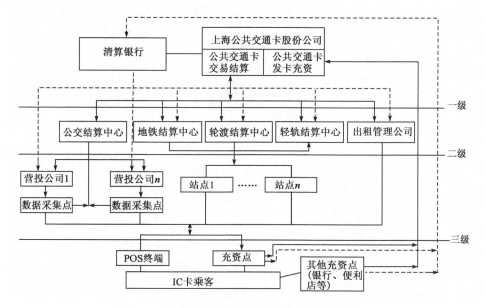

图 6-1 上海城市公共交通一卡通系统的系统总体框图

系统实际满足以下技术指标:

1. 系统容量

(1)中央清算系统至少存储500万个卡片账户,满足每天的交易量至少为500万笔,尽快扩展至1 000万个卡片账户以上。

(2)每笔交易的数据长度为至少200字节。

(3)处理能力:中央清算系统应至少在5h内完成500万笔交易的清算,并可扩充交易处理能力。

2. IC卡的相关指标

(1)典型交易时间:完成一次典型的IC卡消费交易的时间小于300ms。

(2)使用距离:正常情况下,在距离天线0~80mm的范围内可以正常进行交易。

(3)使用寿命:IC卡的写/擦周期不小于10万次,数据保存时间不小于10年。

四 系统运营管理

1. 系统的安全管理

公共交通一卡通系统虽然是小金额的消费系统(数据流程图见图6-2),但由于数量大、分布广,管理难度非常大,系统的安全控制措施非常重要,上海公交系统采取的安全控制措施如图6-3所示。

2. 系统运行的可靠性保证

随着系统应用的推进,保证系统运行的可靠性将成为运营管理的主要任务,特别是当达到一定的发卡量和交易量后,如果发生系统崩溃的事故,会对整个系统的推广造成毁灭性的打击。上海公共交通一卡通系统的设计采用了多种手段保证系统的可靠性,主要措施包括:

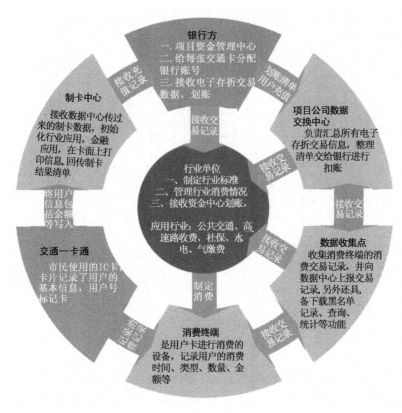

图 6-2　一卡通数据流程图

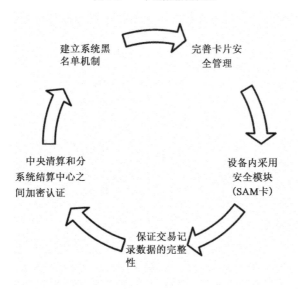

图 6-3　上海公交系统采取的安全控制措施

（1）中央清算系统在每一个环节都实现热备份的运行机制,包括通信线路、路由器、交换机、UPS、硬件加密机和主机系统。由 3 台 HP-N4000 的主机组成的主机系统采用专业的实时热备份软件保证 24 小时不停机运行。

（2）采用通信中间件软件产品保证通信数据的可靠性和完整性。

（3）使用多种数据备份机制保证交易数据的完整保存。有利用磁带阵列（AUTORAID）

进行数据备份的,有利用应用系统进行交易数据备份的,也有利用 ORACLE 数据库进行在线备份的。多种备份方法确保了数据的完整性,增加了系统的可靠性。

(4)对系统内所有的软硬件产品均进行了严格完整的测试,同时建立了完善的维护保障体系,保证系统内各种设备的稳定运行。

五　对交通卡的要求

作为"一卡通"系统中的"卡",在实践中应满足安全性高(卡片加密、回收、跟踪)、可扩充性好(Java 卡,能增加应用)、管理规范(防止数据流失和被复制)、个性化内容(芯片内容包括借贷记、交通、社保应用)。

图 6-4 是卡片个人化流程的描述过程,首先银行生成开户数据,分行将行业数据上传到银行数据中心;然后数据中心将银行数据和行业数据整合,生成发卡数据;接着数据中心通过安全制卡系统将数据通过网络下传到各分行发卡中心;分行接收到制卡数据后,操作员操作制卡设备进行制卡;最后将成品卡放入邮封系统,进行卡片的封装并邮寄。

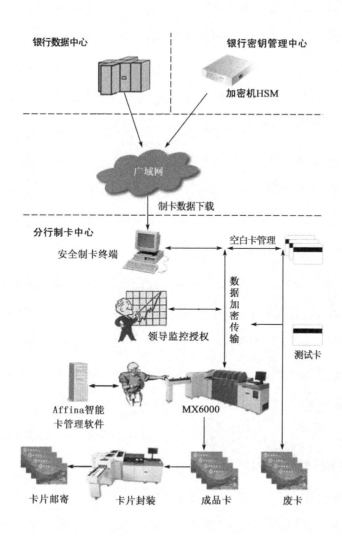

图 6-4　制卡系统网络结构图

第二节 出行车辆动态交通信息的采集案例

交通信息化工作可概括为两部分:第一部分通过交通信息采集系统的建设取得完整、及时、覆盖范围广的基础交通信息;第二部分是基于采集信息的广泛应用。

信息采集的应用基本可划分为两个层面:第一层面包括信息的处理、多途径信息发布,支撑道路动态交通运行管理;第二层面包括长期的、有规律的信息统计和分析评价,从中、宏观掌握城市道路交通状况、变化规律、发展趋势,为道路规划、交通政策制定等提供决策依据。本节将介绍快速路、地面道路、桥面、ETC 4 个信息采集处理案例。

一 城市快速路交通信息采集

1. 案例背景

某市人口为 2 000 多万,全市道路里程近 2 万公里,人均道路面积 $15m^2$,万人拥有道路长度为 10km,城市中运行车辆约 300 万辆。按照城市发展总体来看,道路设施总容量增量速度明显滞后于机动车增量,路网结构功能也难以满足交通持续增长的需要,部分区域的交通拥挤已十分严重,主要表现在:

(1)中心城拥堵区域不断扩大。

(2)拥堵区域的拥堵程度不断加重,平均车速从上一个调查期平均 16.2km/h 直线下降至 12.8km/h,并且呈继续下降趋势。

(3)拥堵时间不断增长,特别是中心城区逐渐由早晚高峰交通拥堵转向全天候交通拥堵。

该城市在今后发展中,拥堵问题必将继续加剧,主要是以下三方面因素造成的:

(1)城市的机动车拥有量将继续快速增加。

(2)中心城区道路设施量不足,特别是在"寸土寸金"的中心城区很难大刀阔斧地进行道路建设。

(3)中心城区同周边区域的路网不完善,制约人口和交通分流。

图 6-5 城市快速路监控中心示意图

该市建设"市交通信息中心"(图 6-5)将整合和汇集目前分散在全市各部门、各单位的交通信息资源,建立以交通信息平台为核心的交通信息资源共享、交换枢纽,形成一个"出口"的交通基础信息提供、发布主渠道,为政府管理决策提供参考信息,向社会发布公益性的交通信息,向企业提供可增值服务的基础信息。

因此,当地政府计划从快速路着手,强化交通信息化应用,从软件上提升中心城区的交通管理水平,决定开展快速路交通信息采集项目,为后续深化各类交通信息的应用提供基础。

2. 针对快速路采集的交通信息覆盖范围

此案例中,针对快速路信息采集所覆盖的对象分为三个大类:

（1）城市快速路及城市环线以内(含环线)路段全封闭机动车专用的道路,包括高架道路、环线以及环线以内的高速公路入城段。

（2）中心城市地面道路,即城市环线以内除快速路外的可供机动车通行的道路。

（3）部分公路,即与城市环线相连接的通往中心城区周边地区的高速公路、重要公路的衔接路段。

3. 信息数据的分类采集

快速路的交通信息采集和处理包括数据、视频和语音三个方面。通过遍布快速路全路网的交通"神经传感器"——交通参数检测器,掌握包括流量、行程车速、交通事件或事故、拥堵状况等交通信息,这些交通信息都是全天候实时变化的,并且交通数据的采集覆盖了快速路路网全路段的各个交通区域,对各类信息采集和处理进行了划分,具体内容见表6-1。

各类信息采集和处理 表6-1

信息内容	描述	备注
视频信息采集	采用闭路电视系统,达到视频图像信息采集的全覆盖,包括区域内的所有桥隧; 大部分视频图像具有自动定位功能,能快速巡视、与交通事件联动、自动基于GIS调通视频图像	已与高速公路交通监控系统、城市道路交通信息采集和发布系统联网
语音报警信息采集	采用应急电话报警; 其他来自巡逻车的无线电话报警和交警的转告	集中报警
交通信息采集	主线采集断面布设约400m,匝道按照交通状态采集要求和控制要求布设 采集周期:20s 采集交通信息类型(按车道采集):分车型的交通流量、平均速度、时间占有率	主要采用环形线圈检测器进行采集
交通信息处理	监控中心集中处理 基本的实时统计信息:断面交通流量、当日累计流量、平均速度等;当日流量空间/时间分布、当日速度空间/时间分布等 能处理生成交通状态信息(分畅通、拥挤和阻塞三种状态)、行程时间、交通事件 生成的信息以检测器布设的断面进行基本单元分段	
交通事件处理	达到汇集各种方式产生的交通事件报告,开发针对交通事件管理的工作	
其他采集	无	
静态基础数据的管理	建立GIS-T,需要与其他系统进行整合	

考虑到在高架道路布设的可变信息板毕竟数量有限,而且一般只是在高架道路沿线布设,所以,系统除了通过可变信息板进行交通信息的发布之外,还将信息发送至交通广播电台,通过广播将交通信息进行发布。如此,不管车辆在哪里,都可第一时间得到最实时的相关高架道路的交通信息,更直接更有效地满足出行者对交通信息的需求。

另外,该市高架道路上时常会发生一些交通事件,其中包括各种类的交通事故、异常的道路路面情况、设施的损坏等,这些交通事件经常引发交通拥堵,造成交通运行问题,严重影响道路通行。

二 地面道路交通信息采集

1. 案例背景

某城市区域面积 300km²,人口约 200 万,机动车保有量约 20 万辆,地面道路约 800km,道路面积约 1 400 万 m²,是一个位于省市中心城区周边,以仓储、物流为主的工业型城市,货车、重型车的比例较高。由于中心城区的人口导出与交通分流,该城市正处于产业调整阶段,规划从工业性城市逐步转型为以现代服务业为主的居住型城市。当地政府亟需了解区域交通状况,统盘考虑城市的发展。基于这一目的,该城市建设了地面道路交叉口的交通信息采集系统,利用数据为城市规划服务。

2. 地面道路交通信息的采集

地面道路交通信息采集通常以在交叉口埋设感应线圈采集交通信息为主,此外还可以利用视频、微波、红外线、地磁设备等技术来采集地面道路的交通状况。地面道路的交通信息采集利用通信系统将采集到的交通信息实时传输至信息中心,并在信息中心进行统计汇总。

使用该系统后,通过事件检测算法,及时发现突发异常交通事件并进行处置,实现精确交通指挥和实时调控,大大提高了交通管控效率。安装有电子标签的车辆经过射频检测点可被准确识别,系统可查询到各种时间组合的车流量,并可精细到各种车型、各车道车流量等;还可根据车辆经过两个检测点的时间计算出区段车流行驶的平均速度,根据平均速度,可向驾驶员提供该路段的预计行驶时间。同时,系统自动检测到交通异常情况后,可通过诱导屏发布给驾驶员,提醒其绕路行驶,此举会减轻驾驶员因拥堵带来的焦躁情绪。

3. 地面道路交叉口交通信息采集系统的构成

(1)该城市地面道路交叉口交通信息采集系统由交叉口交通信息中心、道路交通数据采集点和通信设施三部分组成,如图6-6所示。

①交叉口交通信息中心对于来自各采集点的实时交通数据完成信息存储、处理和分析,并可传输至其他系统进行信息共享。

②道路交通数据采集点是设在各交叉口的采集单元设备,由交通数据采集传感单元、处理单元、通信传输单元和供电单元等组成,通过通信系统实时传输到交叉口交通信息中心。

③通信设施用于支持设在各采集点的交通数据采集设备与交叉口交通信息中心之间的通信,目前租用中国电信的 CDMA 系统通过无线方式作为本系统的通信支撑。

(2)交通信息采集系统具有以下功能(图6-7):

①采集各交叉口车道的交通数据,对通过采集点的二轮以上的机动车能分辨车型(分为六种车型:小客车、大客车、小货车、大货车、拖挂车、摩托车)、车辆数、车速、车道占有率。

②检测器预处理,能在 15~180s 之间按采集周期要求实时传输交通参数,在通信中断的情况下按 1min、5min 或 15min(预先设置)时间间隔提供每一车道的累计车辆数、平均速度、时间占有率等交通参数记录,并能在中心的控制下集中传送或在本地用便携机采集。

③当同一车辆作用在相邻两个车道上时,检测器经处理后将只作为一个车道的信息进行处理。

④通信系统故障及外部电源故障时,检测器应具有存储功能,能至少存储3天按车道以3min 间隔存储的涵盖所有交通参数的采样数据,并能通过串口方便输出到便携式计算机或

集中采集;采集间隔可方便地通过通信端口进行本地设置或由中心进行远程设置或本地开关预置。

⑤车辆检测器的各种设备参数(如标准时间、检测器编号等)、在车辆检测器本地预处理需要的各种系统参数(采集周期、变换表格、处理用参数等)的设置,除了在本地设置以外,还可通过通信端口进行本地设置或由中心进行远程设置。

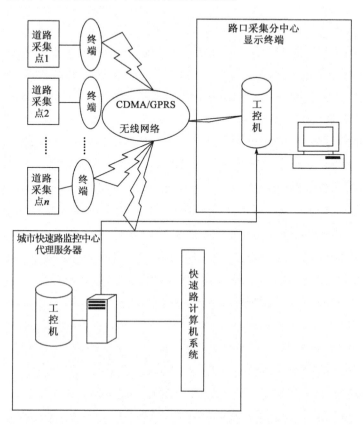

图 6-6　交通信息采集系统组成示意图

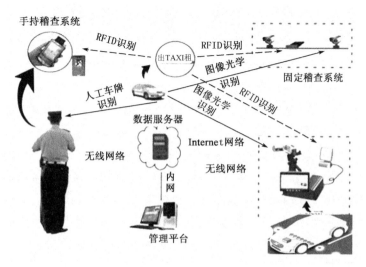

图 6-7　交通信息采集系统组成示意图

⑥车辆检测器面板能实时显示规定采集周期内的按车道记录的各种交通参数和存储记录的各种参数。

⑦检测器具有数据传输功能,数据可通过通信接口传送到中心和本地连接的便携机。

⑧检测器能长期连续不间断工作,检测器所有设备均能够长期承受恶劣环境条件。

⑨具有实时故障诊断和检测功能,并能实时报告中心设备管理计算机。

4. 地面道路交通信息采集的作用(感应线圈采集)

该城市建设的道路交通信息采集系统利用检测线圈采集道路交叉口交通信息,并通过无线传输(CDMA)实时地把数据传送至控制中心,经统计分析,掌握辖区内主要地面道路交叉口的交通流量、平均车速、占有率等交通参数,通过对采集数据的分析获取具体道路交叉口每天 24 小时的小客车、大客车、小货车、大货车、拖挂车等车流量,车辆经过检测线圈时的速度、客流高峰出现的次数和时间等数据。

当地政府通过对地面道路交通信息的采集,掌握了区域范围内的宏观交通状况和变化规律(图 6-8)。采集的数据为当地交通的规范管理和相关交通问题的研究提供了参考,为区域总体发展规划及市政基础设施中长期规划提供了很好的依据,为区域道路交通科学管理和优化路网资源、推进城市诱导等信息系统应用提供了数据支撑,有效地提高了该城市管理部门对于道路交通状况的科学评价和分析的能力。

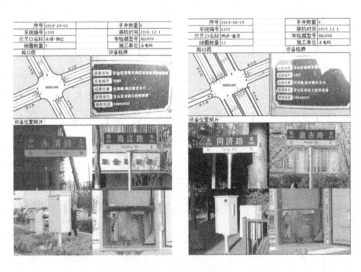

图 6-8 地面道路交通信息采集设备示意图

三 桥面交通状况监控

1. 案例背景

某桥是跨越某城市重要河流的南北向交通要道,由于存在裂缝等主要病害,当地政府决定对其进行抢修加固。此桥宽约 40m,包括 8 条快车道、2 条慢车道,路幅资源较为紧张,平均自然车流量约为 10.2 万辆/日,折算小客车流量为 15.3 万 pcu/日。由于此桥的重要地理位置,不可能封闭交通施工,因此当地管理部门决定采用半幅施工的方式缓解交通压力,并利用其他跨河桥梁来分流交通。出于对桥梁的施工安全和运行安全考虑,专家建议在此桥梁施工期间对大桥的桥面交通、抢修加固施工进行视频监控,此外,在周边桥梁及抢修大桥上坡道处安装交通流量检测器与超重监测仪,及时掌握施工期间的交通流量和重型车情况,以便管理部门及时作出反应。

2. 桥面视频监控

建立视频图像监控系统的目的是及时准确地掌握和监视桥梁上行驶的车辆和行人的流量、交通治安情况与施工状况等(图6-9),为指挥人员提供迅速直观的信息,从而对交通事故和交通堵塞作出准确判断并及时响应,对监控范围内的突发性事件录像取证,可起到综合治理效果。

图6-9 桥面交通状况监控图

该视频监控一般分为三个部分:视频监控前端、通信网络和监控中心。

(1)视频监控前端

视频监控前端主要由前端监控摄像机(防护罩、摄像机、镜头、支架)等主要数字监控设备组成,涉及原有模拟监控的视频矩阵等设备。采用先进的图像压缩标准,每路视频在网络中占用带宽低,同时,经过特殊算法处理的画质看起来更加清晰、细腻,适合交通行业对图像高清晰、高时实性的特殊要求。

(2)通信网络

交通视频监控系统采用标准的 TCP/IP 协议,可直接运行在交通部门的内部网上。前端摄像机的视频信号利用视频光端机通过光缆传输到分节点,在分节点直接传输上网,或者分节点有矩阵时,也可以把矩阵连接到 DVR 上,然后再传输上网。

(3)监控中心

监控系统在监控中心安装一台中心视频监控系统服务器,该系统主要配合完成现场图像接收,用户登录管理,控制信号的协调,图像的实时监控,录像的存储、检索、回放、备份、恢复等。

在监控中心,视频监控系统服务器将数字视频还原成模拟图像,将视频信号转到指挥中心电视墙上,指挥人员还可以选择以操作台微机作为监控终端,对全部路面信息集中调用、监控,可实现多画面实时监控,远程控制摄像机云台和违章抓拍等操作。

3. 桥面交通流量检测

考虑到大桥抢修期间过桥的交通流量将由周边过河桥梁承担,这将大幅提高这些桥梁的交通压力,甚至超过其原本的流量设计。因此,为避免维修桥梁的同时压损其他桥梁,该地管理部门对这些桥梁安装了流量检测器,检测过桥交通流量(图6-10、图6-11)。

桥面交通流量检测和地面交叉口流量检测原理相同,采用同一技术。

4. 桥面车辆载重监控

为加强对过桥通行车辆进行载重监测,按照专家的意见,在大桥施工前就已在桥上安装了车辆载重称重仪(图 6-12、图 6-13),24 小时日夜监测超重车过桥的流量和重量,为大桥制订后期加固改造方案提供依据。该系统在不停车、不减速、不以特定速度行驶的前提下,全天候自动准确监测有关大桥过往车辆的轴重,及时记录识别并摄像,获取超载超限车辆的号牌、图片及载重数据,并可将测得的信息通过无线传输随时发送给相关部门,相关人员可以在网络上查阅、统计和分析,也可为交警对违章车辆处理提供依据。

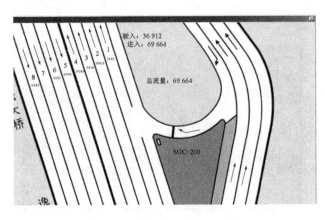

图 6-10　桥梁交通流量实时监测图

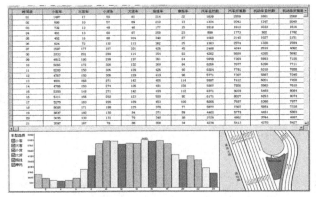

图 6-11　分时段桥梁交通流量统计图

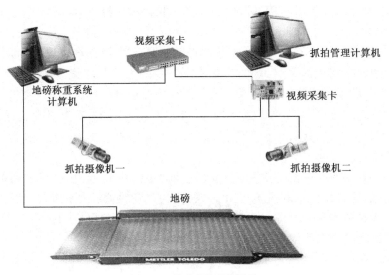

图 6-12　地磅式称重仪图示

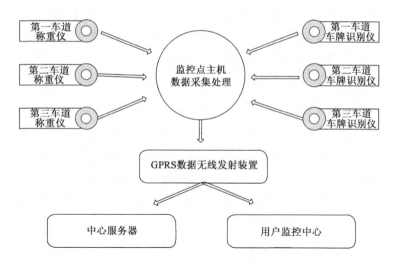

图 6-13　桥面载重称重仪运行架构图

通过载重称重仪记录的数据,将超载车辆的信息及时反馈交警部门,加大管理和执法力度,控制超重车过桥,减少重载对大桥的损伤,延长大桥使用寿命。每周提供过桥车辆情况,加强对沿线单位的重载车辆管理宣传,夜间增加警力对重载车辆进行管理。经过系统运行发现,在凌晨 2:00~4:00,有数十辆总重超过 100t、远超大桥设计承重的大型车辆行驶通过该桥,通过车牌采集识别和自动拍照的技术(图 6-14),大桥管理部门会同交警联合执法,就地取证,严格执法,有效地遏制了超重车对大桥抢修加固期间损伤桥梁的行为,保障了大桥维修质量。

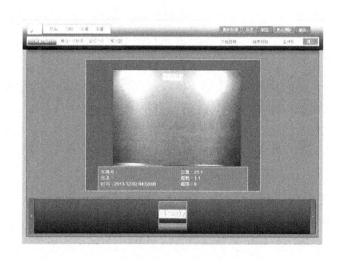

图 6-14　夜间车牌自动识别拍照

四、电子收费系统 ETC

1. 电子收费系统 ETC 的定义

ECT(Electronic Toll Collection system)又称为不停车收费或全自动收费,即收费全过程不需要人工参与,完全自动地、不停车地完成。

ETC是电子技术、计算机技术、射频应用技术以及信息通信技术的产物。通过安装在汽车上的车载装置（即电子标签，存储与车辆有关的大量信息，如车辆型号、车辆牌号、车主的有关资料等，如图6-15所示）与安装在收费车道旁的读写收发器，以微波的方式进行快速的数据交换，系统按相应的标准计算费额，通过联网的银行和提前预缴的储值卡进行结算，实现车辆的不停车收费。

2. ETC系统主要组成

不停车电子收费的关键在于车辆电子自动识别和快速通信，整个收费系统由四个部分组成，即电子标识卡、收发器、进行通信处理的微处理器、车道控制器。

（1）电子标识卡。电子标识卡是一种带有源电子射频卡，功率约为1/1 000W，其内存可存储包括车辆型号、车牌照号、车主的相关资料等各种信息，是一个完善的汽车身份卡和信用卡。

（2）收发器。收发器是一种带有微波线路的装置，它与标识卡之间可建立高方向性的高频微波通信，它具有很强的抗干扰性能和快速的通信能力。

（3）进行通信处理的微处理器。它将来自标识卡的信息进行解释并传至车道控制器，从而取得该车的有关资料并进行相应处理，对来自车道控制器的数据信息进行分析后可对标识卡内的数据进行必要的修改。

图6-15　ETC车载装置

（4）车道控制器。根据卡上的信息，判定通过车辆是否有正常通过的权力，还可判断卡的有效性，并启动相应的交通标志，也给车主发出必要的提示。如果发生违章闯关现象，可驱动抓拍系统进行违章取证等。一辆贴有标识卡的汽车进入不停车收费车道前，会有标志牌提示其降低车速（一般低于30km/h）。

当汽车通过第一个装有收发器的门架（还装有摄像机和红外线探测器）时，收发器与电子标识卡通过高频的微波进行双向确认。收发器首先验证电子标识卡的有效性，并读取卡内的数据计算费额。如果该卡无法被识别（包括无效）或余额不足，门架前方的栏杆将无法自动升起。汽车在通过第二个装有收发器的门架时，电子标识卡内的信息被修改，完成收费过程（图6-16）。

3. ETC系统的工作原理

ETC系统收费的基本原理前文2.5.1节自动车辆识别已涉及，ETC车辆驶入ETC专用收费车道，由车道RSU采用DSRC无线通信方式对ETC车辆上安装的OBU内的数据进行读写和交换等处理，完成不停车收费交易。收费交易完成后，车道计算控制接口设备，电动栏杆抬起、通信信号等为绿灯、显示收费金额，放行车辆，车辆通过后，外设复原，准备下次车辆进入。车道计算机保存本次收费信息，并将该收费记录上传收费站。

ETC系统的构成主要包括车道系统、收费站系统、路段收费中心系统、路网清分结算系统，涉及本地清算银行、各路段业主、其他省市的清分结算系统和清算银行等。上海高速公路ETC系统是在已建联网收费系统的基础上增加了ETC收费专用车道、ETC/MTC混合车道、ETC清分结算系统（图6-17）。

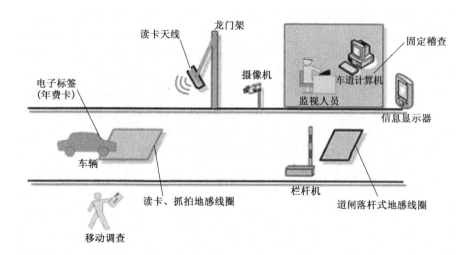

图 6-16　ETC 运行示意图

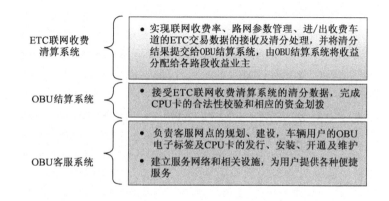

图 6-17　ETC 清分结算系统构成

4. ETC 在我国长三角地区的发展背景

随着上海高速公路网规模的不断扩大和交通流量的不断增长,高速公路收费站,特别是主线收费站的拥堵问题日益突出,极大地影响了上海高速公路的服务质量。2005 年,上海制定了高速公路网分阶段实施 ETC 的行动纲领,形成了较为完整的 ETC 管理构架、服务构架、技术构架和发展建设阶段目标,确定了全面推进 ETC 的工作机制,并于 2006 年年底在沪嘉高速公路南翔和南门主线收费站实施了上海 ETC 工程试点,取得了预期效果。

2007 年 11 月底,在国家颁布的 ETC 技术标准总体框架下,上海市着手开展了上海市域范围内的 ETC 测试工作,主要包括车道设备测试、发行设备测试、外场压力测试以及与苏、浙两省的跨省联合测试等环节。

根据交通运输部关于长三角区域 ETC 联网示范工程的总体目标要求以及上海 ETC 工程实施的工作计划,上海高速公路 ETC 系统建设计划分三期实施,其总体目标为:实现 ETC 系统在上海市高速公路的全路网覆盖;实现长三角地区跨省市 ETC 联网运营;分阶段发展 ETC 用户数量,最终目标为 30 万;建立高速公路联网 ETC 的运营管理体系和 OBU 服务系统(图 6-18)。

图 6-18　长三角地区 ETC 应用

第三节　城市停车诱导系统案例(CBD 地区)

一　背景

停车系统作为城市智能交通的组成部分能合理地安排停车,提高停车设施泊位利用率,促使停车设施利用均衡化,减少路边停车现象,减少等待入库排队车辆,减少驾驶员寻找停车泊位的时间消耗,从而减少市中心为停车而附加的交通量。

城市停车诱导系统能实时提供城市停车信息,为驾驶员节省时间,减少因缺乏停车信息而引起的车辆"盲流",更有效地改善"停车难"的状况,提高停车场车位使用率。城市停车诱导系统作为 ITS(智能交通系统)的重要组成部分,欧美等国家已经进行了大量研究工作,并将其应用于市中心。在美国、德国等交通发达国家已在十几个城市进行了推广,通过使用停车诱导系统,大大缓解了城市交通拥堵状况,减少了道路占用,降低了车辆尾气排放和噪声,而且显著提高了原有停车设施的利用率,取得了良好的社会效益和经济效益。

二　项目介绍

某市商业街位于该市中心地带的繁华商业区,以大型综合百货商店为主体,以专业商店为补充,以露天市场为外围,是集商业、饮服、文化娱乐为一体的多功能的商业社区,该街所在地区已有 16 处启用地下商业配建停车场(图 6-19),但利用率只有 20%~30%,白天大量的车流涌向这里,很多驾驶员找不到车位就停在马路边或者人行道上,造成行车难、停车难。因为缺乏停车诱导系统,机动车驾驶员对停车信息处于"看不见、听不到"、"进不来、出不去"的状态。因此应在该地区尽快建立电子停车诱导系统,缓解停车难、行车难的问题。该市城市行政执法局为缓解目前交通拥堵现象,决定引进先进的高新技术设备,对该街实行停车诱导。在进入该街的各交通要道设置停车诱导牌,以快速引导车辆到有空车位的停车场,达到缓解交通的目的。

该案例设计依据:

(1)《停车诱导系统》(DB 31/T 298—2008);

(2)《城市道路交通规划设计规范》(GB 50220—1995);

(3)《道路交通标志和标线》(GB 5768—2009);

(4)《公路交通标志板》(JT/T 279—2004);

(5)《高速公路LED可变信息标志》(GB/T 23828—2009);

(6)《停车场规划设计规则》;

(7)其他相关的技术规范和标准。

图6-19　地区停车场平面图示

1.该项目设计方案

该市该商业地区现有地下商业配建停车场29处,其中已启用18处,共有车位2 809个;未启用的11处,共有车位1 217个,第一期需要诱导的停车场共有7个,初步规划为7个三级发布屏、7个二级发布屏、4个一级发布屏。

由于该地区停车场多而复杂,分布在全地区不同的角落,而且建成有先后,各停车场管理系统的技术差异大,有C/S架构的管理系统,有B/S架构的管理系统,有些早期建设的停车场甚至都没有计算机管理系统,所使用的设备也是千差万别。要统一管理该区域所有的停车资源的确不是一件很不容易的事。

根据该区的实际环境,将停车诱导分为两大部分。第一部分为该站前的长途汽车信息发布,系统将发布当天的长途汽车信息;第二部分为进入中华商业街停车诱导,中华商业街停车诱导分为以下三级诱导。

(1)第一级诱导——进入区域内。在区域周边主干道上设置动态停车诱导标志,提供停车场位置、动态车位、行车方向及通行状况提示等详细信息。

(2)第二级诱导——路途中。在停车场周边1~4个路口处,提示停车场的动态空车位及方位的信息。

(3)第三级诱导A——目的地。于停车场入口处实时发布本车场空车位数量。

(4)第三级诱导B——终点。在车场内实现精确引导,将车辆快速引导到指定的空车位,提高停车效率(将列入下期计划)。

为了在该街地区实现最佳的停车诱导效果,设置一个控制中心,用来接收和处理从各停车场采集的实时信息,并向一级和二级信息屏上发布信息;同时对辖区内的停车场进行协调控制。在信息共享平台上,建立基础数据库,通过信息中心统一管理。城市交通信息是公开、共享的,通过电视、广播、电话、电台、手机短信都能获得交通信息,甚至通过互联网访问也可得到系统内每个停车场的使用情况。

2. 该系统采用的技术(图6-20)

图6-20 停车诱导技术

三 项目系统结构

城市停车诱导系统是以可变的、多级的信息发布电子屏为主要信息载体,向广大驾驶员提供停车场(库)的具体位置、当前车位实时数据等信息,指引驾驶员合理停车,同时提供数据进行分析、辅助管理部门决策的智能交通系统(图6-21)。

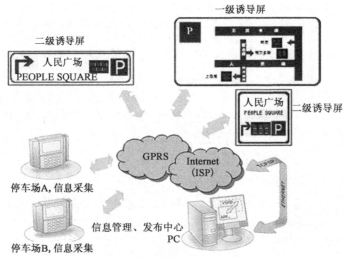

图6-21 城市停车诱导系统

该系统由数据采集、数据传输、中央管理系统和数据发布系统4个部分组成。采用先进的GPRS无线通信方式,实现整个区域无缝隙覆盖,即所辖区域内所有的停车场都纳入该系统。在数据处理和转发中心对所采集的数据进行分析统计和预测,按照预定的配置策略和算法,分别向各信息发布端发布准确、合理的停车信息。

1. 数据采集端

在每个停车场(库)设有数据采集端,随时感应汽车驶进、离开停车场状况,并将停车场剩余的车位数据传输到管理控制中心,管理控制中心对所有的停车场送来的信息进行综合处理后,再将这些数据及综合信息输送到城市街道上每个动态指示牌,所以每个区域以及区域外的停车场使用情况的信息是实时动态的。

对于整体系统而言,各停车场的管理系统是本诱导系统的数据源和监控对象。一方面,系统的前置采集计算机通过各种有线、无线方式从各停车场管理系统采集车位资源信息,进行转换处理,形成统一的能被系统数据库支持认可的数据流,向管理控制中心实时发送;另一方面,前置采集计算机接收管控中心下发的控制命令,进行相应的变换处理,然后转发到相应的停车场管理子系统。

2. 数据传输

主要指停车场信息采集终端与中央管理系统之间的车位数据通信以及中央管理系统与诱导屏之间的通信,一般有卫星通信、有线、无线三种方式。由于诱导屏安装在道路路侧,不便于敷设通信电缆,因此建议均采用无线通信手段,实现系统内的数据通信,如我们采用的中国移动 GPRS 系统。

GPRS 是通用分组无线业务 General Packet Radio Service 的英文简称,是在现有 GSM 系统基础上发展起来的一种新的数据承载业务。GPRS 采用分组交换技术,按流量计费,高效传输高速或低速数据和信令,优化了对网络资源和无线资源的利用。管理控制中心将车辆采集子系统采集的数据通过 GPRS 方式传送给城市道路两侧的信息电子诱导屏。

其优点在于:

(1)发布系统诱导屏安放在道路两旁且地点分散;
(2)便于安装和调试;
(3)便于日常维护和检修;
(4)停车场分布范围较广,使用有线的方式施工难度较大;
(5)投资小,施工难度低。

3. 管理控制中心(信息调度中心)

管理控制中心是对停车场(库)数据的采集和发布进行汇总处理的实体,包括数据采集、数据处理和信息发布等几项功能。

数据的采集通过通信模块对停车数据(如当前车位信息、停车统计数据等)、道路交通数据进行自动采集获得。对收集到的停车信息进行处理、统计、分析等,并在城市停车诱导系统中引进 GIS 技术,通过电子地图实现街道、停车场以及其他地理信息的数据编辑和查询,实现图形化的交通数据的分层管理。

信息发布可有多种发布形式,最直接的是将静态的区域街道路径和动态的停车场空闲车位信息发布到诱导显示屏上,提供路径诱导和车位信息,这也是本系统应用的主要方面。另外,我们还可以实现 Internet 信息发布(建立停车信息网站等)、建设 CALL CENTER(客户服务中心)、移动电话 GSM 短信信息发布、广播电台和电视信息发布、车载或手持显示设备信息发布等多种发布形式。

将采集到的各停车场空位信息及时传输到各处诱导屏,为市民的停车带来极大的方便,同时还可以及时发布一些路况信息和公告通知等。

利用停车位使用率与道路车辆流量关系的预测模型预测该地区车流状况;停车位的变化从某种程度上反映了该地区的车流状况。通过建立两者的关系模型,可以预测该地区的车流状况,预先采取措施进行信息发布及诱导。

直观监控全市停车位的使用情况:将城市电子地图运用于停车场与停车位的管理,以

GIS 为基础,设计城市交通的电子化描述及动态信息发布系统、集成交通网络与停车场车位分布网络,统一监控停车场及停车位动态信息。

4. 信息发布屏

在诱导显示屏的规划和设计上,国内外一般都采用了三级诱导的思路:

(1) 一级诱导显示屏

设置在市区主要交通干线上,发布多个停车场(库)的名称、位置、实际车位状态的显示装置。

(2) 二级诱导显示屏

设置在停车场(库)周边区域的街道两旁,发布停车场(库)的名称、行驶路线、实际车位状态信息的显示装置。

(3) 三级诱导显示屏

设置在停车场(库)入口附近,发布单个停车场(库)的名称、实际车位状态以及其他规定信息的显示装置。

通过 GPRS 的方式接收管理控制中心发送过来的各种信息并及时发送到诱导屏上,供驾驶员了解停车场位置信息及行车方向等详细停车信息;用超高亮度的 LED 点阵显示器来显示各主要道路的通畅程度,以提醒驾驶员注意避开比较拥挤的路段;可利用 LED 显示屏发送道路管制、实时路况、天气预报、温度等信息(图 6-22)。

图 6-22　停车场车位信息

第四节　智能公交候车站

一　概述

1. 发展背景

当今社会,城市居民的出行主要以公共交通为主。随着社会的进步,人们对于公共交通设施服务功能的要求与日俱增,特别是各类信息化服务。ITS(智能交通系统)的出现使得人们对于掌握各类出行信息的能力得到了提高，"智能公交系统"作为ITS的子概念正逐步为人们熟悉并接受。公交站点作为公共交通系统中的重要组成部分，其智能化建设必定是时势所趋。

2. 城市居民对于公交站智能化的需求与日俱增

作为面向普通市民的日常公共设施，城市居民对智能公交站的需求最为直接。一般来说，对于公交站点的智能化需求，有以下几类：

（1）周边地面公交信息。城市范围的扩大，出行路线的增加，使得人们公交出行的换乘次数增加，乘车人在站点候车时对周边公交线路信息掌握的需求也越来越大。

（2）周边轨道交通及轮渡信息。随着轨道交通的快速发展，地面公交与轨道交通之间的换乘也越来越频繁，乘车人希望掌握多种公交出行方式之间的联系，以便快速灵活地找到适合自己的换乘方式。

（3）周边商业、购物等信息。当今社会，人们对物质需求越来越高，在公交站点发布周边商业购物信息不仅能够对经过的市民进行宣传，也能够为专程前来的消费者提供快速便捷的出行路线选择，促进这些地区的商业购物等消费。

（4）发布交通状况、天气等相关信息。居民出行时，希望在站点等候过程中对相关道路的拥堵节点、拥堵路段等信息有所了解，并且希望得到一定的绕行建议，以便其选择合适的公交线路，减少出行所需时间。同时，在候车过程中，天气情况及其对道路交通的影响等信息对居民来说也较为重要，乘车人可以根据气象预报等相关信息来衡量出行所需花费的时间成本以及经济成本，例如，在即将来到的恶劣天气下是选择票价稍贵但是时间较短、换乘次数较少的出租车服务，还是选择票价较低而时间较长、换乘次数较多的公交服务。

（5）零碎时间的利用。在快节奏的生活模式下，人们对于零碎时间的利用有了一定的认识，并且希望在候车、排队等时间里处理一些日常事务。在没有公交线路到达时刻等相关信息时，人们往往要将注意力放在下一班车大概还有多久或者如何换乘等上，这些大大降低了零碎时间的利用率。

（6）其他功能及相关信息。如公交站点的避雨功能、出租车扬招功能、充值业务或其他公共服务的查询或办理等。这些功能的拓展在满足人们各种各样需求的同时也使得公交线路的吸引力大大增加。

三 杭州智能公交站

杭州市对于智能化公交进行摸索的起步较早，目前的实施主要是通过宽带网络提供对公交系统的支撑，成立了"杭州公交智能化宽带组网建设项目组"。杭州通过智能化公交站牌，引进了国外先进的信息传输技术，车辆到站信息通过电子屏幕显示，采用GPS、光纤宽带传输。

此外，杭州电信在原宽带服务的基础上，更为杭州市的"智能化公交站牌"（图6-23）的设置提供了更好的宽带组网的支撑和技术支持。杭州市的智能公交站牌除了能准确显示下一辆车的到达时间和距离外，更为市民提供了更多的信息化服务，除了及时播报车辆到站信息外，市民不仅能从"站牌"上看到精彩的视频节目和生活常识、天气预报、公交线路优化调整等信息打发无聊的候车时间外，更能获取一些实用的生活信息，例如智能站牌可显示青菜多少钱一斤，最近有没有电器在打折，肉价有没有跌。同时，电子屏上还设置了"新主流社区"，可为市民、游客、外来务工人员提供寻人、寻物、求职、招聘、求租、出租等综合实用信息。杭州市的智能公交站点不仅仅是纯粹的公共交通的一部分，更是一项城市智慧的系统工程。

杭州智能公交电子站牌经过近一年的建设和调试完善,已初步达到联网运行的要求。通过信息中心的统一数据整合,将各类数据信息整合,更有效地服务于市民。当相关路段电子站牌网络贯通,与车辆进行"联络",电子站牌显示屏上就能滚动播报"X 路车距离本站约 X 米/X 分"的信息,乘客获知下班车到站距离后,可增强乘客候车信心,方便乘客把握出行时间。杭州公交站牌的智能化改造并不仅仅是站牌与站牌之间的宽带联网,起关键作用的还在于宽带与 GPS 车辆卫星定位系统的联网,使公交车实时运行状态能及时传输到后台计算机系统,系统将计算得出的某路某辆公交车到达某站的距离实时准确地传输到"智能化站牌"上。

图 6-23 杭州智能公交站实例图

三 上海智能公交站

上海的 ITS 建设已有多年,积攒了丰富的实际工作经验。自 2004 年以来,上海对公交站点的智能化已进行了多次试点并已进入完善的实施阶段。上海市曾试点在智能化电子站牌上预报下一班车还有多久抵达本站,但车辆抵达时间受信号灯、堵车等不确定因素的影响而很难预报准确;2005 年,又在一些公交专用道的部分电子站牌上试点显示下一班车与本站间的距离,而不再预报抵达时间,但也由于技术原因暂时停止。

时至 2011 年 11 月,智能公交站点已作为上海智慧城市三年行动计划的试点项目之一,管理部门着手尝试将智能公交站牌车辆信息预报系统应用于 925B 路(图 6-24)、146 路两条公交线路上,并展开进一步深层次的试点。这次试点在以往经验的基础上作了很大改善,通过在站台的液晶屏上显示"925B 下一班车距离本站 2 站""925B 下一班车距离本站 1 站""925B 即将到达本站"的字幕这些手段,让市民直接获取车辆到站信息情况。相对以往由于各种原因造成报站信息有误而言,如此发布公交车辆信息的好处是解决了由于技术原因造成的信息不准确等短处,同时又能够让站点候车的乘客了解到所等候公交车辆的行驶情况。这样的发布形式结合了信息化技术和管理手段,巧妙地避免了信息误报所带来的负面效果。

图 6-24 上海 925B 路智能报站信息图

2012 年,上海市在杨浦区新江湾城地区

1201路公交线上示范运行了新实施的节能型公交电子站牌系统,这一系统是根据往年的项目经验,结合对市民需求的调研,以更人性化的方式服务于乘客,使候车乘客可以通过查看指示灯获取下一辆公交车的位置信息。在1201路公交站牌上有一条含14个站点的线路,以每一个指示灯表示相应的站点,每两个站点之间有一根箭头,站点的指示灯以红色点亮,表示在相应站点上有公交车靠站,箭头形指示灯点亮表示相应路段中有公交车正在行驶。整条线路的运行状况通过站牌指示灯的显示基本能够全部为候车乘客所掌握。

节能型公交电子站牌系统以低功耗嵌入式系统为智能控制核心,结合北斗/GPS定位、地理信息系统(GIS)、智能传感器等技术,并采用了太阳能发电系统供能(图6-25)。有了太阳能电池板,智能站牌无须接入城市电网,在没有光照的情况下,也能连续运行7天。

图6-25　上海节能型公交电子站牌

了解智能停车场停车诱导实际案例

选定地点:某智能停车场

确定时间:工作或休息日均可

学习内容:智能停车、收费过程

(1)智能停车场(图6-26)的每个车位都有地磁感应线圈,通过地磁感应线圈感知是否有车辆停放,控制系统统计之后通过液晶屏显示空余车位、停车区域等信息。

图6-26　智能停车场

（2）车辆进入停车场入口，如果停车场还有空余车位，系统通过车牌识别获取车辆信息，连同进入时间一同存入数据库，然后闸机打开，车辆进入停车场。

（3）当车辆进入停车场出口，系统通过车牌识别获取车辆信息，并调取数据库里的停车时间，自动计算停车费用。当车辆缴费成功之后，开闸放行。

（4）了解停车场的限高、限速规定。

思考题

1. 公交一卡通可采集什么信息？公交一卡通有什么优点？作为一卡通持有者，你认为一卡通应满足哪些要求？
2. 城市快速路与地面道路交通信息采集案例有什么异同？
3. 为何桥面交通也需要监控？桥面交通状况视频监控由哪些部分构成？各部分的功能是什么？
4. ETC系统收费的基本原理是什么？
5. 你所在城市电子收费系统案例有什么特点？
6. 试与本章第三节案例比较你所在城市CBD地区停车诱导系统异同？提出自己的改善建议。
7. 利用网络比较国外先进智能公交站与本章第四节案例的异同，并提出自己的改善建议。
8. 地面道路交通信息的采集方法都有哪些？
9. 城市停车诱导系统一般有几级诱导？各级别诱导的功能是什么？可以用于哪些交通事件处理？
10. 从公交使用者的角度，谈谈你希望智能公交车站能提供哪些出行信息（从出行前信息、途中信息、出行服务信息等角度思考）。

附件

《道路交通信息采集与处理》课程教学大纲

适用专业:交通运输类专业
学时:72 学时
学分:3 学分

一 课程性质与目标

本课程是高等职业教育智能交通技术运用专业的专业基础课程,是该专业学生的必修课和主干课,主要介绍交通信息采集与处理方面的基础知识,培养学生工程实践能力。

本课程的目标是使学生理解智能交通数据采集基础、交通信息通信与处理基础、交通据库存储与显示技术、交通信息分析基础等,初步养成解决实际交通信息采集与处理问题的能力,为其他智能交通类专业课程奠定基础。

二 课程内容与学时分配(含 4 学时机动)

第一章 绪论(2 学时)

阐述智能交通系统国内外应用现状,界定本课程涉及的交通对象与范围,理解交通信息采集与处理在 ITS 的核心作用。

第二章 智能交通数据采集基础(32 学时)

本章作为本教材的核心章节之一,主要介绍传统人工采集,移动定位技术(包括 GPS 定位),一卡通技术(包括公交一卡通),浮动车数据采集及分析,基于磁频、波频、视频等车辆检测技术,静态交通信息采集技术(包括红外线与咪表),另外还介绍了自动车辆、车辆载重等其他常用交通数据采集技术基础。

本章涉及多类交通数据采集技术,采用原理讲授与案例教学,重视现场设备安装与后期维修服务,与实训教学结合。

第三章 智能交通数据通信与处理基础(16 学时)

本章作为教材的核心章节之一,从一般计算机网络的组成、功能、OSI 参考模型开始介绍,包括交通信息有线与无线通信基础,以及交通信息处理技术。注意有线线网铺设,尤其光缆的敷设方法;了解无线连接的标准,利用案例分析知晓无线传输的实际应用;交通信息一般表现为声音与图像,也是数据处理的主要对象,依赖电脑软件,本章内容应与实训教学结合。

第四章 交通信息数据库存储与显示技术(4 学时)

本章介绍交通信息数据存储技术与交通信息发布技术,并辅以案例分析,包括数据储存基础与网络存储、数据保护技术,交通信息发布技术等。

第五章 智能交通信息分析基础(6 学时)

本章介绍智能交通信息分析基础知识,包括基本的数理统计分析、数据挖掘分析及模式识别方法及应用。

第六章 交通信息采集与处理案例分析(8 学时)

利用实际案例对前文涉及的基础知识与技术综合梳理,加深学生对于交通信息采集与处理全过程的理解与实践。

三 本课程教学基本要求

交通信息采集与处理是智能交通类高职学生的专业基础课,需以理论为基础,不仅培养学生实训工作任务完成的"企业员工培训"式学习,还需培养学生基本的交通问题分析思维,建议采用课堂案例引入,讲授技术原理,实操智能设备的安装、维修方法,注意学生自学习惯的养成。

其中,对基本概念、基础理论、方法等内容予以讲授,主要是每章重、难点。讲授过程不得脱离交通应用实际情况与现状应用趋势,深入研究一定数量的典型工程案例,引发学生的思考与讨论,加深学生的理解,不能简单复制工程过程,应深入理解"所以然"。利用多媒体设备、互联网教学,提高效率。重要术语应提供英文单词。

案例讨论课程需选好案例,讨论工程项目需求与实际方案,设计讨论过程,对学生可能提问的相关技术进行估计,对实训课程安排工作任务,如利用视频采集道路交通情况,并处理路段或交叉口交通运行规律;案例讨论课,应注意讨论问题进度与方向控制,引导学生运用所学交通知识分析问题;案例分析后,教师及时总结,指出讨论中的收获和问题。

课程教学中,应以学生自学为主,充分发挥学生自主能动性,教师控制教学方向,引导学生分析智能交通实际问题,自主学习应贯穿教学过程,涉及不同层次问题时,引导学生自己分析解决问题;课前教师提出每节课学习要求,课后教师布置习题或让学生独立完成技能训练,并予以检查;期间注意提高学生理解能力,适度扩大学生知识面。

本课程考试方式为闭卷。考试范围为所有讲授内容、案例讨论课、技能训练等内容,重点在第二、三章,考查学生对课程基础概念的理解、记忆程度,与交通数据采集与处理技术的实际应用等交通问题。

总评成绩:平时作业与学习表现占40%,考试成绩占60%。

四 本课程与其他课程的关系

本课程作为智能交通类专业基础课,主要讲授交通信息采集与处理的基础概念与技术应用,为学习其他智能交通类课程打基础。

五 教材与教学参考书

[1] 迈尔斯.智能交通系统手册[M].陈干,王笑京,译.北京:人民交通出版社,2003.
[2] Michael. D. Meyer. Urban Transportation Planning[M]. 2版.北京:中国建筑工业出版社,2008.

参 考 文 献

[1] 李宏海,刘冬梅,王晶,等.日本 VICS 系统的发展介绍[J].北京:交通标准化,2011 (15):107-113.

[2] 陈旭梅,于雷,郭继孚,等.美、欧、日智能交通系统(ITS)发展分析及启示[J].城市交通,2004,8(7):75-84.

[3] 交通部公路科学研究院(国家 ITS 中心).道路交通信息服务道路编码规则编制说明 (征求意见稿),2007.

[4] 中华人民共和国国家标准.GB/T 29105—2012 交通信息服务 浮动车数据编码[S]. 北京:中国标准出版社,2013.

[5] 中国智能交通协会.中国智慧城市现状[R].http://www.itschina.org.

[6] 蒋新亭.浅谈美国的交通信息系统[J].山西建筑,2008,34(13).

[7] 杨丽松,关忠良.北京城市交通信息采集与应用系统的研究[C]//可持续发展的中国交通——2005 全国博士生学术论坛(交通运输工程学科)论文集(上册),2005.

[8] 中国交通技术网.上海市道路交通信息采集和发布系统工程[R].http://www.tranbbs.com.

[9] 中国公路网.智能交通信息采集与处理设备市场概况研究[R].http://www.chinahighway.com.

[10] 中国交通技术论坛.智能交通技术应用[R].http://bbs.tranbbs.com.

[11] 余科根,夏伊恩.地面无线定位技术[M].崔逊学,汪涛,译.北京:电子工业出版社,2012.

[12] 陆斌.移动信息技术及应用[M].成都:西南交通大学出版社,2005.

[13] 金辉.位置服务和移动定位技术研究[D].南京:东南大学,2006.

[14] 衫野生.图说移动通信技术[M].北京:科学出版社,2003.

[15] 崔健双.现代通信技术概论[M].北京:机械工业出版社,2009.

[16] 陈艳艳,王东柱.智能交通信息采集分析及应用[M].北京:人民交通出版社,2011.

[17] 朱茵,等.智能交通系统导论[M].北京:中国人民公安大学出版社,2007.

[18] 王云龙.会思考的豪华车:解读全新奔驰 S 级智能驾驶与智能互联[DB].http://www.cheyun.com/content/news/1159.

[19] 北斗导航官网.智慧城市,北斗产业新引擎[DB].http://www.beidou.gov.cn/2013/07/09/2013070976a617a152764174b6119c4e774bea4f.html.

[20] 陈宏.交通信息视频检测系统设计[J].电子测量技术,2006,4(29).

[21] 欧冬秀.交通信息技术[M].上海:同济大学出版社,2007.

[22] Davies, P. Hill, C. Emmott, N. Automatic vehicle identification to support driver information systems Vehicle Navigation and Information Systems Conference[C], 1989. Conference Record Sep 1989.

[23] 张曾科.计算机网络与通信[M].北京:机械工业出版社,2013.

[24] 特南鲍姆,韦瑟罗尔.计算机网络[M].5 版.北京:清华大学出版社,2012.

[25] 何友,等.信息融合理论及应用[M].北京:电子工业出版社,2010.

[26] 谢希仁.计算机网络[M].6版.北京:电子工业出版社,2013.

[27] 许勇.工业通信网络技术和应用[M].西安电子科技大学出版社.2013.01.

[28] 陈传彬,陆锋.城市路网信息融合的关键技术[J].地球信息科学学报,2009,11.

[29] 耿彦斌,于雷.实时ITS数据管理现状与需求分析[J].交通运输系统工程与信息,2005(6).

[30] 杨兆升,保丽霞.朱国华.深圳市综合交通信息平台系统分析与设计[J].公路交通科技,2005,22(2).

[31] 张燕,蔡伯根.城市交通信息发布系统的设计与实现[J].北京交通大学学报,2007,(5).

[32] 裴玉龙,张宇.城市交通信息系统结构方案研究[J].东北公路,2003,(2).

[33] 张宇.交通信息实时发布系统的研究与实现[D].天津:天津大学,2012.

[34] 耿彦斌,于雷.实时ITS数据管理现状与需求分析[J].交通运输系统工程与信息,2005,(6).

[35] 张邻生,易操,高红宾,等.交通工程学基础[M].北京:人民交通出版社,2012.

[36] 陈艳艳,王东柱.智能交通信息采集分析及应用[M].北京:人民交通出版社,2011.

[37] Jiawei Han, MichelineKamber.数据挖掘概念与技术[M].北京:机械工业出版社,2008.

[38] 李艳美.基于贝叶斯网络的数据挖掘应用研究[D].西安:西安电子科技大学,2008.

[39] 曹卫东,房芗浓.数据挖掘在智能交通系统中的应用分析[J].计算机工程,2005,(7).

[40] 刘成林,谭铁牛.模式识别研究进展[J].中国计算机学会通讯,2007,(12).

[41] 陈艳艳,王东柱.智能交通信息采集分析及应用[M].北京:人民交通出版社,2011.

[42] 欧冬秀.交通信息技术[M].上海:同济大学出版社,2007.

[43] 杨兆升.基础交通信息融合技术及其应用[M].北京:中国铁道出版社道,2005.

[44] 中国交通年鉴社.中国交通年鉴2013[M].北京:中国交通年鉴社,2013.

[45] 胡坚明,宋靖雁.基于无线定位技术的交通信息获取方法研究[J].公路交通科技,2007,(10).

[46] 刘丽娜,吴建平,左兴权,等.浮动车最小样本数量确定方法综述[J].公路交通科技,2009.

[47] 刘宇环,姚恩建,李欣,等.浮动车系统地图的匹配精度[J].公路交通科技,2011.

[48] 孙棣华,董均宇,廖孝勇.基于GPS探测车的道路交通状态估计技术[J].计算机应用研究,2007.

[49] 吴小凰,王川久.动态交通信息服务系统的开发和运营[J].中国交通信息产业,2009,(07).

[50] 吴建伟.基于地图匹配的城市干道交通状态实时判别方法研究[D].广州:华南理工大学,2011.